A PRINCESA VERMELHA

A PRINCESA VERMELHA

Sofka Zinovieff

Tradução de
Elizabeth Leal Barbosa

Revisão técnica de
Maurício Parada

EDITORA RECORD
RIO DE JANEIRO • SÃO PAULO
2011

CIP-BRASIL. CATALOGAÇÃO-NA-FONTE
SINDICATO NACIONAL DOS EDITORES DE LIVROS, RJ

Z67p
Zinovieff, Sofka
   A princesa vermelha / Sofka Zinovieff ; tradução de Elizabeth Leal Barbosa. - Rio de Janeiro: Record, 2011.

   Tradução de: Red princess

   1. Dolgorouky, Sofka, 1907-1994. 2. Princesas - Rússia - Biografia. 3. Russos - Paris (França) - Biografia. 4. União Soviética - História - Revolução, 1917-1921. I. Título.

10-5816.
CDD: 947.084
CDU: 94(47)"1917/1921"

Texto revisado segundo o novo Acordo Ortográfico da Língua Portuguesa.

Título original em inglês:
RED PRINCESS: A REVOLUTIONARY LIFE

Copyright © 2007 by Sofka Zinovieff
Originalmente publicado em inglês por Granta Publications.

Todos os direitos reservados. Proibida a reprodução, armazenamento ou transmissão de partes deste livro através de quaisquer meios, sem prévia autorização por escrito Proibida a venda desta edição em Portugal e resto da Europa.

Direitos exclusivos de publicação em língua portuguesa para o Brasil
adquiridos pela
EDITORA RECORD LTDA.
Rua Argentina 171 - 20921-380 Rio de Janeiro, RJ - Tel.: 2585-2000
que se reserva a propriedade literária desta tradução

Impresso no Brasil

ISBN 978-85-01-08301-2

Seja um leitor preferencial Record.
Cadastre-se e receba informações sobre nossos lançamentos e nossas promoções.

Atendimento direto ao leitor:
mdireto@record.com.br ou (21) 2585-2002.

À minha mãe e ao meu pai,
Victoria e Peter

SUMÁRIO

Árvore genealógica 10

Mapa 11

capítulo 1   O Diário 13

capítulo 2   A Princesa 35

capítulo 3   A Pequena Bolchevique 73

capítulo 4   A Refugiada 109

capítulo 5   A Europeia 145

capítulo 6   A Esposa 183

capítulo 7   A Prisioneira 225

capítulo 8   A Comunista 275

capítulo 9   A Coruja 315

capítulo 10   Os Peixinhos 339

Agradecimentos 361

Nota sobre as fontes 362

"Ah, vovozinha querida, na juventude
Muitos homens a beijaram?"
Paguei minhas dívidas com versos
Mas anéis, que julgava meu direito, faltaram.

Nenhuma das noites passei em vão
Estive no Paraíso...
"Mas, vovozinha, como vai aparecer
Diante de Deus no dia do juízo?"

Os passarinhos nas árvores gorjeiam
E veja a primavera vigorosa.
Direi: "Meu Senhor, pecadora fui
Mas uma pecadora ditosa."

E a senhora, osso de meus ossos
Quando minha vida chegar ao fim,
Guarde um punhado da terra da minha cova
E ambas tomem conta de mim.

De *Avó*, escrito por Marina Tsvetaieva, em 1919
Traduzido da versão para o inglês feita por Sofka Skipwith, em 1941

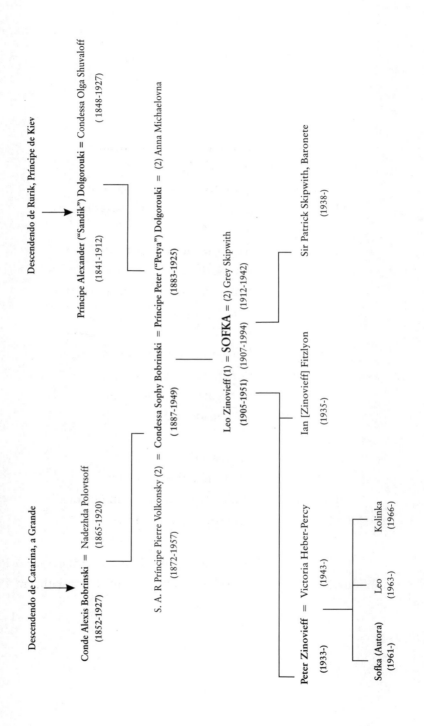

CAPÍTULO 1

O Diário

A beleza é tão misteriosa quanto terrível. É uma luta entre Deus e o Diabo, cujo campo de batalha é o coração do homem.
— FIODOR DOSTOIEVSKI

Minha avó Sofka não me disse por que me presenteou com seu diário. Só me entregou um livro absurdamente pesado, coberto de arabescos de bronze escurecido e um macio veludo verde-musgo. Explicou que fora feito para a mãe de minha tataravó. Eu contava 16 anos na ocasião e fiquei contente com o presente, mas não dei muita importância ao conteúdo. Só parecia antigo. Folheei-o rapidamente e depois o guardei numa gaveta.

Só recentemente resolvi ler direito o diário, num dia sombrio de janeiro. Dez anos se haviam passado desde a morte de Sofka, e Jack, seu companheiro nas três últimas décadas de vida, agonizava num asilo para idosos.

O isolado chalé de pedra de minha avó, na Cornualha, já estava à venda, e meu pai e o irmão discutiam obstinadamente sobre o destino dos papéis remanescentes da mãe. Sentia que os elos que me ligavam à minha avó estavam se partindo, e esperava recuperar algo dela com a leitura do diário.

O livro parece ao mesmo tempo frágil e forte. Apesar da robusta moldura de metal, a lombada, esfarrapando-se, revela a secreta habilidade do encadernador russo que a costurou e colou há cerca de 150 anos. No canto oposto, uma fivela com formato de rosto de querubim se abre para guardas de seda achamalotada e grossas páginas cor de creme com bordas douradas, repletas de letras cursivas ágeis e redondas, escritas com tinta azul. De vez em quando, deslizam cartas e recortes de jornal, precários e amarelados, deixando marcas fantasmagóricas do local onde permaneceram durante anos. Essas páginas foram destinadas a abrigar os devaneios de uma privilegiada dama de São Petersburgo: passeios de carruagem pela avenida Nevsky; segredos de amor; intrigas nos chás da sociedade e nos bailes do palácio; colheita de cogumelos em bosques de bétulas; escândalos familiares; excursões a estações de água no exterior; e até mesmo um eventual duelo. Era esse o tipo de vida para a qual Sofka nasceu, em 1907, como a princesa Sophy Dolgorouki. No entanto, quando passou a usar o livro como diário, em 1940, tanto ela quanto sua situação haviam mudado drasticamente: era a Sra. Sofka Skipwith, cidadã britânica, e o mundo estava em guerra.

Sofka começou a escrever o diário em Paris. Talvez pressentisse que o ano de 1940 representaria um divisor de águas na sua vida; trata-se do tipo de livro que se esperaria para utilizar na hora certa, pelo motivo certo. Tinha 32 anos. As fotografias mostram um rosto lindo e expressivo apoiado sobre um pescoço rijo, escultural. Pômulos eslávicos salientes, um nariz muito bem desenhado e lábio superior ligeiramente ressaltado, dando a inevitável impressão de coquetismo. Os longos cabelos pretos, caprichosamente repartidos ao meio, aparecem puxados para trás, formando um coque liso, ou enrolados em forma de "fones de ouvido".

O Diário

Os olhos grandes e escuros observam confiantes e audazes, como que desafiando alguém: "Não estou com medo!" Mas, na sua beleza, vê-se também delicadeza feminina com um toque de tristeza. Às vezes, seus olhos parecem dizer, "Senti medo".

Sofka se encontrava na França visitando a mãe. Nada mais típico ela ter superado as dificuldades práticas com que se depara uma mulher sozinha e civil em viagem ao exterior em tempo de guerra; um amigo do Foreign Office [Ministério das Relações Exteriores da Inglaterra] a ajudou com a papelada, e ela conseguiu cruzar o Canal da Mancha num navio de transporte de tropas. Ainda era o período da "Guerra de Mentirinha", e ninguém sabia o que iria acontecer. Sofka esperava passar despercebida (e depois voltar) para conseguir algum dinheiro a fim de ajudar a mãe e o padrasto. Como vários dos refugiados dos russos brancos mais velhos, estavam tendo dificuldade em estabelecer uma vida nova, e o exílio em Paris era impiedosamente restrito e cheio de pesares. Eles contavam com o apoio financeiro de Sofka que, embora longe de viver na opulência, havia aprendido a se virar. Sofka pretendia pegar todo o dinheiro que tinha na Inglaterra e passar um ou dois meses em Paris — o período necessário para arrumar um emprego temporário, como tradutora ou secretária — para pagar adiantados seis meses de aluguel do apartamento da mãe.

Eu já sabia dessa história pela autobiografia de Sofka, datada de 1968. Seu adorado segundo marido, Grey Skipwith, pouco tempo antes ingressara na Força Aérea Britânica. Estavam casados havia apenas três anos, e o filho deles de 18 meses, Patrick, encontrava-se provisoriamente na Inglaterra com "a sogra do leiteiro". Os dois filhos mais velhos de Sofka, Peter (meu pai) e Ian, do primeiro casamento com Leo Zinovieff, moravam em Londres com os avós paternos.

Também sabia o que estava por vir: que a vida de Sofka sofreria violenta reviravolta pela segunda vez desde que veio ao mundo; que ficaria sem ver os filhos por quatro anos; e que a guerra lhe seria trágica e a faria mudar de uma maneira que jamais poderia supor. Sempre falou da guerra como sendo o maior catalisador de sua vida: endureceu-lhe a alma, confessou. No entanto, lendo esse diário, foi diferente. Eu podia ver os eventos se desenrolando à medida que aconteciam, antes de ela conseguir analisá-los ou tratá-los com a ironia surgida mais tarde, beneficiada pela percepção tardia. Como uma senhora de idade, podia se mostrar cínica e zombar de si mesma, e sua escrita tende a uma indiferença sarcástica. Aqui, por outro lado, eu a conhecia como uma jovem emotiva, contraditória, preocupada e inquieta, cujas reações eram imediatas. Nessa época, ainda não era minha avó. Nada havia de certo sobre o futuro de sua vida.

O diário começa cerca de um mês após a chegada a Paris. Os nazistas já haviam invadido a França, e o exército francês se dispersara numa rápida e humilhante retirada. Muitas pessoas entraram em pânico, e algumas delas (inclusive seu companheiro emigrante, Vladimir Nabokov) conseguiram partir. Sofka achou que seu retorno à Inglaterra provavelmente seria adiado, mas, no início, ainda conseguia expressar-se num tom animado.

21 de maio

A evacuação de Paris continua — bancos, empresas etc., tudo se mudando, embora os alemães tenham aparentemente anunciado que Paris não será bombardeada...

Hoje, os jornais só têm com uma página por causa da escassez de papel. As transmissões de rádio suspenderam todas as músicas... Proibiu-se a dança.

Não há quase ninguém nas ruas dos bairros residenciais e se tem a impressão de uma nova Pompeia, intacta mas desabitada.

3 de junho

Hoje, Paris foi bombardeada pela primeira vez... Alarme ignorado... Em poucos minutos, porém, o tiroteio se tornou frenético, o rugido dos motores, ensurdecedores, e começamos a ouvir o zunido das bombas caindo e explosões violentas. O ar fazia as janelas trepidar, e decidimos descer para o porão.

10 de junho

A cidade hoje está vazia, deserta. Impossível encontrar um táxi onde quer que seja — ou foram todos mobilizados, ou estão ocupados retirando a população. Um imenso fluxo de carros com colchões no teto se apressam para fora de Paris... E toda a cidade enche os carros e os carrinhos de mão com roupa de cama...

As crianças deitando para dormir nas calçadas das esquinas onde se reúnem as famílias cheias de trouxas à espera de um bonde ou carro. Tiroteios e zumbidos de avião intermitentes e ferozes — e um sol escaldante.

11 de junho

O Consulado Britânico, para onde liguei esta manhã, diz que não há nenhuma ordem para evacuar, que os súditos britânicos serão informados por meio da imprensa. Presumo que nos dirão como e quando partir, se assim o desejarmos. Todo o mundo fala que, provavelmente, vão nos jogar dentro de um caminhão de carga quando for necessário, e qualquer tentativa individual de sair dali será pura loucura...

Montparnasse — pessoas de todas as idades sentadas nas ruas, encostadas nas paredes das casas, enchendo o vão das portas. Em volta da estação, aglomeram-se em dez a 15 fileiras dispostas lado a lado, todos com trouxas e malas. Um soldado com um cesto imenso saía distribuindo hóstias. A estação está fechada com portões de ferro e cordões de isolamento formados pela polícia para evitar que a multidão os arrombe. Gente desmaiando, gente doente, crianças chorando, mulheres soluçando, meninas dando risadinhas nervosas, outras pessoas lendo, dormindo, comendo ou só observando com olhos arregalados. Gente, gente, gente... Um fedor impossível de descrever.

Aqui, também não há ninguém para dizer a eles aonde ir, por quanto tempo terão de esperar até conseguir alguma comida. Nada. A Cruz Vermelha foi embora ontem.

Quarta-feira, 12 de junho

... Retirada febril, as pessoas correndo de uma estação a outra, dando o fora o mais rápido possível a pé... A estrada de evacuação, agora, é chamada de *La Route du Sang*. Os carros e os caminhões de carga deslocam-se veloz e impetuosamente, sem se importar com quem ou o que encontram pelo caminho — carrinhos de mão, bicicletas, carrinhos de bebê, todos são tombados e jogados nos fossos, e os corpos ficam para ser atropelados pelos carros seguintes. Corpos jazem à beira da estrada... Não se encontra comida em lugar nenhum e um copo de água custa dez francos. O pânico é terrível...

Ao que tudo indica, um número assustador de crianças morreu durante as retiradas. Cadáveres se misturam com fuzis, armamentos, metralhadoras etc...

Quando, à 1 hora da manhã, abri a janela e a veneziana, o silêncio era mais profundo do que qualquer outro no país. Esta noite, Paris inteira estava sem iluminação, não se ouvia nenhum som de passos, nenhum carro circulava. Silêncio e trevas absolutos...

Quinta-feira, 13 de junho

Cerca de 4h30, uma "nuvem carregada" vinda do norte, pesada, preta como piche, cobriu o céu, tornando-se cada vez mais ameaçadora. Pouco depois, começou a chover fuligem. A gente a sentia cair nas mãos e no rosto como pingos de chuva — tudo ficou coberto, calçadas, pele, roupas... São os suprimentos de óleo em volta de Paris inteira queimando. O incêndio foi tremendo — uma gigantesca coluna de fumaça de cerca de 300 metros de largura subia para o céu... A base da coluna dilacerada por grandes clarões de chamas. Quando escureceu, a brasa vermelha iluminou todo o céu.

Sexta-feira, 14 de junho

Hitler prometeu estar em Paris no dia 15. Às 7h30 desta manhã, os oficiais alemães se encontravam na praça da Concórdia. Mais ou menos às 10 horas, saí para comprar batata e soube disso pela épicière...

Os soldados alemães são jovens, fortes e implacáveis. Sujos, mas nada desanimados e cansados como os nossos homens. Algumas pessoas sorriram para eles (eles estavam jogando beijos), mas a maioria se limitou a observá-los, em silêncio e sem sorrir. De vez em quando, via-se uma mulher chorando...

Na Champs Elysées, já estão andando para cima e para baixo como se o local lhes pertencesse, sentados nos dois ou três cafés abertos, paquerando as garotas...Vê-se a bandeira vermelha com a suástica na Torre Eiffel, no Arco do Triunfo, no Ministério da Marinha e no Hotel Crillon.

A "chuva negra" de ontem deixou sua marca na cidade. Todo espaço com superfície lisa está coberto com uma fina camada de "fuligem", como neve preta em que se veem pegadas.

À medida que o controle nazista se intensificava, o pânico de Sofka aumentava, pois ela se dava conta da possibilidade de ser capturada. Sem dúvida, seu pessimismo se exacerbou com a leitura de *O processo*, de Kafka, com seus augúrios de um mundo sombrio que permite que pessoas sejam presas e engolidas por uma burocracia desumanizadora. Uma urticária irrompeu-lhe no queixo — reação nervosa que apelidou de "lepra", que reapareceu, mais tarde, em outros tempos de crise. Nesse ponto, a escrita de Sofka se torna mais pessoal e reveladora: ela canaliza a perplexidade e os sofrimentos do dia a dia, numa série de cartas endereçadas a Grey, ou Puppa, como o chama.

À primeira vista, nada havia de óbvio na escolha de Grey para ser o grande amor de sua vida. Homem esbelto e de constituição frágil, quatro anos mais novo, trazia os cabelos exuberantes elegantemente untados e repartidos, e um bigodinho sobre os lábios cheios acrescentava vigor ao rosto sensível e pueril.

Filho mais velho de um baronete, o passado de Grey tinha profundas raízes na elite: Harrow School, Cambridge e esperanças de ingressar no Foreign Office. Quase ninguém poderia prever que se apaixonaria por uma emigrante russa casada e mais velha e depois ainda causaria escândalo maior ao desempenhar o papel de corréu no divórcio dela e a desposaria.

Sofka estava passando uma temporada com a mãe e o padrasto no apartamento deles, no número 2 do Boulevard de la République — um prédio antigo e deteriorado, situado numa rua que descia até o rio, perto da Porte de Saint Cloud. Muitos dos milhares de russos que inundaram Paris depois da Revolução de 1917 levavam uma vida lúgubre e humilhante nesses bairros periféricos. A mãe de Sofka, a princesa Sophy Volkonski, estivera entre as mulheres excepcionais de sua geração — cirurgiã e uma das primeiras mulheres a pilotar um avião. Na França, viu-se reduzida a trabalhar à noite como motorista de táxi e a realizar serviços esporádicos como secretária. O marido, o príncipe Pierre Volkonski, ex-diplomata poliglota e brilhante, transformara-se numa figura deprimente e depreciada, cuja expertise genealógica e sutileza antiquada agora não serviam para quase mais nada. Nos anos 1920 e 1930, parecia que todo garçom que sobrevivia à custa de gorjetas tinha algum passado glorioso na Rússia imperial. Naquela época, circulava a seguinte piada:

Dois homens se sentam num restaurante parisiense.

— Está vendo aquele garçom ali? Era conde em São Petersburgo. E sabe o chef de cozinha? Era grão-duque na Rússia.

— Bem — responde o outro —, está vendo aquele poodle sentado do lado da porta? Na Rússia, era um dogue alemão.

Sofka nunca explicou por que me deu o velho diário russo. Mais tarde, após seu falecimento, finalmente o li e mergulhei na sua vida de uma maneira que jamais poderia imaginar.

Havia muitos russos brancos em Paris a quem a presença dos alemães não desagradava por esperarem que eles pudessem servir de via para acabar com os 23 anos de governo bolchevique. Outros estavam simplesmente contentes por conseguir trabalho com os ocupantes. Quando o padrasto de Sofka arrumou um emprego como intérprete num escritório alemão, ela se deu conta de que permanecer no apartamento deles o comprometeria por estar abrigando um "estrangeiro inimigo". Satisfeita por se afastar da fria austeridade da mãe e da perturbação do padrasto, mudou-se para um cômodo no sétimo andar do mesmo prédio — um sótão sujo que dava vista para os telhados escuros revestidos de ardósia. Passou dias o desinfetando, desratizando e decorando, e amigos russos ajudaram-na a pintar as paredes de "amarelo vivo e um pálido verde-amarelo". Paravam para o *café national*, a horrível mistura de bolotas e grãos-de-bico que havia substituído o verdadeiro café na França. No alto da escada, ficavam o banheiro em estilo turco, uma torneira de água fria e a "lâmpada do senhorio", que apagava depois de trinta segundos. Parecia um pouco com o livro de George Orwell, *Na pior em Paris e Londres*; a miserável, porém prosaica e profundamente enfadonha natureza da pobreza. Os cômodos de Orwell também tinham paredes "cobertas de camadas e mais camadas de papel cor-de-rosa que iam se soltando e alojando um sem-número de insetos. Perto do teto, longas fileiras de insetos marchavam durante o dia inteiro feito soldados e, à noite, desciam com uma fome voraz".

9 de agosto

Os homens ingleses estão sendo internados em prisões, mas as mulheres até agora saem livremente...

Transbordam histórias de terror. A situação dos russos está se tornando desesperadora — "soupe populaire" [cozinha de campanha] e os restos de comida dos alemães.

23 de agosto

As mulheres inglesas têm de ir, diariamente, à Intendência para assinar um livro. Cansativo mas inevitável. A guerra continua e ainda não invadiram a Inglaterra...

Uma série de lojas judias na avenida Champs Elysées teve as vitrines quebradas...

9 de setembro

É impossível tentar fazer uma narração cronológica objetiva e impessoal quando cada segundo do dia e da noite é totalmente tomado por sentimentos pessoais.

Puppa, meu amor, se você pudesse imaginar como me sinto só e infeliz. De repente, do meio do nada, penso em você ou neles [os filhos], e começo a derramar lágrimas. Dia e noite, estou sempre conversando com você, querido — e sei que, durante as últimas três noites ou algo assim, estivemos juntos. Te vi de modo muito vívido noite passada... Você entrou vestido com uma espécie de jaqueta de couro curta, calças compridas acinzentadas e cabelo desgrenhado. Estava muito magro, queimado de sol e adulto, e entrou correndo...

Boa-noite, meu grande amor — todos os meus pensamentos são para você e só para você. Espero te ver logo.

Sexta-feira, 13 de setembro

Hoje é nosso dia, meu pequenino. Onde será que você está e você se deu conta disso?

Domingo, 22 de setembro

Meu homem, meu homenzinho...

Meu Deus, se pelo menos pudesse ter notícias suas. Mas, amor, acredito firmemente que tudo vai acabar bem e vamos ficar juntos de novo. Você está muito perto de mim o tempo todo, meu queridíssimo.

13 de outubro

Ah, meus pequeninos, as coisas não estão nada melhores... Lá embaixo [com os pais dela] meus nervos ficam em frangalhos...

Parece que Moppy [como chamava a mãe] se sente incomodada só de me ver. T.P. [o padrasto] está fraco e fora de si.

16 de outubro

Há um novo decreto obrigando todos que estejam abrigando um súdito britânico a informar a presença dele até o dia 20 ou serão fuzilados.

... Por favor, te amo tanto e estou sentindo uma angústia terrível por você e por Baba [Patrick, o filho deles].

Quarta-feira, 30 de outubro

Queridíssimo, desde segunda estou no sétimo céu, porque nesse dia mandei uma carta para o meu Puppazinho. Vinte e cinco palavras via Cruz Vermelha e a esperança de receber resposta. Amor, você entende!!! Por isso, estou dando pulos de alegria como uma doida.

Terça-feira, 19 de novembro

... Soube que, pela quantia de 15 mil [francos], posso chegar até você — estou esperando um milagre — por favor, meu Deusinho!

26 de novembro

Dia de festa, minha paixão — notícias suas pela Cruz Vermelha de Genebra — , festa aqui como evento histórico. É de 20 de setembro, mas é de você, querido, de você. Corri para a rua gritando de alegria.

O telegrama, escrito em francês, permanece dentro de um envelope azul-claro da Cruz Vermelha, selado com uma suástica no verso. Mal se pode chamar de carta de amor: O COMITÊ INTERNACIONAL DA CRUZ

VERMELHA RECEBEU UM COMUNICADO POR TELÉGRAFO QUE DIZ RESPEITO À SENHORA, DE GREY SKIPWITH E FILHOS, QUE LHE MANDARAM MENSAGENS AFETUOSAS. ESPERAMOS QUE ESTE COMUNICADO A ENCONTRE EM SEU ANTIGO ENDEREÇO E GOZANDO DE EXCELENTE SAÚDE.

1º de dezembro

Nos últimos dois dias, estive de cama com terríveis calafrios e muita tosse, sem me apresentar à polícia nem nada, por isso, provavelmente, vou levar uma bronca quando for lá...

... Não deve existir no mundo uma mãe como a minha: acabei de me dar conta de que ela nunca subiu aqui em casa e, mesmo eu estando de cama, só T.P apareceu para saber o que houve. Fico pensando por que ela não gosta de mim e se meu amor excessivo por Pips [Peter] e por Crust [Patrick] não é uma reação inconsciente a isso.

Quando meu pai me enviou um e-mail com uma fotografia macabra de Jack no leito de morte — esquelético, a pele parecendo um pergaminho amarelo, deitado de boca aberta, só não tinha morrido ainda —, eu já havia decidido escrever sobre Sofka. Pensara com frequência nessa ideia, mas agora estava convencida. O diário me fez mergulhar na sua vida e queria ir ainda mais fundo: ver os locais onde morou, encontrar as pessoas que a conheceram, mas também identificar seus legados — os padrões, detalhes e características que atravessam gerações, seja pelo DNA, pelo exemplo ou até mesmo pela ausência. Embora nunca tenha sido uma matriarca da família, sua influência se fez sentir de modo intenso nos filhos e netos. As incessantes mudanças de residência até a meia-idade e seus esforços para se sentir à vontade me eram agora bem mais fáceis de entender. Não me parecia obra do acaso o fato de eu, neta de refugiados, costumar sentir-me

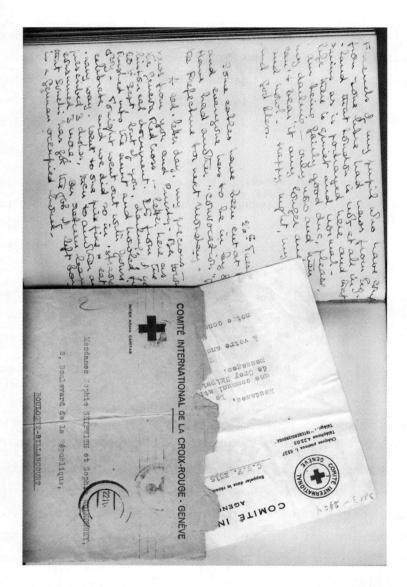

O telegrama da Cruz Vermelha, de 1940, foi a primeira notícia que Sofka recebeu de Grey depois de meses — foi quase tão bom quanto uma carta de amor, e ela ficou extasiada.

uma forasteira criada na Inglaterra, tampouco acabar deixando meu país natal para fazer a vida em outro lugar.

Peguei o avião para a Inglaterra da minha casa na Grécia e depois viajei até a Cornualha para o funeral de Jack. No caminho, fui dar uma última olhada no chalé deles. Alguém disse, uma vez, que Sofka morava "no fundo de uma desolada alameda na Charneca de Bodmin", e ela gostava de citar essa frase. Naquele dia, porém, pareceu encantador; os muros altos e musgosos eram polvilhados de prímulas, e o chalé de granito ficava lindo ao lado do riacho caudaloso. Espiando através das janelas, vi a sala de estar e lembrei das noites ali passadas ao pé da lareira. Naquela época, havia livros por toda parte, poltronas baratas dos anos 1950, sofás cobertos com mantas e cachorros dormindo.

Minhas visitas a Moppy (chamávamos Sofka pelo mesmo apelido que ela dera à mãe) começaram quando já contava idade suficiente para pegar sozinha o trem de Londres a Bodmin, por volta dos 10 anos. Nessa ocasião, Sofka se aproximava dos 70. Havia engordado, e se sentava, enorme, confortável, exuberante, na sua cadeira. O olhar era aquilino e questionador, e os traços ainda marcantes e atraentes. Usava os cabelos presos num coque frouxo, descuidado, mas, de vez em quando, de manhã cedinho, via-os soltos, caindo pelas costas, surpreendentemente longos e grisalhos, parecendo cabelos de bruxa. Ela se vestia com excepcional falta de consideração por qualquer coisa além de praticidade; ficar se preocupando com roupa era um desperdício de tempo, que se podia ocupar lendo, escrevendo ou conversando.

Numa viagem, aos 11 anos, Sofka me perguntou sobre a recente separação de meus pais. Lembro-me do olhar de perplexidade que inicialmente me lançou ao ver-me explodir em grandes e profundos soluços; crianças choronas não eram sua especialidade. Era a primeira pessoa com quem eu falava sobre meu mundo despedaçado desde que minha mãe saíra de casa, e eu também fiquei chocada. No entanto, à medida que as lágrimas foram cessando e dando lugar à conversa e, por fim, a risadas, percebi, pela primeira vez, que Sofka havia tomado meu lado e se tornado minha aliada. Ela entendia tudo de famílias desfeitas; como fraturas, elas atravessavam gerações. Era prova viva de que é possível sobreviver a elas.

O estilo de Sofka se distinguia como um misto de sabedoria e curiosidade, de teimosia e liberalismo, com boa dose de "deixa-pra-lá". Tendo visto muita coisa e sofrido horrores na vida, agora era hora do sossego, mas seu apreço pelo pensamento independente e pelo humor negro se revelava nas várias coletâneas que enchia com trechos das citações e dos aforismos prediletos reunidos ao longo da vida. Ela regularmente copiava-os em bloquinhos que dava de presente para os parentes e amigos mais queridos. (Todas as epígrafes deste livro retirei da sua coleção.) Dava conselhos de bom grado; qualquer coisa, desde listas de leitura (longas, variadas, inspiradoras) a receitas (informais, russas, deliciosas), a drogas ("Nunca toque nelas; vi o que podem fazer.") e amor adolescente ("Não importa quantos amantes você tem... Só não tenha mais de um ao mesmo tempo."). Demonstrava um descaso altivo em relação à morte ("Não ligo para o que vai me acontecer quando morrer; pode me enterrar numa caixa de papelão.") e continuava gostando de surpreender as pessoas. Recomendava sentar na calçada em ruas lotadas por seu poder persuasivo sobre namorados que não concordam com alguma coisa. "Sempre achei este método eficiente para conseguir o que queria", dizia maliciosamente.

Com o passar dos anos, e à medida que eu ficava mais velha, ela me oferecia um licor de baga de sabugueiro ou um vinho de tojo do Jack, forte e malcheiroso, e talvez um *Gitanes* velho, há muito esquecido em alguma festa em Londres ou por uma visita anterior. Comíamos iguarias russas em bandejas. E, depois, se Sofka não trouxesse os álbuns de fotografia, eu lhe pedia para pegá-los. Fazia parte do ritual de ir lá passar uma temporada. "Este é meu avô Dolgorouki", dizia, apontando para um homem assustadoramente severo e barbudo, vestido com um longo manto de brocado. A voz grave e imperiosa era meio zombeteira, meio orgulhosa, mergulhando num inesperado guincho em soprano para retornar a um rugido em vibrato. Sua fala traía as experiências de sua formação: os erres densamente carregados dos russos, os tons ligeiramente nasais da classe alta inglesa e as perfeitas interpolações de francês da sua geração de exilados europeus.

"E aqui sou eu quando costumava brincar com o tsarevitche", contava Sofka, fazendo careta para o ridículo da situação, mas com certa satisfação pela referência ao personagem ilustre como alguém familiar. Uma criança bonita, com jeito de levada, vestida com musselina branca, com tranças longas e escuras e olhos grandes, astutos, amendoados, intensos, distantes. Passávamos pela Revolução, pela fuga para a Inglaterra, pelos casamentos, pelo trabalho para Laurence Olivier e para a companhia teatral Old Vic,* pela guerra, pelo Partido Comunista, chegando até Jack e o bando barulhento de *whippets* da charneca. Uma incursão pelo século XX e uma vida como sismógrafo de seus importantes eventos e movimentos políticos.

O funeral de Jack se realizou no crematório de Bodmin, onde todos havíamos nos reunido dez anos antes por causa de Sofka. O humanista (evocado para respeitar suscetibilidades comunistas) era amigável e sensível, mas me deu saudades de um pouco do "ópio do povo", que pode tão bem consolar nesses momentos de consternação. Mais tarde, no estacionamento, meu tio Ian me deu duas caixas de papelão grandes — chegaram, finalmente, ao acordo de que eu ficaria com os papéis de Sofka. Todavia, antes de levar meu tesouro de volta para Atenas, travei contato com várias pessoas que haviam conhecido Sofka. A primeira ligação em Londres foi para meu tio-avô Kyril. Com 94 anos de idade, é o irmão mais novo de meu avô Zinovieff, que morreu antes de eu nascer, e o considero ao mesmo tempo amigo, confidente e avô substituto. Tio Kyril é um dos poucos emigrantes

---

* Companhia teatral londrina fundada em 1818 e dissolvida em 1963. *(N. da T.)*

russos sobreviventes que se lembra da Rússia antes da Revolução ("De Rasputin a Putin", como brinca) e conheceu Sofka na juventude.

Alto, magro e ainda vistoso, com rosto comprido e nariz aquilino, tio Kyril se apresenta sempre bem-vestido, dando preferência ao paletó e gravata até dentro de casa. Conhecedor de diversas línguas, dotado de inteligência intimidadora e memória fenomenal, há indícios suficientes para se supor que trabalhou no serviço de inteligência do país adotado. Mas disso ele nunca fala, limita-se a dizer que ingressou no Ministério da Defesa depois da guerra. Até recentemente, ignorava de modo obstinado a idade avançada, mas os olhos azuis foram aos poucos deixando de enxergar e, na ocasião em que fui vê-lo, só distinguia a escuridão da luz. Queria pedir-lhe conselho quanto à ideia de escrever sobre Sofka, mesmo sabendo que suas opiniões sobre a ex-cunhada não eram das melhores. Não estava preparada, no entanto, para o que emergiu dali.

"Gostei muito dela na primeira vez em que a vi", começou cautelosamente, tentando ser justo. "Recitamos poesia um para o outro. Achava que ela tinha uma maneira de pensar original. Mas jamais deveria ter se casado com meu irmão. Ela e Leo não combinavam de jeito nenhum."

"Sofka gostava de *éparter les bourgeois*", prosseguiu. "Sentia prazer em chocar as pessoas. E era *muito* promíscua. Quando digo promíscua, quero dizer aquele tipo de promiscuidade de dormir com o faxineiro e com o carteiro." Ri, mas Kyril persistiu, usando palavras como "carência" e "ninfomania", com ar funesto.

"Kinsey disse que a única definição para a ninfomaníaca é a mulher que faz mais sexo que você", retruquei, procurando defender Sofka, e tio Kyril riu também.

"A mãe dela também teve muitos amantes", tio Kyril disse. "E, não esqueça, a família dela, Bobrinski, descende diretamente de Catarina, a Grande. Estava no sangue." Senti, espreitando, a desagradável implicação desse determinismo biológico, mas nada falei.

"Acho que devo ter sido muito influenciado pela aura em torno da sua avó", tio Kyril admitiu. "Uma aura muito desfavorável, preciso dizer." Dava para sentir a natureza generosa de Kyril perdendo a batalha. Ele é um dos conversadores mais argutos e espirituosos que conheci, mas naquele dia parecia tenso. Não conseguia reprimir um ressentimento de setenta anos pela pessoa que fez a infelicidade do irmão e rompeu com seus contemporâneos russos. Nunca o havia visto desse jeito.

"Estava falando com uns russos outro dia", continuou. "E o nome de Sofka veio à baila. 'Depravação!' foi o que disseram sobre ela. Você precisa entender o que todos os refugiados russos sentiam pelo comunismo de Sofka. Ela era, na melhor das hipóteses, extremamente ingênua para acreditar no comunismo durante o período stalinista, ou para achar que há alguma distinção entre as doutrinas nazista e comunista. São a mesma coisa. Tornar-se comunista sendo refugiado russo é como um judeu da Alemanha se tornar nazista. Não tem diferença. E, depois da guerra, as pessoas disseram, "Ora, se ela nunca teve nenhuma noção de moral, é o tipo de pessoa capaz de entrar para o Partido Comunista!"

"Mas minha irmã nunca conseguiu perdoar-lhe pelo que fez aos filhos", disse tio Kyril. "Ela se comportou como um monstro. Simplesmente, deixou Ian, um bebê de apenas 3 semanas de vida, com meus pais e foi embora com o amante. Mas, ao que tudo indica, nem ao Grey ela trouxe felicidade. Tornar-se artilheiro de cauda da Força Aérea Britânica era praticamente uma forma de suicídio. Todos nós achamos que ele não queria continuar vivendo."

Se aquela diatribe me deixara um tanto chocada, ao mesmo tempo, fascinara-me. Segundo a demolição do tio Kyril, se procedente, sobrava a Sofka pouca integridade. Em certas coisas achei difícil acreditar, mas ainda restavam muitas perguntas. Embora me parecesse impossível que Sofka não houvesse de fato amado Grey, será que o relacionamento deles poderia ter sido mais complicado do que imaginara? Será que ela era tão obstinadamente egoísta e destrutiva como alegavam seus parentes por afinidade? Questionava-me também em relação ao comunismo. O que a motivava? E será que se importava com o que os outros russos exilados pensavam dela?

"Pode ser que tenha mudado, mais tarde... isto eu não sei", Kyril disse ao me dar um beijo de despedida — três vezes, ao estilo russo. Aconselhou-me a voltar a pensar sobre escrever o livro sobre Sofka: "A vida dela não é interessante o bastante — não há material suficiente." Eu, porém, me sentia cada vez mais seduzida pela pesquisa, pois queria entender Sofka.

De volta a Atenas, tirei da mala os documentos de Sofka. Além das caixas, ganhei de meus tios, de meu pai e de alguns velhos amigos vários maços de cartas e memorabilia. Sentei-me cercada de pilhas de papéis: diplomas da Rússia pré-revolucionária, cartas de amor para Jack, blocos repletos de citações e poemas, telegramas, agendas, envelopes não lacrados cheios de fotografias, ensaios sobre peças de Shakespeare, esboços de auto-biografia, passaportes, álbuns de fotografias. Recendiam a mofo, a velharia. Às vezes, tinha a impressão de sentir o cheiro do chalé (cachorros, fumaça de lenha, manteiga derretida e banheiro úmido), mas, depois, parecia nada mais que pó. Tudo aquilo não só me abria para a vida de Sofka como também servia de confirmação de sua morte.

Agora, via-me diante de um monte de dúvidas; ficava a sensação de haver certas discrepâncias e lacunas no retrato que Sofka fazia da própria vida. O que realmente aconteceu com Grey? Enquanto Sofka viveu, ele parecera um assunto um tanto sagrado — doloroso e importante demais para ser comentado. Até mesmo seu filho, Patrick, dizia não saber quase nada sobre o pai. Queria descobrir que tipo de pessoa ele era. As adver-tências de tio Kyril quanto à falta de confiabilidade e à promiscuidade me perseguiam. A ideia de que Sofka poderia ter traído o suposto amor de sua vida me estimulou a procurar identificar quais eram suas prioridades. Queria conhecê-la bem o suficiente para entender tanto suas motiva-ções quanto suas ações. E Leo, meu avô? Qual era a história dele? Só dispunha das frias fotografias de um homem severo, ainda que interessante de aparência, com óculos redondos e cabelo ralo. Ninguém falou de como ele vivia.

Resolvi começar por examinar o extraordinário entrelaçamento entre destino e caráter que gerou tais extremos na vida de Sofka. Ela sempre se sentira, antes de tudo, uma russa, e costumava brincar que "Todos os russos são loucos!". E, segundo sua definição, a personalidade russa se baseava na contradição: "um paradoxo, uma série de elementos conflitantes... misticismo e realismo, apatia e realização, sede de conhecimento e ignorância abissal, idealismo e ganância...".

A história de Sofka não era aquela velha conhecida da princesa que perde os privilégios, tampouco da exilada que perde a terra natal. Ela foi uma refugiada do comunismo que abraçou a filosofia de seu suposto inimigo. Tratava-se de uma pessoa ao mesmo tempo profundamente passional e capaz de mostrar surpreendente distanciamento, de uma mãe para quem havia outras prioridades — amor romântico, literatura, trabalho e viagens — à frente dos filhos. Sofka se comportava como muitos homens sempre se comportaram; e, se ainda se considera essa atitude insolente e incomum, no tempo dela, provocava afronta bem maior.

Quanto mais se aprofundavam minhas investigações, essas antinomias se revelavam mais fascinantes: a pessoa pragmática e virtuosa que exaltava os prazeres da bebida, das festas e do *far-niente*, e a mulher sensível e ávida por segurança cujo estilo de vida só contribuía para lhe perpetuar a penúria financeira e a condição de itinerante.

> *Porque busco raízes, eu que sou uma folha*
> *Turbilhonando cegamente num vendaval,*
> *Porque luto para manter a calma durante a tempestade,*
> *Porque desejo ardentemente a paz...*

escreveu na fase dos 40, quando a calma e a paz ainda estavam a anos de distância.

Antes de remontar às origens de Sofka, terminei de ler o diário. Foi um de seus vários admiradores russos em Paris que lhe ofereceu uma saída. Nikolai evidentemente dispunha de contatos no lugar certo, e prometeu que poderia levantar os 15 mil francos necessários para Sofka deixar o país às escondidas, passando primeiro pela França não ocupada e depois pela Espanha. O acordo rezava que os mutuantes receberiam em dobro no fim da guerra.

Em 5 de dezembro, há um rabisco a lápis:

> Acabo de voltar do encontro com Nikolai — ele marcou minha partida para o dia 10. Nenhuma palavra com ninguém, muito menos com meus pais. Nada de bagagem. Ele conseguiu dinheiro de toda parte... Mal ouso até mesmo pensar nisso, não vejo a hora, não vejo a hora.

Segunda-feira, 8 de dezembro

> Querido. Como te amo! Está um frio de agoniar — geada negra. Maldita. Boa-noite, meu amado — por favor, não me esqueça.

A escrita do diário termina aí. Faltavam apenas dois dias para a planejada fuga. Na manhã seguinte, bem cedo, bateram com força à porta. Sofka a abriu e viu um gendarme francês. Ele não foi indelicado, só firme. Ela tinha de ir com ele, o militar lhe disse, e levar o que fosse necessário para 24 horas.

CAPÍTULO 2

A Princesa

Não tema o futuro,
Não lamente o passado.
— Percy Bysshe Shelley

Cheguei a São Petersburgo no "Red Arrow". Ele parecera muito promissor à meia-noite da noite anterior, na movimentada estação de Leningrado, em Moscou: pintado num tom moderno entre o vermelho e o
vinho, com o nome formando uma faixa dos lados. Gostei do fato de
ser vermelho — a cor do sangue, da liberdade, do amor e da magia, bem
como da bandeira bolchevique, e, em russo, ligada à palavra que designa
"beleza". A cor perfeita para Sofka e para a minha viagem. Do lado de
fora de cada vagão, em posição ereta e cerimoniosa, encontravam-se aten-
dentes elegantes, uniformizadas, com luvas brancas e chapéus. Pareciam
prestes a dirigir uma saudação. Ou a executá-la. No meio do alvoroço

das despedidas de última hora, não havia como não devanear sobre outras viagens em trem russo: o lendário Expresso Transiberiano; as incontáveis partidas para o exílio, para a guerra, para os gulags; a viagem sem volta de Romanov para os Urais; a chegada de Lenin da Finlândia. E, claro, esse fora o trajeto de Anna Karenina.

Eu também tinha minhas lembranças. Morei em Moscou por mais de um ano na faixa dos 20, depois de me apaixonar por Vassilis, um grego que lá residia. Sofka achava aquilo tudo muito divertido e exigia que eu escrevesse sempre contando as novidades. Na época em que Vassilis e eu saímos da Rússia com destino a Londres, o comunismo havia caído e eu estava grávida de seis meses. Antes disso, fizemos várias viagens curtas a Leningrado (antes de mudar de nome pela terceira vez em um século e voltar à designação original). Vimos as "Noites Brancas" do verão, cami-nhando com multidões às 2 horas da manhã, como fantasmas em meio a um fulgor leitoso, e os dias brancos de inverno arrastando-nos por longas distâncias, com canais congelados e parques cobertos de neve ao longo do caminho. Seria possível eu me lembrar de trens com samovares? Ou aqui-lo vinha de algum romance? Certamente, servia-se chá em copos altos, com asas de metal exibindo desenhos de heroicas locomotivas soviéticas.

Ademais, havia as viagens de Sofka. Quando criança, a avó a levava pelas estradas de ferro às suas distantes propriedades rurais e para tomar água mineral na Alemanha ou na Suíça. E, sem dúvida, fizeram as suas muitas visitas à França no luxuoso trem que ligava São Petersburgo a Nice, apelidado de "*le train des grand-ducs*". Ocupavam um vagão inteiro, equipado com quartos, toucadores, salas de estar e de jantar que davam para compartimentos, para Sofka e sua governanta, além daqueles desti-nados às criadas e outros aos serventes.

Um dos intimidadores empregados vestidos da cabeça aos pés com sarja lanosa conduziu-me à minha cabine, e a visão dos meus três esperados companheiros de viagem expulsou todas as minhas fantasias.

A Princesa

Sentada na parte de baixo do beliche, com o *meu* número, estava uma mulher imensa com olhos minúsculos e cabelo laranja flamejante. Do lado oposto, encontravam-se uma japonesa jovem, triste e de corpo bem-feito, sub-repticiamente enxugando lágrimas, e um homem de cerca de 40 anos, com expressão manhosa e ouro nos dentes, bebendo cerveja diretamente da garrafa. Os dois russos se apresentaram a mim, cheios de sorrisos e evidentemente dispostos a transformar o momento numa festa: Alexei ia visitar o filho, estudante em São Petersburgo, enquanto Natasha voltava para casa das férias para retornar ao trabalho numa empresa de informática. O ar estava quente e fedia a álcool, suor antigo, motores e manteiga rançosa. Isto me fez relembrar de como me sentira forasteira no tempo em que residi na Rússia. O fato de ter sido criada e educada com nome russo, na religião russa, na literatura russa (embora em traduções) e a insistência de meu pai em que eu era "meio russa" levaram-me a imaginar que me sentiria em casa lá, ainda que não conhecesse o idioma. Foi um choque me dar conta de que a maioria das coisas que sempre soubera eram histórias parcialmente recordadas, de segunda mão e da segunda geração de uma Rússia pré-revolucionária internalizada. Meu pai organizara "caças" de cogumelos ao estilo russo, tentara persuadir meus dois irmãos e a mim de que a tigela do horrível leite fermentado no arejado guarda-louça era, na verdade, o delicioso *prostokvasha*. Uma vez, passou horas construindo uma forma de madeira em formato de pirâmide para que pudéssemos fazer o autêntico pudim doce e cremoso *paskha* para acompanhar o *koulitch*, tradicional bolo de Páscoa. Nada disso, porém, aproximou-me da Rússia Soviética mais do que a leitura de Turgueniev me permitiu entender a estrutura política.

Natasha tomou conta da cabine, chegando, inclusive, a acompanhar os outros para o lado de fora para eu vestir as roupas de dormir, além de convencer a japonesa a trocar de cama com ela (felizmente, já que decerto jamais conseguiria alcançar o leito superior). Por fim, todos deitamos nos nossos beliches, mas foi difícil pegar no sono: o braço de Alexei pendia precariamente no escuro, acima de mim, e Natasha tinha um cheiro tão forte como jamais sentira em alguém na vida e roncava como um touro à noite.

Os arredores de São Petersburgo revelavam-se úmidos e cinza, à medida que nos aproximávamos pela manhã, embora ainda fosse final de verão. Natasha me acordara de um modo um tanto severo, alegando equivocadamente que já estávamos quase lá, e logo pôs-se a nos servir o salame temperado com alho, os pãezinhos sem manteiga e os chocolates Kit Kat das caixas pré-embaladas e nada apetecíveis do café da manhã. A japonesa continuava limpando as lágrimas. Sentia-me nauseada, cansada e pessimista o suficiente para chorar também. De repente, a viagem parecia perda de tempo. A dúvida existencial de Gogol, "Rússia, o que quer de mim? Que vínculo inexplicável nos une?", transformara-se em "Rússia, o que *eu* quero de *você*?". Sabia que ali não encontraria mais ninguém das relações de Sofka — seus contemporâneos estariam agora chegando aos 100 anos de idade, e quase todos haviam fugido depois da Revolução. Os poucos que permaneceram foram presos ou executados, ou mudaram de nome e terminaram em outro lugar como outra pessoa. Esse melancólico estado de espírito melhorou um pouco, no entanto, quando meu acordo prévio com a atendente deu certo, e ela (paga em copeques) me trouxe chá com limão. E ainda veio num copo alto, com água do samovar elétrico do corredor.

Na estação, deixei-me enganar por um jovem motorista de táxi, que insistiu em receber em moeda estrangeira e me transportou por uma cidade tranquila, de manhã cedinho, ao som dos resmungos de um rap russo. Na última vez em que vira o país, a União Soviética tinha acabado de se desmantelar. Os russos estavam preparados para se esquecer das filas para receber pão grátis, dos atrasos no pagamento dos salários, das prateleiras vazias, das roupas pardas, dos apartamentos comunitários e do cadáver ressequido de Lenin que permanecia na praça Vermelha. Estavam prontos para colher os frutos maravilhosos prometidos pela democracia e pelo capitalismo. Agora, parecia que mais um sonho azedara, e a Rússia ainda tinha de enfrentar mais mudanças e dores. Com efeito, ouvira falar que Moscou se enchera dos hotéis, restaurantes, butiques e carros de luxo mais caros da Europa. A elite estava ocupada construindo casas cada vez mais requintadas e ostentosas, e os best-sellers revelavam os fabulosos excessos dos *nouveaux riches*, as cirurgias plásticas, as férias no exterior, os massagistas domiciliares e as roupas de grife. Todavia, grande número de pessoas vivia na pobreza, e falava-se de uma epidemia de AIDS que vinha contribuindo para a queda vertiginosa da expectativa de vida dos russos. São Petersburgo, entretanto, não acompanhara os excessos da capital; um amigo contou-me que alguns cineastas descobriram, pouco tempo antes, que se tratava da última cidade europeia capaz de servir, inalterada, de locação para a Berlim pós-guerra.

Eu havia planejado alugar um quarto na Bolshaya Morskaya, ou Via Marítima Maior, e chegamos a uma belíssima fachada em tom ocre pálido, escondendo um quintal horrível e sujo, cheio de buracos enlameados e ervas daninhas. Um poodle pelado farejava por ali com pessimismo, e alguém lá dentro tentava silenciar o choro de um bebê. Do primeiro andar, um velho com barbas longas, tolstoianas, olhou para mim, emoldurado pela janela, como um retrato do século XIX. Empurrei a porta de metal e entrei num vão de escada de pedra desagradavelmente úmido e com paredes verdes de limo, sentindo-me como uma intrusa em um romance de Dostoievski.

Irina Sergeyevna, minha senhoria, uma mulher firme para seus 60 e alguns anos, tinha cabelos louros e curtos, unhas pintadas e conduta cordial. Acompanhou-me até seu apartamento, grande, escuro e de pé-direito alto, decorado com variados papéis de parede envelhecidos e estampados. Seguimos por um corredor estreito que dava na frente do prédio, num quarto com vista para o canal do rio Moika e para a enorme extravagância amarelo-canário do Palácio de Yusupov. Essa era a São Petersburgo dos sonhos: "o irmão da água e do céu", nas palavras do poeta Osip Mandelstam, com suas glamourosas mansões de frente para o rio e igrejas cintilantes. Eram as abstrações colossais de Pedro, o Grande, transformadas em pedra — pontes retrocedendo ao início do século XVIII num luminoso espetáculo de fogos de artifício. Essa vista panorâmica levou-me a imaginar que o gigantesco levante do comunismo não passou de uma fase entre as muitas por que a "beleza e maravilha" do norte (familiarmente conhecida como Pedro) passou, um extraordinário experimento do século XX que estava se tornando parte da história. Quando, porém, minha senhoria começou a falar, dei-me conta de que isso ainda não havia acontecido.

"Alugar quartos para turistas é a única maneira possível que a gente tem de sobreviver", explicou Irina Sergeyevna, que trabalhara como cientista, mas, agora, cobrava de estrangeiros uma módica quantia por uma cama e café da manhã. Ela já estava assumindo o papel de minha mãe de São Petersburgo, confortando-me e acomodando-me no quarto, e logo percebi que tive sorte de encontrá-la. Posteriormente, cuidou de mim quando fiquei doente, saiu à procura do melhor quefir (espécie de coalhada) para meu desjejum e ajudou-me na busca pelas raízes de Sofka. Era o arquétipo das mulheres russas fortes e determinadas, cujo sofrimento só lhes aumenta a bravura e a capacidade de sobrevivência. "Agora, está muito difícil", prosseguiu. "Pelo menos, nos tempos soviéticos, eles ligavam para as coisas — pintavam as escadas a cada três anos. Você conseguia medicamentos de graça e, se alguma coisa saísse errada, eles vinham dar um jeito." Ela se comunicava comigo em russo até o ponto em que meu parco entendimento da língua sucumbia, então, falava lenta e cuidadosamente em inglês e depois voltava ao russo. Funcionou surpreendentemente bem.

"Não me interprete mal — eu odiava os comunistas", disse Irina Sergeyevna. "Quando Gorbachev veio aqui pela primeira vez, fomos jogar flores na estrada para ele. Mas agora o odiamos. Os estrangeiros não entendem isso. Agora não temos empregos suficientes, há crimes, guerra na Tchetchênia, jovens nazistas nas ruas da Letônia, e as pensões são de apenas cem rublos. Vejo senhoras idosas contando copeques para ver quantos ovos podem comprar. É impossível..."

Na cozinha, Irina Sergeyevna sentou-me diante de uma mesa redonda, ainda posta com bela louça de barro, geleia de fruta num pote de vidro lapidado e um vaso com flores de jardim de cores variadas e vivas. Fritou panquecas e fez café enquanto um pequinês vagueava por ali, varrendo o chão com o rabo emplumado. "Yana, Yanuska, minha querida...", falou amorosamente, pegando a plácida criatura e beijando-a com emoção. Olhando através do quintal, eu só conseguia ver a janela de Tolstoi.

"Todas as pessoas lá do outro lado do quintal trabalhavam no Teatro Maryinsky. Continuam vivendo em apartamentos comunitários", explicou Irina Sergeyevna. "O mais duro de tudo é que eles não têm nem banheiro — só uma latrina. Têm de ir ao *banya*, as casas de banho públicas, uma vez por semana. Mas já aquele restaurante que fica na parte da frente do prédio... há russos que pagam cem euros por cabeça para comer lá."

Depois do café da manhã, dirigi-me para a cidade, meio tonta pela noite maldormida, porém, com mais esperanças. Provavelmente, não haveria gente que se lembrasse de Sofka, mas, aqui, na sua cidade, poderia seguir-lhe os passos, ver os lugares que viu e descobrir algum tipo de comunicação com ela ao longo das décadas. Fui direto ao Aterro Inglês, onde Sofka nasceu. O dia tornara-se brilhante e ensolarado e, assim que cheguei às margens do Neva, uma brisa refrescante e salgada subia do largo rio azul. Nos tempos de juventude de Sofka, era moda perambular pelo cais: policiais elegantes com uniformes coloridos; moças acompanhadas de damas de companhia; famílias dando passeios. Como diversão de inverno, as pessoas alugavam uma troica aqui. Puxada por três cavalos, com sinos tocando, elas deslizavam pelas estradas cobertas de neve e por cima do rio congelado até as ilhas.

O local continua romântico. Quando foi a cidade de Lenin, mudaram o nome para Aterro da Frota Vermelha, mas acabou voltando a ser "Inglês". Jovens casais caminhavam a passos lentos, as garotas segurando os ramalhetes trazidos pelos admiradores. Um dos ditados prediletos de Sofka era "Se você tiver dinheiro para dois pães, compre um pão e algumas flores", e isto, evidentemente, punha-se em prática em São Petersburgo. Todo o mundo carrega flores. Passaram alguns marinheiros, com largas fitas pretas esvoaçando dos quepes brancos, dirigindo-se para o encouraçado *Aurora*, que disparou os primeiros tiros de advertência no Palácio de Inverno, em 1917. A cena não deve ter sido muito diferente quando Sofka fez aqui as primeiras caminhadas com sua *niania*, ou babá, tradicionalmente selecionada entre as mulheres do interior. Você as vê com frequência em fotografias antigas, às vezes vestidas com belos trajes camponeses e toucas e segurando rechonchudos bebês com título de nobreza. Segundo as recordações de Sofka, sua *niania* tinha o rosto largo e redondo e era "diferente de todas as governantas da literatura russa", já que, "pelo visto, não contou nenhuma história nem cantou canção alguma". Apesar disso, elas passeavam até o Cavaleiro de Bronze, a estátua que Falconet fez de Pedro, o Grande, que sempre se acreditou ligada ao destino da cidade. Pensei em Sofka, olhando para os barcos, dos elegantes iates imperiais às barcaças pesadas e escuras. Na margem oposta do Neva, na ilha Vasiliyevskiy, local em que Pedro começou sua "cidade sagrada", as mesmas graciosas fachadas, cuja beleza lembrava cenários teatrais, se impunham.

Perto da extremidade do Aterro Inglês, encontrei o número setenta, onde viveram os pais de Sofka depois de se casarem, em 1907 — um bonito prédio de três andares, pintado de caramelo e com frisos brancos de bom gosto. O apartamento térreo dos recém-casados — presente dos pais do noivo — serviria como moradia provisória até eles encontrarem outra, maior e mais duradoura. Tanto os pais dela como os dele ficaram muito contentes de o casal ter se mudado para um lugar a uma esquina de suas respectivas casas, na rua Galernaya.

A condessa Sophy Bobrinski era pouco mais que uma garota quando, aos 18 anos, tornou-se a esposa do príncipe Peter Dolgorouki (ou Petya, como o conheciam). Aparentemente, ele havia pedido a sua mão umas cinquenta vezes, em vários bailes, piqueniques, passeios de trenó e recepções íntimas, sem cerimônias, em que suas famílias se encontravam, antes de ela, enfim, aceitar. De acordo com Sophy, até mesmo naquela época, o entusiasmo juvenil e o fato de compartilharem interesses em poesia, música, equitação, patinação e tênis não eram suficientes para preencher a lacuna de suas diferenças fundamentais. Os antagonismos nos pontos de vista e nas aspirações não só refletiam a família de origem deles, mas também a personalidade de cada um, e algumas das contradições conspícuas de Sofka certamente tinham raízes nessa diversidade dos pais.

Do pai, Sofka deve ter herdado o gosto pelos prazeres da vida, o gregarismo, os sonhos românticos e uma queda especial por bebidas e festas. Petya era atraente, afetuoso e o que na época se chamava de "gay" [alegre, brilhante, festeiro, lascivo] — sedutor por natureza, sempre disposto a jogos e aventuras. Numa fotografia, tirada na sala de visitas formal dos pais, ele olha obliquamente para a câmera, as pálpebras semicerradas dando um ar preguiçoso, meio soturno, meio sensual. Está sentado pouco à vontade numa poltrona, e a linguagem oral sugere um menino querendo sair para brincar. Aos 21 anos, tinha acabado de terminar a Academia Militar, e um bigode empertigado complementa o paletó do exército abotoado de cima a baixo. Agora, gozava do direito de usar o dólmã branco extremamente glamouroso, com dragonas douradas e o elmo com uma águia no topo do uniforme de parada dos Horse Guards.* As preocupações e os desejos de Petya eram a continuação de inúmeras gerações anteriores de São Petersburgo. Como caçula de seis filhos (nascido em 1883, o ano da coroação de Alexandre III), Petya sempre foi o queridinho mimado das irmãs mais velhas. Os pais haviam tentado educar os filhos à "maneira inglesa",

---

* Guarda montada real. *(N. da T.)*

"até a medula" e com circunspecção formal, mas os dois meninos dos Dolgorouki se revelaram amantes irrestritos dos prazeres e amores secretos típicos da Rússia. Sergei, o mais velho (também dos Horse Guards), fora por muito tempo o predileto da irmã casada do tsar, a grão-duquesa Xenia, enquanto para Petya não havia nada melhor do que festas, passeios de troica e, acima de tudo, ir ouvir os ciganos cantar.

Ir ver os ciganos era uma excitante oportunidade de se meter em histórias de amor, riscos potenciais e casos amorosos exóticos. A irmã de Petya, Varvara, escreveu em suas memórias sobre essas excursões noturnas aos *tsiganes*: "Representava o espírito boêmio, sentir o próprio coração, emocionar-se, relaxar e empolgar-se. *Tsiganes* e um pouco de champanhe, tão bom que nem dá para descrever! Renascer, esquecer-se de tudo, ficar ouvindo até o amanhecer e querendo mais e mais!"

Os jovens Dolgorouki não estavam sós nessa paixão quase viciante; Maurice Paléologue, o último embaixador francês da corte russa, escreveu: "Thomas de Quincey, autor de *Confissões de um comedor de ópio*, diz-nos que a droga costumava dar-lhe a ilusão de música. Os russos, ao contrário, procuram na música o efeito do ópio."

Embora Sophy fosse igualmente ousada, era totalmente diferente. Muitíssimo séria no seu propósito de levar uma vida útil e aperfeiçoar a si e ao mundo, queria ampliar a mente o máximo possível. A curiosidade sem limites, insaciável, o amor aos livros, a implacabilidade misturada com sensibilidade provavelmente constituíram-se herança da mãe. Sophy e os irmãos foram criados por pais de certo modo "alternativos", que frequentemente fugiam de São Petersburgo em troca de uma existência mais simples na casa de campo. A despeito dos pontos de vista progressistas, no entanto, os pais de Sophy rejeitaram o pedido dela de fazer faculdade em vez de casar, alegando excesso de audácia. Mas Sophy estava formulando planos ambiciosos; o matrimônio só teria de se encaixar neles. Nas fotografias, ela olha fixamente para a frente de um jeito inflexível e quase hipnótico, os olhos escuros e atraentes, os traços simétricos manifestando determinação.

Petya, pai de Sofka, seguiu seus antepassados no glamouroso regimento dos Horse Guards, mas sua paixão era a cultura cigana.

De acordo com Sofka, o casamento de seus pais, ocorrido num mês de janeiro, era considerado o mais brilhante da estação de 1907. Com certeza, os Romanov assistiram à cerimônia religiosa que unia essas duas famílias proeminentes, realizada numa igreja privada do Palácio de Inverno, e, depois, na casa da noiva, o Palácio Bobrinski. Petya soube escolher bem o presente de sua noiva: quando Sophy saiu para o pátio amplo e gélido depois da recepção, havia um automóvel novo em folha com um chofer esperando para o pôr em funcionamento girando as manivelas. Não sobraram fotografias dele, mas, se era como os carros com que as outras pessoas da nobreza costumavam circular, provavelmente, dispunha de aberturas laterais, assentos de couro espaçosos, tipo poltrona, um longo cilindro de motor na frente, elegantes pneus brancos em rodas com raios, e capota preta em forma de asa de morcego, reminiscente das carruagens que seriam então relegadas ao fundo dos estábulos. O noivo sabia o que muitos dos convidados jamais adivinhariam — que a noiva esbelta, séria, com jeito de menina, coberta de peles sobre o vestido de noiva, já sabia dirigir. No ano anterior, aos 17 anos, secretamente, Sophy havia aprendido a guiar, dando escapadas à noite na casa de campo e pegando emprestado o automóvel do primo. Nas bodas, na frente de todos, teve de ficar quieta; no dia seguinte, dirigiria o próprio carro.

Sophy ficou grávida logo após o casamento, provavelmente, durante a lua de mel em Paris e Monte Carlo, e sua única filha nasceu nove meses depois, no dia 23 de outubro. Deram-lhe o mesmo nome de batismo da mãe, mas com uma terminação diminutiva então em voga; havia algo de alegre e engraçado, e só muito ligeiramente desdenhoso, em chamar o bebê de "Sofka".

Tratava-se de uma época extraordinária. A Rússia jamais fora tão rica, o comércio prosperava e os terroristas revolucionários encontravam-se relativamente sossegados. O povo já estava quase começando a esquecer a humilhante derrota na guerra contra o Japão e a carnificina do Domingo Sangrento, de 1905, em que o exército e a polícia abriram fogo contra

A Princesa

Sophy, mãe de Sofka, jamais seria uma esposa convencional. Aos 18 anos,
já arquitetava planos secretos e ambiciosos.

uma manifestação pacífica de trabalhadores. Os liberais ainda alimentavam esperanças de que o país se reformaria, enquanto os revolucionários se deprimiam; Lenin (no exílio) continuava reclamando que não viveria o bastante para ver a revolução. São Petersburgo testemunhava o apogeu da expansão cultural conhecida como Idade de Prata. Pintores, poetas, escritores, músicos e dançarinos russos, agora, representavam a vanguarda das tendências europeias, e era difícil manter-se atualizado com o mais novo movimento; simbolistas, modernistas, acmeístas e futuristas competiam na busca da atenção dos diletantes, rebeldes, revolucionários, panfletários, pornógrafos, boêmios... Talvez, os círculos da corte não tenham reparado bem, mas São Petersburgo fervilhava; a última e enlouquecida florescência antes que tudo aquilo fosse devastado pela guerra e pela revolução.

Sofka nasceu nas tradições da nobreza conservadora de São Petersburgo, mas, fora daquele meio, a vida estava mudando em toda parte: as pessoas viam os primeiros aviões voando sobre a cidade e assistiam aos mais antigos filmes (altamente populares); algumas figuras mais intrépidas instalavam telefones em casa. Quando Sofka era bebê, Diaghilev acabara de levar sua companhia de Balés Russos a Paris, e seus pais podem ter ouvido os primeiros concertos de Stravinsky e Prokofiev, visto Sarah Bernhard representando no teatro e escutado o lendário baixo Fyodor Chaliapin cantando. E é provável que tenham se sentido tentados a testemunhar a dança escandalosamente erótica de Vaslav Nijinsky, no Teatro Maryinsky.

Arriscando a sorte, toquei a campainha no número setenta e, ao entrar no saguão, expliquei meu intento a uma mulher sentada atrás de uma escrivaninha. Ela parou de comer o queijo branco macio embalado num saco plástico e ligou para "o gerente". Um homem educado com barba ao estilo de Trotski apareceu, e ouviu, com prazer, eu falar de minha avó. Quando mencionei que ela pertencera à família Dolgorouki, ele se mostrou tão impressionado que me surpreendi sentindo uma pontinha de orgulho. Sabia que os Dolgorouki se constituíam uma das maiores famílias russas antigas: eu tinha todos os tipos de documentos e genealogias mostrando a linhagem que remontava ao príncipe Rurik, de Kiev. Um Dolgorouki fundou Moscou, em 1154, e esses "Braços Longos" (o primeiro deles tinha um notório braço longo e vingativo para seus inimigos) foram intimamente ligados — política e romanticamente — aos Romanov. Até então, eu não havia me dado conta do efeito que teria nos muitos russos modernos totalmente fascinados pelo prestígio de seu passado tsarista e que, agora, veem esses conturbados, se não pitorescos, dias do passado através de lentes totalmente cor-de-rosa. Tendo percebido a importância do nome de família da minha avó, passei a usá-lo sem pejo nas minhas viagens, na esperança de conseguir que as pessoas me ajudassem e conversassem comigo. E funcionou maravilhosamente bem. Lembrei-me das admoestações do tio Kyril sobre como são patéticos os emigrantes russos que não se cansam de repetir o quanto suas famílias foram ilustres e ricas: "Quase sempre são pessoas que, depois, não conseguiram ter sucesso na vida. Meu pai sempre nos advertia para não falar das glórias do passado", disse. Mas não consegui seguir seus rigorosos padrões.

Trotski explicou que o prédio fora um instituto científico, mas agora estava passando por uma reforma — para se tornar um centro comercial, com sala de reunião para congressos e hotel, incluindo um teatro e um café. Decorariam todo o local em estilo pré-revolucionário, com antiguidades, informou. Os designers iriam aderir às regras historicamente corretas.

"Daremos à senhora a suíte presidencial depois da renovação", brincou. Perguntei quem estava financiando o projeto; eram russos ou estrangeiros?

"Os russos, os russos...", Trotski riu amargamente. "Eles roubaram dinheiro o suficiente, os russos. Agora, são todos bandidos. Os tempos soviéticos podem ter sido austeros demais, mas todo o mundo tinha certeza sobre o futuro." Trotski possuía a bizarra capacidade de idealizar duas eras da Rússia do século XX, geralmente, vistas como antagônicas, mas dava para ver, com base na caótica metamorfose daqueles dias, que tanto o controle rígido do Estado soviético quanto o elegante esplendor dos anos tsaristas tinham seu encanto.

Subimos a larga escada de pedra até o andar superior e andamos até o "apartamento de Sofka". Imediatamente, reconheci o lindo cômodo azul-claro que, certamente, fora a sala de estar, com três janelas altas dando vista para o aterro. Havia a lareira de mármore, agora quebrada, em frente à qual Sofka se esparramava sobre um tapete de urso, em silêncio, para não ser expulsa. Ela se lembrava de escutar "uma mulher morena e magra, sentada com minha mãe em frente à lareira, recitando uma poesia mágica que me deixava em transe e sem entender coisa alguma". Anos mais tarde, soube que se tratava de Anna Akhmatova.

Sophy voltou da lua de mel e encontrou a nova casa decorada no estilo elegante, frívolo, cheio de sedas e ornamentos dourados tão caro à sua sogra, e rapidamente mudou tudo, preferindo algo menos convencional, quase masculino. Na sala de visitas, pôs um enorme divã coberto de almofadas e tapetes persas, algumas poltronas de couro verde-escuras e uma escrivaninha grande e prática perto da janela. Estantes envidraçadas cobriam uma parede inteira e continham uma coleção crescente de volumes, todos encadernados com couro verde ou vermelho com uma pequena coroa e um *D* dourado na lombada. Sophy também se mostrava rebelde na aparência: vestia-se, simplesmente, com uma saia longa e escura e blusa de seda branca e, de propósito, evitava o jogo da sociedade comparecendo nas festas quase sempre com o mesmo vestido modesto e chocantemente "nua" de joias.

A jovem mãe também seguia o estilo radical. Sophy, em vez de contratar, como era de costume, uma ama de leite, insistiu em amamentar ela mesma a filha; e gerou muita fofoca por se recusar, por princípio, a frequentar a igreja e por ir a toda parte dirigindo o próprio carro. Mais drástica ainda foi sua decisão de estudar medicina e conseguir uma vaga no hospital-escola da cidade. Ao que tudo indica, Sophy gostava de uma

A Princesa

provocação e, portanto, pôs um esqueleto humano de tamanho natural na sala de visitas e, numa das mesas, em vez do esperado ovo Fabergé ou da estatueta de porcelana, um modelo de cerâmica de um homem mostrando os músculos e os órgãos.

Embora a mãe de Sofka fosse a última *insider* daquela classe, seus horizontes residiam bem longe dali. A maioria de seus amigos e parentes desempenhava algum cargo privilegiado na família imperial, devidamente assinalado com uniformes, broches brilhantes, fitas e medalhas. Sophy, porém, não sentia, em absoluto, interesse pelas funções da corte. A mãe, a madrasta, as irmãs, as cunhadas e muitas amigas eram todas damas de honra e damas de companhia da imperatriz, da viúva do imperador, de alguma grão-duquesa ou afins. Os parentes homens, consanguíneos e por afinidade, exibiam longas listas de títulos: o pai, além de Marechal da Nobreza, presidente da União da Nobreza das Províncias Russas, Cavaleiro da Ordem de São Alexandre Nevski, exerceu a função de "carregar a coroa de Astrakhan na coroação do imperador Nicolau II".

Tendo aberto mão da vida da corte, Sophy também não iria perder seu tempo com as recepções informais da sociedade. A vida era curta demais para reservar um dia por semana para, entre as quatro da tarde e as sete horas da noite, receber pessoas que vinham tomar chá ou deixar o cartão de visitas (dobrado, se entregue pessoalmente). Como se não bastassem as fofocas e as conversas frívolas, ainda cabia à anfitriã cuidar de todos os preparativos: flores encomendadas do "Fleurs de Nice", importadas do sul da França em cestas de palha; *petits fours* minúsculos e bolos sofisticados; o último vestido comprado em Paris.

Petya não propriamente concordava com a metamorfose de Sophy, apenas vivia ocupado com seu regimento. E havia muitas maneiras de se divertir à noite, se a esposa estivesse estudando. Imaginei Sophy nesse cômodo. Talvez, com Sofka, que veio andando vacilante com Niania para uma breve visita à mãe; ou, mais provavelmente, sentada sozinha diante da escrivaninha com seus livros de anatomia. A vista inspiradora das três janelas altas foi a perda que mais lamentou e sempre desejou recuperar: a grande faixa do Neva, mudando constantemente (o branco glacial degelando e formando uma bruma pálida, e depois as ondulações azuis do verão); os cinza, cor-de-rosa, ocre e azuis dos belos prédios do lado oposto; e, lá em baixo, na rua, o tráfego das carruagens puxadas a cavalo (com lanternas de pilha à noite) e os "taximotors" de última moda dando voltas no cais. Nada era capaz de satisfazê-la tanto quanto isso.

Sophy sempre sonhou em recuperar a vista do largo Neva, com suas drásticas mudanças de estação e o tráfego constante de barcos entrando e saindo de São Petersburgo. Surpreendentemente, pouco se alterou desde aquela época.

Saímos da parte da frente do apartamento e atravessamos a plataforma no alto das escadas em direção à ala dos fundos. Esse era o setor da sala de jantar, da cozinha (nenhum cheiro de comida chegava à sala de estar) e acomodação para o que se considerava uma equipe mínima de serviçais: Maxim, o mordomo, que ficava sentado perto da porta de entrada para receber as visitas; Simyon, o jovem lacaio encarregado do quarto de criança; Pyotr, o bagageiro de Petya; Sasha, uma empregada cujos pais haviam sido servos da família Dolgorouki; um chef com um ajudante; e mais duas criadas. Os serventes costumavam usar o "caminho escuro", as escadas dos fundos, para descer para o estábulo, passando pelas pilhas de lenha para o inverno e pelo alojamento do cocheiro, agora ocupado pelo chofer. Olhei para baixo, para onde estavam depositando os materiais de construção da reforma, com a sensação de que, para todo o mundo além de mim, a história de Sofka era agora quase tão distante como se ela tivesse vivido centenas de anos antes: ela tornara-se história. Exatamente onde voltava à vida, também desaparecia no passado. Anna Akhmatova escreveu "E aos poucos as sombras se afastam de nós". Eu, no entanto, só me sentia mais determinada a me aproximar.

Por ter vivido esses tempos, Sofka via a própria infância com perplexidade: "O mundo em que nasci, em 1907, parece tão inimaginável hoje, sessenta anos depois, quanto a vida em algum planeta distante. De fato, é, de longe, mais fácil imaginar viagens turísticas ao espaço do que um retorno às convenções e preconceitos, às rigorosas regras de etiqueta, ao luxo e à miséria, à cultura e ignorância daquela época."

Uma das lembranças mais antigas de Sofka era a de Niania chorando certa noite, enquanto a punha para dormir. Na manhã seguinte, Sasha chegou, como sempre, trazendo um jarro de água quente e suas roupas (combinações; meias longas marrons e conjuntos de marinheiro, no inverno; e vestidos brancos, engomados e com bordado inglês, trocados, pelo menos, duas vezes ao dia, no verão). No lugar de Niania, porém, havia uma mulher tipicamente inglesa, com expressão solene e friamente reservada — Srta. King, a nova governanta. O inglês havia se tornado a língua da moda, visto que a "jovem imperatriz", Alexandra, a preferia ao francês, que falava tão mal quanto o russo. Consequentemente, a cidade mais europeia da Rússia agora estava repleta de governantas e tutores ingleses.

Com o passar dos anos, Sofka reconheceu que, embora a Srta. King não fosse a criatura mais amável do mundo, ela devia ter (como outras mulheres solteiras de classe média que deixaram os subúrbios da Inglaterra para ir para as colônias) um traço velado de intrepidez. Contudo, nem sempre isso era aparente. Exaltava tudo o que era inglês e insistia nos padrões anglo-saxões, chegando inclusive a se recusar a fechar a pequena abertura *fortochka* das janelas lacradas, no frio de amargar das noites de inverno, para deixar entrar "ar fresco". Nas manhãs, a inglesa dava aulas a Sofka, embora também houvesse outros professores, que vinham para ensinar outras disciplinas: russo, francês e desenho. Além disso, Sofka participava de aulas de dança com outras crianças. Depois, a Srta. King saía com ela para levá-la para brincar (em geral, para encontrar jovens amigas com suas governantas inglesas) e dar passeios — que alívio quando chegava a primavera e você não precisava vestir os *valenki* de feltro, desconfortáveis e difíceis de usar, sobre as botas, nem o forro acolchoado debaixo do casaco de pele.

Olhando o passado, Sofka via sua existência privilegiada com aprazível cinismo: "Como a filha era herdeira de uma das maiores fortunas do país, e como os tios, tias, avós e outros parentes tinham mais dinheiro até do que sabiam, recebia presentes a cada visita, sem falar nas épocas convencionais como Natal e Páscoa, aniversários e o dia da santa que lhe inspirara o nome." Havia bonecas falantes de porcelana do tamanho de uma criança, cavalos com pele de pônei puxando carroças, trens elétricos, galinhas, tigres e ursos mecânicos, e todos os tipos de bolas, argolas, cordas de pular, quebra-cabeças e jogos de tabuleiro. Normalmente, Sofka preferia ficar lendo dentro de uma cabana improvisada.

Quando Sofka ia para Zyametchina, a propriedade dos Dolgorouki na Ucrânia, a Srta. King a acompanhava, e advertia sua protegida a evitar as crianças do campo, que gritavam e jogavam poeira nela. "São selvagens, rudes e nos odeiam", explicava a Srta. King. Era Simyon, o jovem lacaio, incumbido de encilhar o pônei e empurrar o balanço para ela, quem explicava melhor as coisas: "Se eu estivesse com fome e não tivesse sapatos nem uma casa legal, eu não odiaria as pessoas que me fizeram trabalhar a vida inteira e não me pagavam o suficiente?" Sofka jurou, solenemente, jamais repetir o que dele ouvia, embora Sophy já tentasse desde cedo instilar nela certas prioridades liberais, insistindo em que Sofka usasse sempre o correto e formal "senhor/senhora" para qualquer pessoa que não fosse da sua idade. Num país em que a maioria dos patrões falava "você" ao dirigir-se aos empregados, que lhes respondiam dizendo "senhor/senhora", isso ainda era incomum.

É possível que Simyon e Sophy tenham semeado umas sementinhas das convicções políticas posteriores de Sofka, mas, mesmo sem eles, ela não seria a primeira russa privilegiada a reparar nos profundos conflitos de seu país. Poetas e romancistas já vinham tratando das perigosas contradições inerentes à sociedade russa durante grande parte do século anterior. Muito embora a servidão (ou "escravatura com pagamento de impostos", como a descreviam) fosse abolida, a grande maioria da população permanecia pobre, ignorante e impotente. De modo algum, Lenin revelara-se pioneiro ao pensar numa revolução russa: ela já estava no ar desde dezembro de 1825, quando os decembristas, nobres de sangue e intelecto, tentaram derrubar o governo e o monarca, com o intuito de construir uma sociedade melhor e mais justa.

Foi, naturalmente, um escândalo, ainda que não surpreendesse muita gente, quando os pais de Sofka se separaram. Em cinco anos de casamento, Sophy havia criado um novo mundo para si mesma. Agora, além de atraente, inteligente, independente e com apenas 24 anos, era uma cirurgiã bem-sucedida, conhecida em toda São Petersburgo. Certa vez, o chefe de cirurgia de seu hospital recomendou à condessa Shuvaloff que se operasse com Sophy Alexeyevna Dolgorouki. "Não consigo admitir isso", disse tia Betsy, horrorizada. "É minha sobrinha!"

Aos 4 anos, Sofka trocava os vestidos enfeitados com bordado inglês pelo menos duas vezes ao dia e vivia coberta de presentes de seus generosos parentes.

Sophy mostrava-se também versátil o bastante para contribuir para um jornal da moda com poemas satíricos (sob o pseudônimo de Todaneto) e, em 1912, ser a única mulher a participar como motorista de um rali, percorrendo estradas escabrosas e esburacadas de São Petersburgo a Kiev. Frequentou o lendário Stray Dog, o cabaré-adega em que os habitués assistiam a todas as novidades em termos de peça, dança, conferência, recital de poesia e exposição, numa atmosfera de romances secretos e casos amorosos movidos a álcool. Também era convidada da Torre. Tratava-se de um dos pontos mais vitais da vida intelectual — o salão do principal poeta simbolista, Vyacheslav Ivanov, e de sua exótica esposa literária, Lydia Zinovieff (parente minha pelo outro lado da família). Enquanto "Vyacheslav, o Magnífico" surpreendia e inspirava os visitantes, discorrendo com eloquência sobre inúmeros assuntos, Lydia flutuava em volta, à luz de velas, em longos robes aveludados. Suas famosas quartas-feiras (da meia-noite até o amanhecer, com muito vinho tinto e todos os relógios banidos para não desviar a atenção) recebiam todos os filósofos, intelectuais e poetas famosos da época.

Petya continuava vestindo-se, tal como seus ancestrais, com o uniforme militar das paradas dos Horse Guards, jogando no Iate Clube exclusivo (nada a ver com velejar) e frequentando festas só para homens, regadas a vodca, no recém-aberto Hotel Astoria. Mais comprometedor do que isso, no entanto, era o fato de que um de seus casos se tornava cada vez mais sério. Petya estava apaixonado por uma cantora cigana de uma beleza fenomenal, chamada Anna. Portanto, provavelmente, foi com alívio e medo que deixou o apartamento conjugal e voltou, desacreditado, para a casa dos pais ultrajados.

★

Passei os dias seguintes andando por São Petersburgo, indo no encalço de documentos e fotografias e encontrando pessoas. Às vezes, sentada no metrô, olhava para os rostos, identificando algo remotamente familiar. Será que ali havia netas das amigas de infância de Sofka ou descendentes dos empregados da casa? Será que compartilhávamos alguma ligação sanguínea através dos séculos? Quanto mais lia, mais notável me parecia o fato de se depositar tanta energia para ressuscitar o que se poderia salvar de seus tempos de glória como capital do país; tanto em termos de arquitetura e artefatos, quanto em termos de família e descendência. Eu era uma entre muitas pessoas tentando desenterrar a arqueologia pessoal e juntar as dispersas peças remanescentes do passado.

Havia horas em que sentia vislumbrar uma Rússia mais antiga. Acontecia momentaneamente, quando perguntavam o sobrenome de meu pai e depois me chamavam de Sofia Petrovna; certas formas de polidez não se extinguiram sob o comunismo. Como nome, agora, rejeitava-se "Sofka", por se considerar inapropriado, quase desrespeitoso. Também conheci pessoas que falavam de ideias e filosofia de uma maneira sublime, expansiva e sem constrangimento, e de livros como força capaz de mudar vidas e sociedades. "A questão do sangue é a coisa mais complicada do mundo", disse uma bibliotecária elegante e séria nos fundos escuros da Biblioteca Nacional. Ela estava citando *O mestre e Margarida*, de Bulgakov, em resposta ao que eu contara sobre minha avó. "Os comunistas odiavam essa ideia", disse, "mas, quando se retira a propriedade e a antiga vida das pessoas, o que sobra é o sangue."

O sangue era sem dúvida o que valia para as associações de nobres (havia cerca de uma dúzia delas) que surgiram desde 1990, quando a *perestroika* permitiu o desmantelamento de muitos velhos tabus soviéticos. Sem motivo aparente, senti um preconceito instintivo contra essas instituições, que esquadrinhavam as genealogias com a atenção obsessiva que os avós de Sofka davam aos "quartéis" da pessoa (quantos de seus tataravôs — os *seize quartiers* — eram nobres); ou se uma mulher poderia ser considerada "bem-nascida" de acordo com sua posição social ("*Elle n'est pas née*", dizia-se seriamente de alguém de fora). Por isso, quando fui visitar (o príncipe) Andrei Gagarin, presidente da mais séria assembleia de nobres, imaginei que encontraria uma relíquia anacrônica e esnobe. No entanto, acabei descobrindo que Andrei Petrovitch Gagarin era um cientista de 70 anos, atraente, bronzeado e digno, e meus preconceitos se dissiparam. Contou-me que precisou esconder o sobrenome e as origens, pois o pai fora executado, em 1937, pelo crime de ter aquele sobrenome. Só em 1964 Andrei Petrovitch conseguiu descobrir o destino do pai, depois de escrever (com muita coragem) para a KGB. As desculpas atrasadas das autoridades por matar um homem inocente e jogá-lo numa vala comum não identificada trouxeram-lhe apenas o triste alívio de saber a verdade. Gagarin, às vezes, gaguejava quando falava, como se esses fatos chocantes fossem literalmente indizíveis. Ouvindo-o, dei-me conta de que, embora os clubes de aristocratas de outros países pudessem tender ao conservadorismo e ao exclusivismo, os membros, em geral, revelaram rebeldia e ousadia em perseguir as origens sanguíneas.

Evidentemente, não foi só a antiga nobreza que sofreu em Leningrado. Os cafés da manhã com minha senhoria se estendiam em longas conversas que, vez por outra, terminavam com nós duas chorando. Cada manhã, Irina Sergeyevna me abastecia com os últimos horrores que testemunhara na televisão: uma bomba no metrô de Moscou matara sete pessoas; terroristas tchetchenos haviam ocupado uma escola na Ossétia, e as crianças, os professores e os pais estavam presos lá dentro, sem comida nem água. Três dias depois, Beslã tornou-se conhecida em todo o mundo e deixou centenas de mortos. Quando minha senhoria retornava ao passado igualmente medonho, parecia que a Rússia jamais escaparia de sua singular tragédia.

"Nasci em 1939 — a sétima geração de uma família de São Petersburgo. Quando o cerco começou, em 8 de setembro de 1941, só tinha 2 anos, mas me lembro de muita coisa. Aquele primeiro inverno foi o pior de todos. Fora de casa, fazia um frio de 45 graus negativos, e vivíamos com fome. Só ficávamos na cozinha para nos aquecer e pensávamos em pão o tempo todo. Queimávamos móveis e livros quando não conseguíamos lenha, e tomávamos 'chá', que, na verdade, era água quente sem chá.

"Está vendo isso?", perguntou Irina Sergeyevna, apontando para uma fatiazinha de pão de centeio preto no meu prato. "Era isso o que cada um de nós tinha para comer todo dia. A gente a dividia em três partes, para ter três 'refeições'. No verão, comíamos ervas daninhas e capim do quintal e, no final, embora dois terços das pessoas daqui tivessem morrido, sobrevivemos comendo cola de mobília feita de ossos. Cozinhávamos a cola na água. Lembro-me de estar esperando essa 'sopa' e chamando minha avó: 'Babushka, quando a sopa vai ficar pronta?' Depois desses novecentos dias terríveis, havíamos vendido tudo para comprar pão e cola — até a mesa da cozinha fora queimada para nos esquentar. No final, só tínhamos uma cama e essa imagem", disse, mostrando-me uma pequena imagem da Virgem Maria com joias incrustadas.

"Depois do bloqueio, até os ateus se tornaram religiosos. O sofrimento, claro, não terminou ali. Nós sobreviventes temos uma saúde muito precária, assim como nossos filhos que nasceram depois. Muitos de meus amigos morreram na fase dos 40 ou 50, e ninguém é de fato saudável."

Quando Sofka visitou Leningrado, nos anos 1950, o legado do brutal cerco alemão ainda era recente. Só se haviam passado dez anos desde que Anna Akhmatova retornou do despejo para "o fantasma medonho que fingia ser minha cidade".

"Em novembro de 1941, todos os cachorros e gatos tinham sido comidos", escreveu Sofka, descrevendo as histórias que ouvira.

Em dezembro, as pessoas estavam mascando couro para aliviar a agonia da fome, e viam-se cadáveres, sentados ou deitados, congelados nas ruas. Não havia eletricidade, jornais, nenhum contato com o mundo exterior, à exceção de alto-falantes espalhados por

A Princesa   **61**

toda a cidade divulgando comunicados, música e poesia. E, quando as pessoas que se encarregavam da rádio ficavam fracas demais para manter um serviço contínuo, botavam um metrônomo do lado do microfone. Pela sua batida regular, informava às pessoas que a cidade continuava viva.

★

Minha incursão seguinte ao passado de Sofka foi na Galernaya, a estrada estreita em que por acaso seus avós de ambos os lados moravam, uma casa exatamente em frente da outra. No lado sul da rua, dando fundos para o canal Moika, ficava a casa de Sophy, a Casa Bobrinski (ou Palácio, como era conhecida — muitas "Casas" antigas tinham sido "promovidas"). Já não havia mais os portões de ferro fundido dourados; no lugar deles, um trabalho remendado com pranchas de madeira. Espiei através de um vão e vi uma construção bela mas dilapidada, com proporções clássicas e quatro colunas brancas altas encimadas por figuras voluptuosas esculpidas. O quintal encontrava-se sem trato, cheio de entulhos e pedaços enferrujados de metal. O capim cobria os desenhos das pedras arredondadas de granito vermelho, do século XVIII, usadas na pavimentação. O lugar parecia abandonado, com vidraças quebradas, o reboco caindo em pedaços e as duas alas em cada lado do quintal necessitando urgentemente de reparo.

Cuidadosamente, abri o portão de madeira e atravessei o quintal deserto. A porta da frente estava semicerrada e, quando entrei, dei de cara com uma mulher com aspecto de bruxa, olhar desvairado e cabelos grisalhos, vestida excentricamente com jaqueta de tweed sobre um roupão preto. Acabei descobrindo que Larissa Ivanovna era zeladora dali desde o início dos anos 1960, quando lá funcionava o Departamento de Geografia da universidade. Apesar do ar de abandono, o prédio agora era o Departamento de Literatura — aparentemente, os alunos, em breve,

Sofka, quando criança, adorava brincar na casa Bobrinski de seus avós, e a encontrou surpreendentemente inalterada quando lá retornou, nos anos 1950. Agora, a casa está em péssimo estado.

estariam de volta. Mas não era o que parecia. Lembrei com inveja a descrição de Sofka da primeira vez em que aqui retornara para rever o local, nos anos 1950, em que "muito pouco fora alterado" desde os dias em que visitou os avós.

Ficamos por um momento na entrada escura, olhando em volta, para as paredes úmidas, caindo aos pedaços, e o que restava de um elegante piso em mosaico. Na parede do primeiro trecho da escada curva e dupla, havia um espelho grande, com moldura de mogno decorada.

"Quase tudo se foi agora", queixou-se Larissa Ivanovna, "mas esse espelho ficou. Sua avó devia se olhar nele." Olhei de relance minha imagem, imaginando a jovem Sofka passando correndo e se sentindo como o personagem do poema de Anna Akhmatova:

Eu, desde o início,
Parecia a mim mesma como os sonhos ou o delírio de alguém,
Ou um reflexo no espelho de outra pessoa.

Caminhamos através do jardim até os fundos da casa — bordos e tílias imensos formando uma massa que fazia sombra no amplo terreno coberto de grama não cortada. Sofka vinha com frequência a esse paraíso infantil, descrevendo os lugares secretos para se esconder, o cemitério dos cachorros e a pista escorregadia e gelada do tobogã no inverno. "As crianças costumavam vir brincar aqui", disse Larissa Ivanovna, referindo-se a tempos mais recentes. "Havia pequenas trilhas e rosas... mas depois fecharam o jardim e agora é muito perigoso, há criminosos, bandidos e mafiosos andando de carro por aqui e atirando."

Os avós Bobrinski de Sofka eram ambos pessoas excepcionais. Homem vistoso, com nariz grande e barba, Alexei Bobrinski tinha vários cargos na corte, mas também era membro da Duma — o primeiro parlamento da Rússia, estabelecido na esperança de moderar os poderes autocráticos do tsar. "Vovô (Oumpa, como o chamávamos) era a pessoa mais espirituosa do mundo", Sofka escreveu a meu pai, nos anos 1950, tentando transmitir um pouco da história familiar. "Ele tinha muito talento para narrar em forma versificada e ilustrar com historietas ridículas, um pouco como Lear. Era também grande arqueólogo, escreveu livros eruditos e possuía uma fantástica coleção de cerâmicas e afins, que agora está no Museu de Leningrado. Aos 68 anos de idade, casou de novo com uma governanta e, aos 72, gerou um filho, doze anos mais novo que eu."

A linhagem de Alexei Bobrinski remontava diretamente ao filho ilegítimo de Catarina, a Grande, com seu amante Gregory Orlov. Reza a lenda que Catarina conseguiu manter segredo da gravidez para seu odiado e estúpido marido, Pedro III, dando um jeito de enganá-lo e fazê-lo sair do palácio quando deu à luz o menino, em abril de 1762. Conhecendo o prazer infantil do esposo em ver incêndios, combinou para que tocassem fogo numa casa de madeira fora da cidade quando sentisse o início dos trabalhos de parto. Não deu outra: Pedro correu para ver as chamas. Quando retornou ao Palácio de Inverno, o bebê havia nascido, e Catarina estava de pé e vestida como se nada tivesse acontecido. Retiraram a criança do palácio às escondidas, segundo os românticos, envolta em pele de castor (*bobr*, em russo). A mãe lhe deu o nome de Alexei e sugeriu o sobrenome Bobrinski (completo, com um brasão exibindo um castor). Também conferiu-lhe o título de conde. Enquanto os amigos criavam o garoto, os espertos irmãos Orlov ajudaram a se livrar de Pedro para sempre; ele vivo era muito arriscado. Governou como imperatriz com o mesmo talento, organização e originalidade que demonstrara no nascimento do filho, enquanto ele adotou como lema de família algo que sua mãe deve ter dito:"Graças a Deus, vida para ti." Quando ficou mais velho, ganhou esse charmoso palaciozinho (construído para o último amante de Catarina, Zubov, por Luigi Rusca, um dos muitos arquitetos que trabalhavam na cidade no final do século XVIII). O palácio continuou sendo a casa de cada filho mais velho dos Bobrinski (sempre Alexei ou Alexandre) pelas seis gerações que se seguiram. Até 1917.

"Agora, tudo é caótico, nada funciona, não cuidam de nada", disse Larissa Ivanovna melancolicamente, enquanto me conduzia de volta para a casa e subíamos as escadas. Não havia mais os carpetes cor de vinho, os candelabros, o relógio do avô e os ursos empalhados que Sofka vira cinquenta anos antes. "E levaram os portões para 'restauração' nos anos 1970", disse a zeladora, "mas nunca os trouxeram de volta." Caminhamos através de uma mistura estranha de glamour, decadência e coisas puídas: dos tetos decorados, querubins italianizados e estrelas douradas olhavam para escrivaninhas e quadros-negros ordinários; as paredes cobertas com grandes folhas de mármore ornamental revelavam os estragos feitos pelas bombas na Segunda Guerra Mundial e se enchiam de estranhas excrescências. A rotunda que servia de budoar-estúdio de Sofia Alexandrovna Bobrinski (a esposa bela e inteligente do filho mais velho do primeiro conde e amiga de Pushkin) ainda continha as estantes curvas de mogno, mas o chão estava coberto de caixotes de embalagem. "Não vai melhorar, só vai piorar", suspirou Larissa Ivanovna.

Subimos mais, até a grande cúpula da frente da casa, que fora usada como observatório pela mãe de Sophy, Nadezhda, outra notável esposa Bobrinski. Sofka descrevia "vovó Bob" como "uma mulher severa, excepcionalmente inteligente, que metia medo nas crianças. Sua paixão era a astronomia, calculava quando os cometas iriam aparecer e escrevia artigos em periódicos astronômicos. Passava dias enchendo páginas e páginas com números infinitesimais. Tinha dois chow-chows, que adorava, e, segundo dizem, um caso (entre outros) com o chofer francês.

★

No outro lado da rua Galernaya, em frente à casa dos Bobrinski, moravam os Dolgorouki — a epítome da conservadora família da corte. Apesar da riqueza e da linhagem dos Bobrinski, os Dolgorouki tinham seus receios quanto ao casamento do filho com Sophy. E, certamente, reprovavam a Duma e a participação do conde Bobrinski nesse experimento de liberalismo.

Situada no número 72, a Mansão Dolgorouki ainda era avermelhada, como nos velhos tempos, mas mal pude acreditar que esse insípido bloco de casas fora um dia um local luxuoso, com quintal e refinadas salas de estar. Fora dividido e convertido em alojamentos para estudantes, e agora estava acabado e indistinguível. Quando os pais de Sofka se separaram, em 1912, Petya mudou-se de novo para cá, para seus aposentos no andar de cima. Mais tarde, naquele ano mesmo, seu pai, Sandik, faleceu. A família velou o corpo no salão de baile, onde freiras leram orações durante toda a noite, e o imperador se juntou aos enlutados no funeral, caminhando através da cidade até o cemitério Alexandre Nevski, atrás de um carro funerário puxado por 4 cavalos brancos.

Sandik tivera "uma aparência horripilante nos primeiros anos da infância". Grande Marechal da Corte Imperial e mestre de cerimônias, saía toda manhã com destino ao palácio numa carruagem imperial permanentemente à sua disposição, com cocheiro e criado com libré cinza-claro debruado com duas tiras vermelhas. Fora amigo íntimo do "gigante barbado", Alexandre III, e, como ele, acreditava em proporcionar às crianças uma experiência de austeridade espartana. Enquanto o imperador botou o filho, o futuro Nicolau II, para dormir numa cama desmontável e acordar de madrugada, Sandik tentou transmitir aos filhos modéstia e comedimento fazendo-os viajar em trens de segunda classe e levando-os a restaurantes baratos em Paris (bem como aos melhores). Sofka definia o avô como "um defensor ferrenho e autocrático da adesão absoluta às regras de etiqueta", cuja voz ríspida retumbava quando ela se esquecia de beijar a mão da avó.

Sempre fiquei impressionada com a fotografia do "Avô Dolgorouki" do álbum de Sofka: uma imagem imponente, severa, com olhar penetrante e abundantes e longos pelos brancos no rosto, vestindo mantos esmerados e chapéu de pele. Imaginara que era assim que ele se vestia normalmente — afinal de contas, havia lido relatos, como o de Maurice Paléologue (o embaixador francês), descrevendo a teatralidade da vida na corte:

> Dada a opulência dos uniformes, a extravagância dos vestidos das damas, a riqueza dos librés, a suntuosidade dos trajes, toda a exibição de esplendor e poder, esse espetáculo tão magnificente, nenhuma corte no mundo pode disputar com eles. Vou lembrar por muito tempo o brilho deslumbrante das joias derramadas nos ombros das senhoras. Era um rio fantástico de diamantes, pérolas, rubis, safiras, esmeraldas, topázios, berilos: um rio de luz e fogo.

A Princesa 67

Toda vez que via esse retrato do avô Dolgorouki no álbum de Sofka, achava que ele sempre se vestia assim. Só muito mais tarde descobri que estava usando esse traje para o famoso baile no Palácio de Inverno, de 1903, em que todos se vestiam como seus ancestrais do século XVII.

Recentemente, no entanto, descobri que o "Avô" posara para a foto fantasiado (embora as exorbitantes suíças estivessem sempre presentes), mas usava em geral fraque e calças compridas como todo o mundo. Fora fotografado junto com muitos dos 2.500 convidados presentes no último grande baile no Palácio de Inverno, em janeiro de 1903, em que todos se vestiram no estilo de seus ancestrais do século XVII.

Após o falecimento de Sandik, a avó de Sofka, Olga, viveu o tempo todo envolta em trajes de luto e espessos véus de crepe. Determinou-se também a instilar certa firmeza de caráter na neta, uma vez que achava que ela não a receberia do pai farrista e da mãe absurdamente independente. Sophy não protestou (a filha poderia sempre vir para casa visitá-la), e a menina de 5 anos mudou-se para um mundo completamente diferente: um retrocesso ao século XIX, já experimentado nos sufocantes almoços na lúgubre sala de jantar de Olga. "Costas retas, as pontas dos dedos sobre a mesa." Atrás de cada cadeira de couro verde-escuro, ornadas com o brasão dos Dolgorouki em alto-relevo, postava-se um lacaio.

Toda manhã, Sofka era acordada por Sasha, a babá. Alimentava-se a fornalha de azulejo, da altura do teto, abriam-se as pesadas cortinas e derramava-se água quente na bacia do lavatório. Depois de Simyon levar o café da manhã para Sofka e a Srta. King no quarto, "a Criança" era levada para visitar a avó enquanto esta tomava seu desjejum na cama. Sofka assim intitulava-se em suas memórias, sugerindo tanto o isolamento quanto o mimo de filha única. Imagino-o como uma ordem imperiosa de Olga para algum criado: "Leve a criança agora!" Sofka nunca disse que se sentia só, mas a emoção está implícita; não havia outras crianças na casa.

Sofka gostava de observar a avó — os rituais imutáveis dessa mulher pequena, com expressão arrogante, nariz empinado, pálpebras profundas e uma boca que se torcia num sorriso oblíquo, de um só lado. Olga paparicava a nova protegida com um torrão de açúcar embebido em café e contava histórias da juventude: os vestidos que nada deixavam a dever aos da

Maison Worth de Paris; as flores e as fitas distribuídas pelos cavalheiros para as parceiras de dança nos bailes; os imensos candelabros com centenas de velas acesas... Aqueles eram tempos maravilhosos. Como *dame d'honneur* (todos falavam francês naquela época) e amiga íntima de Marie, a bela e gregária imperatriz, Olga frequentara bailes e recepções tão requintadas e resplandecentes quanto qualquer uma da história de Romanov. Todo o mundo se lembrava do agora celebrado Bal Noir, em que a morte de alguns membros secundários da realeza europeia não impediu a realização do planejado baile, ao contrário, tornou-o ainda mais chique, uma vez que se exigiu que todos se vestissem de preto. Agora a imperatriz viúva, Marie, tinha plena consciência da tensão existente entre ela e a esposa inoportuna e implacável do filho, Alexandra, cujo interesse nos suspeitos "homens santos" veio a causar esse problema.

A empregada letoniana de Olga, Louise, percorria o quarto de vestir, ocupada preparando a água para o banho e as roupas para o dia. Fora contratada havia quarenta anos, quando Olga e Sandik se casaram, e, agora, tinha empregada e lacaio próprios. Sem essa mulher, a princesa Dolgorouki estaria desamparada e impotente: Louise a ajudava a descer as escadas até a banheira submersa de mármore cinza; em seguida, punha-se a postos com a toalha aquecida, talco de violeta e perfume; e apertava-lhe o espartilho e vestia-lhe as roupas de baixo de cambraia. Por fim, alisava as finas meias-calças de seda nas pernas de Olga e, com muita habilidade, abotoava as botas de salto alto macias e de bico fino com uma fivela de prata, o que a patroa não sabia fazer sozinha. Certa vez, num momento de honestidade, Olga admitiu para Sofka que sequer saberia como começar. E até o fim da vida nunca aprendeu, apesar das revoluções.

As manhãs destinavam-se às questões práticas: Monsieur Ducroix, o chef principal, enviava os menus para aprovação, escreviam-se cartas e convites, que eram despachados por um criado de libré, e Sofka recebia aulas. Quando Olga deixava a suíte, encontrava todos os cômodos recém-polidos pelos "esfregadores de chão", que saltavam com um só pé e deslizavam pelo parquete com uma almofada presa num dos pés. À tarde, Olga e Sofka saíam de carruagem para fazer visitas (chapéu com véu, luvas brancas de pelica lavadas e passadas por Louise a cada vez). Ou, nos domingos, iam a uma capela particular de algum amigo (dos Vorontsoff, dos Cheremetyeff, dos Shuvaloff ou do palácio). Sofka lembra-se de ter horror a essas viagens por ter que brincar com o tsarevitche; o menino frágil, hemofílico, proibido de participar de qualquer brincadeira em que pudesse cair, embora, às vezes, o imperador o levantasse ou a Sofka em suas costas para um "passeio a cavalo" ou jogasse seu jogo de tabuleiro predileto, o Halma. Ao que tudo indica, a imperatriz ficava emboscada no vão da porta, observando.

"Bem mais tarde, vovó me contou ter sido decidido que seria melhor que a imperatriz seguinte não fosse estrangeira, e a Criança estava entre as candidatas apropriadas e deveria se preparar para assumir o posto", Sofka escreveu em suas memórias. Tio Kyril, no entanto, deu um banho de água fria nessa noção pitoresca: "Sofka era *tão* excêntrica", comentou um dia, enquanto falávamos ao telefone. "Aquela ideia não pode *de jeito nenhum* ser verdade. Eles precisariam mudar a constituição; o tsarevitche tinha de casar com a filha de um monarca que estivesse ocupando uma cadeira no trono." Às vezes, parecia que pouco sobraria da vida de Sofka se eu desse crédito ao que Kyril dizia, embora prefira acreditar que essa história reflita a perda de esperança da avó sonhadora de Sofka, e não pura invenção. A própria Sofka sentia orgulho o bastante para mencionar esse fato e era cética o bastante para rejeitá-lo e considerá-lo irrelevante.

Em algumas ocasiões, Olga levava Sofka para fazer compras com ela: um ovo ornamental Fabergé para dar de presente na Páscoa ou um passeio pela avenida Nevski. Eu andava para baixo e para cima, identificando as lojas que elas haviam conhecido. Nessa época, a Nevski tinha recuperado um pouco do seu antigo *élan*; viam-se novamente compradores elegantes nessa avenida central, segurando sacolas de compras e

A Princesa

bebericando drinques nos coloridos palácios que margeavam o canal. Os irônicos comentários de Gogol voltam a fazer sentido: "Não há nada mais fino que a avenida Nevski, mas não em São Petersburgo (...) Existem pessoas aos montes que, quando o veem, invariavelmente, fixam a vista nas suas botas e, quando já passaram, se viram para dar uma olhada na barra do seu casaco." Surpreendi-me olhando para os estranhos sapatos de bico fino, com a ponta dos dedos levantada ao estilo de Aladim, usados tanto por homens quanto por mulheres vítimas da moda.

No tempo de Sofka, a Nevski era o deleite do consumidor: roupas, peles, chocolates, livros, cigarros, perfumes, joias, bancos e a filial russa da "Fortnum & Mason" — Yeliseyev, que era contra trazer lagostas da Holanda e ostras da França. Proviam Sofka de casacos de sarja e terninhos de marinheiro da popular loja inglesa da Nevski, que oferecia uma imensa coleção das iguarias e do básico anglo-saxão aos muitos anglófilos da cidade. Nunca se discutia nem trocava dinheiro nessas excursões: Olga jamais tocava em dinheiro e considerava desnecessário e vulgar discutir preços. A *homme d'affairs* receberia depois as contas e trataria desses detalhes.

Por mais que a vida de Olga possa ter parecido insípida e tediosa para a neta, era sólida, influenciada por gerações de demarcação e prescrição. Você sabia quem as pessoas eram, o valor que tinham, e o que era certo. Agora, lemos sobre os excessos bizarros dessa vida e prazeres, aparentemente, exóticos em livros com títulos deploráveis como *Lost Splendour* [Esplendor perdido], *Once a Grand Duke* [Era uma vez um grão-duque] ou *A Princess Remembers* [Lembranças de uma princesa]. Naquela época, dava a impressão de se tratar de um estilo de vida que, certamente, duraria para sempre.

CAPÍTULO 3

A Pequena Bolchevique

Que você viva em tempos interessantes!
— Imprecação chinesa

Só uma visão posterior dos fatos permite que se entenda o ano de 1914 como aquele em que tudo começou a mudar; o início do que tornou a revolução possível; do que alterou o curso da vida de Sofka. Aquele verão provavelmente pareceu bem típico da infância de Sofka; como sempre, estava longe dos pais, que sem dúvida tinham coisas mais interessantes para ocupar o tempo do que passar as férias com a Criança. Sofka passou as férias de verão de 1914 com a enfadonha Srta. King, em Zyametchina, a propriedade rural dos Dolgorouki, com as hostis crianças do campo.

Naquele mês de agosto, Olga se encontrava em Viena, visitando a filha casada, agora princesa Dietrichstein, de onde seguiu para Marien-bad, para uma "cura". Ela não dera muita importância à notícia, transmitida boca a boca, do assassinato de um arquiduque austríaco em Sarajevo. Quando, de repente, a guerra foi declarada, Olga viu-se incapacitada de voltar para casa. Na ocasião, um amigo diplomata de Berlim a ajudou a partir, e ela e Louise fizeram uma longa e desconfortável viagem de trem (dessa vez, sem quarto de vestir) pela neutra Dinamarca, depois pela Suécia e Finlândia; São Petersburgo havia se tornado Petrogrado. Desprezava-se tudo que era alemão, inclusive os nomes, e havia otimismo no ar; Berlim seria ocupada em breve.

Homens e mulheres arregimentaram-se na campanha de guerra. Ambos os pais de Sofka foram para a linha de frente: Petya com os Horse Guards, e Sophy como médica com a mãe, Nadezhda, que montou uma unidade de primeiros socorros da Cruz Vermelha. A imperatriz Alexandra instalou um hospital militar no palácio em Tsarkoe Selo, a cerca de 32 quilômetros da cidade, onde ela e as filhas trabalhavam diariamente. Olga fez o que fizera em 1904, na guerra contra o Japão, e transformou o salão de baile dos Dolgorouki em posto de coleta das encomendas para os prisioneiros de guerra. Mais uma vez, ela e as filhas enrolavam bandagens, tricotavam cachecóis e se faziam úteis.

As pessoas ainda não sabiam que a maior parte do gigantesco exército russo se constituía de camponeses parcamente treinados, com roupas insuficientes e armas inferiores. Alguns nem botas tinham. Meninos do campo compartilhavam fuzis ultrapassados. Em um ano, vários milhões de soldados russos estavam mortos, e o entusiasmo do país se embotou até se transformar num pavoroso sentimento de morte.

Para Sofka, então com 7 anos, a rotina com a Srta. King e a avó continuou a mesma de antes, distante dos horrores da guerra. À medida que a cidade ficava mais soturna (a iluminação das ruas havia diminuído para economizar combustível, ladrões se emboscavam nas esquinas escuras, miséria generalizada), elas passavam mais tempo na dacha de madeira de Olga, do lado de fora dos portões do palácio, em Tsarskoe Selo. Essa recusa em ver a desgraça e a desordem era exatamente o que os Romanov também estavam fazendo: a imperatriz Alexandra desenvolvera uma alergia à vida pública, enquanto o povo começava a suspeitar de seus modos excêntricos. Enclausurada, como os filhos do tsar, Sofka saía para passear de pônei (sempre acompanhada de perto por Simyon) e caminhava pelas belas e bem vigiadas terras reais. Quando o pai veio de licença, trouxe-lhe um filhote de cachorro branco e peludo, chamado Pupsik (pelo qual a Srta. King morreu de amores pelos dez anos seguintes), e ela ainda tinha uma cabra de estimação amestrada. Marie puxava Sofka nos patins e subia para seu quarto, os cascos dando graciosos estalidos nas escadas de madeira.

O segundo ano da guerra foi ainda pior; a falta de homens nas aldeias resultou em colheitas pobres e na consequente escassez de alimentos. Não obstante, as filas de pão da cidade não se constituíam a maior comoção para Olga. Quando Petya chegou em casa de licença, Sofka gostou do tempo que passou com o pai afetuoso e infantil, indo acordá-lo na hora do almoço, pulando na cama dele e combinando segredos. Provavelmente, ficara óbvio para ela que havia algo acontecendo quando ouviu, por acaso, as tias lamentando sobre "a tragédia", embora não pudesse jamais adivinhar que ela envolvia seu belo, perfumado e sedutor pai. Petya havia declarado que desejava se casar com Anna Michaelovna, a mulher que já lhe dera um filho e a quem ele amava.

"As pessoas ficaram totalmente contra o casamento", explicou um emigrante russo que ouvira as histórias. "Disseram que ele fugiu com uma cantora cigana e tinha um monte de filhos ilegítimos. É fácil ridicularizar agora, mas você tem de se dar conta do poder tremendo do esnobismo social daquela época. Um homem com um grande nome russo estava se casando com uma mulher possivelmente boa, mas de quem se falava como se falava de uma prostituta. Na verdade, era muito nobre da parte dele desposá-la, assim ela não ficaria na miséria se ele morresse na guerra — os Horse Guards estavam sofrendo perdas assustadoras. Muitos homens teriam tirado vantagem da situação." Conquanto Petya

Vovó sempre se vestia da cabeça aos pés com trajes de luto depois da morte do marido. Esperava que "a Criança" se comportasse em perfeita harmonia com as regras de etiqueta e determinou-se a instilar em Sofka "firmeza de caráter" após a separação de seus jovens pais. Não se sabe a origem do cordeiro, provavelmente companheiro da cabra de estimação de Sofka, Marie.

acabasse tendo seis filhos com Anna, sua mãe nunca admitiu a nora, que certamente não era "bem-nascida". Com efeito, Olga recusou-se a reconhecer sua existência. Sofka também jamais conheceu a madrasta, mas a teimosa e a escandalosa insistência do pai em seguir o próprio coração serviu-lhe de importante exemplo de desafio às convenções, à tradição, aos conselhos e à família. Era como se Petya tivesse ajudado a imunizar a filha contra manter as aparências ou ignorar a imensa força do amor; esses dilemas jamais a acometeriam. A mãe de Sofka pode ter sido a grande revolucionária, mas o pai foi o grande romântico e, à sua maneira, tão rebelde quanto ela.

"Claro, todo o mundo culpava Rasputin pela situação desastrosa", disse tio Kyril. Ele lembrou ter ouvido as discussões ansiosas e obsessivas dos adultos durante a Primeira Guerra Mundial, esperando angustiados notícias das pessoas queridas e lamentando-lhes a morte. Seu pai (um liberal) retornava das sessões da Duma, em que as relações com o imperador ficavam cada vez piores. Muita gente acreditava que Rasputin vinha influenciando as decisões do tsar e temia que o país inteiro estivesse sendo empurrado para o controle demoníaco de um aldeão louco. Até mesmo Sophy, normalmente tão séria, mostrara-se curiosa para conhecer esse "homem santo" da Sibéria, com olhar desvairado, cabelos desgrenhados e barba negra. Pouco antes da guerra, começara a estudar o incipiente tema da psicologia, lendo Freud e trabalhando em "asilos para lunáticos" — novo ramo da medicina que comparava a "entrar num labirinto com os olhos tapados". Intrigavam-na as histórias de como Rasputin, milagrosamente, detivera a hemorragia quando o jovem e hemofílico tsarevitche ficara doente. Ela sabia que Rasputin era íntimo de Nicolau e Alexandra (chamava-os de "Papai" e "Mamãe"), mas também ouvira falar das festas e bebedeiras com as ciganas e das orgias com as mulheres da sociedade; "É preciso pecar primeiro para encontrar redenção" era sua filosofia conveniente e persuasiva. Querendo ver o fenômeno com os próprios olhos, Sophy conseguiu visitar Rasputin no número 64 da rua Gorokhovaya, num dos dias em que ele "recebia", entrando na fila junto com uma multidão de senhoras superentusiasmadas e cheias de joias. Achou-o repugnante, contou mais tarde para Sofka, mas não pôde evitar sentir a força da sua personalidade controladora e o poder de seus penetrantes olhos azuis. "Uma espécie de hipnose" foi como definiu o êxito com o menino doente e seus desesperados pais.

Na primavera de 1916, Sophy retornou a Petrogrado com malária e duas Cruzes de São Jorge — a mais alta condecoração russa por bravura. "Não fiz nada de bravo", disse, erguendo-se como um intimidante modelo de coragem. Sofka visitou a mãe no Aterro Inglês, onde ela se encontrava deitada, suando e tremendo no quarto escurecido. Compressas de gelo se alternavam com garrafas de água quente trazidas por Natasha, a jovem empregada de olhos escuros enobrecida por Sophy.

Sofka, mais tarde, admitiu certo sentimento de imperfeição em comparação à mãe extraordinária. Ela se esparramava na cama cor-de-rosa de Sophy e ficava escutando suas histórias. Durante o inverno de 1914-15, o posto de primeiros socorros de Sophy ficava logo atrás da frente de batalha polonesa. Fazia um frio desesperador, os suprimentos eram inadequados e o lamentável exército russo vinha sendo constantemente rechaçado pela superioridade das forças militares alemãs. Em determinada ocasião, Sophy estava se retirando através de uma floresta coberta de neve com alguns soldados — levando injeção de morfina para os feridos, caso necessário. Logo que começaram a sair da mata, ouviram guinchos aterrorizantes de um homem agonizando, vindos de trás. Ninguém se virou. Os gritos continuaram. Sophy chamou um assistente hospitalar e entrou de novo no matagal, indo na direção do inimigo. Ao encontrar um homem coberto de sangue com uma perna estraçalhada, Sophy o aliviou com a "misericordiosa injeção hipodérmica", e o assistente o carregou de volta para o acampamento. Ela nunca soube se ele sobreviveu ou não. "Não era bravura", insistia, mas claro que era. "Sabia que não teria conseguido viver ouvindo aqueles gritos pelo resto da vida."

A Pequena Bolchevique

Se o lancinante inverno russo fora pavoroso, com as ulcerações causadas pelo frio e corpos congelados, a função seguinte de Sophy revelou-se ainda pior. Enviaram-na para o sul, para a linha de frente turca, com um calor excessivo, falta de água, dias inteiros montada num cavalo, com fedor de gangrena e horripilantes amputações em tendas sufocantes de tão quentes. Moscas, mosquitos, cobras e escorpiões acrescentavam as próprias armas às dos turcos. Certo dia, enquanto Sophy se vestia, sentiu uma protuberância formando-se dentro da manga. Percebendo que deveria se tratar de uma aranha do tipo tarântula, cuja mordida é fatal, segurou a excrescência e a apertou com força, até a criatura venenosa morrer. Não tenho certeza do motivo por que recebeu a segunda medalha, mas, com certeza, só essa façanha a fez merecê-la. Imagino-a contando a história com a expressão mais natural do mundo, sem demonstrar emoção alguma, com a voz suave e baixa, para a neta de 8 anos, Sofka.

A convalescença de Sophy foi rápida, conforme previsto. Ela levou Sofka e a Srta. King para a Crimeia para passar as férias, mas logo ficou indócil. Havia formulado outro esquema ousado e alistara-se na Escola de Aviação Militar, em Gatchina (bem próxima de Petrogrado), onde já dispunha do próprio avião. Quase um século mais tarde, parece extraordinário que se tenha permitido a uma mulher treinar para pilotar bombardeiro, mas ela não era a única combatente do sexo feminino. São Petersburgo já vira Maria Botchkareva e seu Batalhão da Morte — uma camponesa sem estudo que levou 1.500 mulheres (com cabelos cortados bem curtos e dragonas especiais) à frente de batalha. Como Sophy, também foi condecorada com a Cruz de São Jorge por bravura.

Sophy fora uma das primeiras mulheres a aprender a pilotar na École Militaire d'Aviation, em Chartres, em 1913. "Naquele tempo, não havia controle duplo, por isso, aprendia-se a teoria", explicou para Sofka. "Praticava-se movendo os controles num avião parado e depois era só decolar. O mais difícil era tentar ver de relance a terra através das fendas no chão de baixo do pé." Quando voltou para a Rússia, Sophy levou um avião e o guardou em Gatchina: "a maior e mais divertida extravagância da minha vida". Os amigos de Sophy ficaram incrédulos quando ela falou de sua última aquisição. Ela deve ter se deliciado, imaginando as exclamações deles ao planejar sobrevoos enquanto os amigos se reuniam em piqueniques às margens do lago Ladoga.

"Todo piloto sabe como são divinos esses voos matinais", escreveu em suas memórias. "A tensão nervosa do iniciante, o sentimento de alegria e a paz de estar sozinha acima das nuvens, depois os primeiros raios do sol nascendo e a longa descida, planando, à terra."

Foi logo depois de Sophy receber o emblema de aviadora, no final de 1916, que seu amigo, o príncipe Felix Yusupov, matou Rasputin. Famoso pela grande riqueza, beleza e (eterna) tendência ao travestismo, Felix era casado com Irina, a sobrinha do tsar de uma beleza arrebatadora. Também fumava ópio, e nisso Sophy o acompanhava. Esse prazer tentador lhe proporcionava uma nova e irresistível atração intelectual, abrindo áreas inexploradas da mente e dando-lhe, rapidamente, respostas para tudo, mesmo que logo em seguida as esquecesse. Tratava-se de outro exemplo de como Sophy tinha a mente aberta e do desejo de ultrapassar limites; ela não imaginava que a sedução da droga pudesse jamais se revelar mais poderosa do que sua implacável força de vontade.

O fim horrível de Rasputin é bem conhecido, mas muito contundente para ser ignorado. Como os ônibus lotados de turistas que via da minha janela em São Petersburgo, chegando diariamente no suntuoso palácio Yusupov, eu ficava fascinada com os detalhes grotescos, com os eficazes arquétipos; não é por acaso que a visita mais popular do museu (que exige um ingresso extra) seja ao porão, em que as figuras de cera kitsch retratam a cena do crime. Todos queremos saber sobre a cava peculiarmente mobiliada, "Yankee Doodle" no gramofone, as peles de urso, o crucifixo de marfim, se os bolos de amêndoa e o vinho estavam envenenados ou não; e o devasso e bêbado Rasputin vestido com blusão de seda bordada e calças de veludo preto amarradas abaixo dos joelhos, cheirando a "sabonete barato".

Felix deve ter sido um fumador de ópio delicado, afetado e sibarita, mas contundente o bastante para convencer um grão-duque, um médico e um membro da Duma a ajudá-lo no assassinato. Foi quase um trabalho malfeito, mais provavelmente devido ao amadorismo e nervosismo dos assassinos do que aos supostos poderes sobrenaturais de Rasputin, embora Yusupov descrevesse o "gênio mau" ressuscitando depois de atirarem nele, espumando pela boca e o atacando. Finalmente, os homens conseguiram matar a pessoa que acreditavam estar destruindo o país deles, embrulhar o corpo, levá-lo até uma ponte e jogá-lo no rio congelado.

Os assassinos nunca foram processados nem presos. Com ou sem Rasputin, o país já se encontrava à beira do abismo. Sophy estava pronta para partir para a frente de batalha como piloto de combate no Esquadrão de Aeronaves, mas agora mal tinha uma linha de frente para onde ir. Poucos acreditavam que o tsar poderia salvá-los. Tudo estava desmoronando, havia escassez de alimentos, soldados desertando, trabalhadores em greve, manifestações de rua. A temperatura em Petrogrado caiu vertiginosamente para 43 graus abaixo de zero — nem os trens podiam circular. Os sovietes (assembleias de trabalhadores, soldados e camponeses) vinham ganhando poder, e os revolucionários começaram a acreditar que conseguiriam um futuro político legítimo, em vez de ficar conspirando em salas enfumaçadas. A propaganda revolucionária pouco precisava fazer para convencer pessoas famintas, cansadas de guerra, com frio e medo.

Olga e Sofka pararam de sair para o passeio de carro diário. Era difícil diverti-las com caminhões descendo em disparada a avenida Nevski, cheios de homens armados agitando bandeiras vermelhas. Faixas traziam os dizeres: ABAIXO O TSAR, ABAIXO A ALEMÃ (a imperatriz), TODO O PODER À DUMA. Em março, o imperador abdicou em favor de um governo provisório ineficaz, mas o caos e a violência continuaram. Simyon contou para Sofka que as pessoas estavam passando fome, e ela respondeu pegando escondido biscoitos da mesa de chá para que ele os passasse aos necessitados. A tia paterna de Sofka, Varvara, morava perto dali e a visitava com frequência. Em suas memórias (*Gone Forever* [Perdido para sempre]), tia Varvara descreveu os problemas de sair na rua: "Geralmente, durante o dia, os soldados vermelhos circulavam de carro pela cidade atirando sem motivo nem alvo." Certa vez, a Srta. King teve de empurrar Sofka para trás de uma balaustrada de pedra no Aterro Inglês porque, de uma hora para outra, começaram a disparar tiros que atingiram uma parede próxima. À noite, havia incêndios e saques a prédios. Tia Varvara ficou apavorada quando "uma multidão se reuniu na frente de uma prisão, não muito distante da minha casa, para libertar os detentos. Os gritos da multidão eram sinistros e indescritíveis, enquanto a turba quebrava a porta da prisão".

Um dia, vieram soldados à casa de Varvara:

> O mordomo conseguiu mantê-los na cozinha e me chamou para descer e falar com eles. Queriam meu carro e, estando na cozinha, pediram comida. Como o chofer não estava, eles simplesmente o arrombaram e, para minha indignação, saíram com uma grande bandeira vermelha presa no carro. Toda noite, traziam-no de volta e pediam comida, até que um dia chegaram dizendo que o carro tinha quebrado, e eu poderia mandar buscá-lo na rua tal e levá-lo para o conserto.

Muitos anos mais tarde, Varvara continuava indignada com o episódio e escreveu, "Claro que não fui buscá-lo nem mandei-o consertar para eles voltarem a pegá-lo". Enquanto isso, na casa dos Bobrinski, executaram-se as ordens para destruir os estoques de álcool. O tio de Sofka lembrava-se de Igor, o velho porteiro, "lívido de medo e revolta", quando um grupo de soldados entrou sem pedir licença e estraçalhou garrafas de Château d'Yquem e de chartreuse verde, mergulhados "até os joelhos numa piscina perfumada dos vinhos franceses mais requintados".

A Pequena Bolchevique

O imperador e a família cumpriam prisão domiciliar em Tsarkoe Selo, e vários Romanov estavam sendo procurados. Certo dia, um caminhão de homens armados veio fazer uma busca na casa dos Dolgorouki na esperança de encontrar alguém importante e, conquanto ninguém saísse ferido, Olga ficou compreensivelmente transtornada. Era cada vez mais difícil tapar o sol com a peneira e fingir que tudo passaria rápido. Sem dúvida, Sofka, Olga e a Srta. King não tinham o menor conhecimento de que, no dia 16 de abril, um homem baixo e de nariz arrebitado, conhecido como Lenin, chegava na Estação da Finlândia para uma recepção grandiosa e popular. Talvez tenham ouvido falar de quando Lenin estabeleceu seu quartel-general no opulento palácio de Kshesinskaya — afinal de contas, a refinada bailarina era cultuada e tivera mais de um amante Romanov (aparentemente, sugeriu o título *Cinquenta anos sob os Romanov* para suas memórias, mas a editora o rejeitou).

Quando Olga soube que sua velha amiga, a imperatriz-viúva, partira para o sul, rumo à Crimeia, pegou Sofka e seguiu-lhe o exemplo.

★

A viagem de trem para Simferopol levou vários dias, e houve muitos adiamentos ao longo do caminho. Olga, porém, conseguira reservar oito compartimentos, de forma a diminuir o desconforto. Sofka estava feliz de voltar para o lugar que adorava: "Para uma criança, a Crimeia era um lugar de encantos infinitos. Rosas. Flores imensas de todos os matizes, de cujo centro eu arrancava os besouros verde-dourados ali aninhados... A alegria de deitar tostada de sol no vinhedo, a cabeça e o livro debaixo da sombra de uma videira repleta de uvas; ou estendida num grande galho liso e prateado de uma figueira, em que bastava esticar a mão para comer um suculento figo quentinho pelo sol..." Essa península, uma saliência do mar Negro, era o paraíso dos habitantes da fria, úmida e brumosa cidade de São Petersburgo.

Minha viagem à Crimeia se deu 77 anos mais tarde, num voo turbulento pela Aeroflot, partindo de São Petersburgo. A popularidade das férias no mar Negro não terminara com a Revolução; com efeito, duas semanas num sanatório estatal se tornara rotina para um grande número de russos de todos os cantos da União Soviética. Os grandes palácios e vilas espalhados pelo litoral haviam se transformado em spas saudáveis, onde trabalhadores estafados podiam descansar (os melhores deles reservados para a *nomenklatura*). Nesses dias, as pessoas organizavam as próprias férias, e meus companheiros de viagem pareciam o último grupo de pálidos nortistas indo para o sul para experimentar um pouco de sol antes de enfrentar o longo e árduo inverno. Todos carregavam muitas sacolas plásticas abarrotadas e faziam um bocado de barulho.

Sofka e Olga foram de Simferopol a Yalta, no litoral, numa carruagem puxada a cavalos, atravessando o interior da península da Crimeia. Fui num táxi dotado de um radar detector de velocidade da polícia. De cara, deu para perceber a atmosfera diferente: pinheiros, terra quente, ar da montanha com certo cheiro salgado de mar. Na idade adulta, Sofka nunca quis regressar à sua "imagem de quase paraíso", com seu "aroma inebriante de área silvestre curtida de sol"; receava encontrá-la domesticada e arruinada pelo "turista ubíquo". Uma vez, porém, súbita e inesperadamente, foi transportada de volta para lá enquanto viajava pela Bulgária. "Você não acha que, de todas as coisas, o cheiro é o que há de mais evocativo?", escreveu a meu pai quando ele era estudante. "Você sente o aroma de alguma planta ao sol, ou da chuva na terra, ou de piche na rua... Isso foi uma das coisas que me chamou atenção na Bulgária — os cheiros do mar Negro são os cheiros da Crimeia e, depois de todas as vicissitudes da vida, lá permaneceu 'minha casa'."

A Crimeia tornou-se russa quando Catarina, a Grande, tomou-a da Turquia, ganhando um precioso acesso ao mar Negro, e os Romanov ajudaram a transformar Yalta num elegante balneário depois de construírem propriedades rurais, no século XIX. A região sempre se caracterizou pela rica mistura de raças: um microcosmo do mar Negro, com sua combinação única de Europa e Ásia, áreas silvestres e civilização. Sua história vira invasores tártaros, colonizadores genoveses, exércitos romanos e antigas colônias gregas. Os visitantes russos encontravam tártaros, armênios, georgianos, judeus e comerciantes de toda parte. "Os tártaros é que são o problema", disse-me o motorista ucraniano do táxi, "são preguiçosos e cheiram mal." Ele não mencionou a perseguição horrível que sofreram, do tempo de Stalin em diante, quando muitos foram exilados para o Cazaquistão e tiveram as casas e as terras confiscadas.

A chegada da família imperial marcou a estação "de veludo", quando terminava a estação "de algodão", e os viajantes comuns que vinham passar as férias nos hotéis ou em quartos alugados retornavam para o norte para trabalhar. Talvez, os artistas e escritores da Idade de Prata fossem algo de intermédio: "seda"? Tchecov fora para lá para escrever, o famoso baixo Chaliapin alugou uma dacha na propriedade dos Dolgorouki (Sofka, às vezes, ouvia-o por entre as árvores, retumbando canções russas), e Akhmatova descreveu seu amor por "essa terra pagã, não batizada" com "uma cultura antiga, meio grega, meio bárbara, profundamente não russa". À medida que o brando verão se desvanecia e se turvava na entrada do outono, a alta sociedade ia caçar cogumelos na floresta ou fazer piqueniques em Ai-Petri, a montanha escarpada predominante no contorno da costa de Yalta. Nadavam no mar, catavam seixos e mergulhavam-nos em cera de vela até brilharem, e passeavam pelo interior sobre pôneis acompanhados de cavalariços tártaros. Velejavam, pescavam, caçavam e participavam de festas informais; muitíssimo diferente do extremo rigor da etiqueta de São Petersburgo.

Como na Riviera Francesa, havia duas estradas litorâneas: uma perto do mar, ligando as vilas extravagantes e os palácios elegantes, e outra, mais alta, serpeando por entre as aldeias dos tártaros. As propriedades se estendiam por generosas áreas gramadas desde a mata do contraforte, atravessando os parreirais, as estufas de plantas e os chalés dos empregados e chegando, por fim, aos jardins repletos de flores e às trilhas cobertas de árvores que davam nas praias penhascosas. Todo o mundo queria seu paraíso particular. Quando o Emir de Bukhara decidiu construir um palácio oriental esplêndido, por volta da época do nascimento de Sofka, usou de perspicácia para descobrir a melhor posição. Matou 7 carneiros e pôs cada um deles num local potencial para a construção. Depois de uma semana, examinaram-se as carcaças, e a que se mostrava menos decomposta revelou o ar melhor, mais seco. E foi lá que o Emir ordenou que assentassem as fundações.

Eu não sabia que fim levara a propriedade dos Dolgorouki em Miskhor, mas consegui uma reserva num hotel próximo a uma aldeia de mesmo nome. O motorista do táxi me deixou num conjunto de prédios para férias, enorme e nada atraente, cheio de russos muito bronzeados e quase sem roupa; tratava-se, evidentemente, da estação "do náilon". O lugar era uma ressaca medonha do velho estilo comunista de turismo, mas Dmitri, o gentil e jovem "administrador" do hotel, contou-me que, agora que os ucranianos se tornaram independentes, estavam tentando melhorar as coisas. Disse ainda que a mãe dele era uma guia experiente da região e, com certeza, poderia ajudar-me na busca.

Meu quarto era um cubículo sem graça situado no nono andar de um bloco feio — um dos vários que se sobressaía de modo desastroso e incompatível com o patchwork surpreendente do verde das árvores. Os comunistas tentaram a todo custo destruir esse Jardim de Éden, mas ainda dava para ver o que fora um dia. Da sacada, olhava as ladeiras arborizadas que levavam ao mar de um cobalto intenso, onde se viam cavalos brancos descendo a galope — "o mar negro mais azul do mundo", como dizia a letra de uma canção da época de Khrushchev. O céu era imenso e se enchia de nuvens estranhas, multicoloridas na hora do pôr do sol. Ficava pensando onde ficara a casa de Miskhor e se sobrava algo dela. Talvez estivesse ali mesmo, debaixo daquele hotel.

A Pequena Bolchevique

Tive alguma sorte, no entanto, na minha busca. Quando visitara Andrei Gagarin, da Assembleia de Nobres de São Petersburgo, ele desenterrou uma fotocópia das memórias de Varvara Dolgorouki, a tia de Sofka, que eu jamais vira antes. Entre as muitas fotografias, havia uma em preto e branco de Miskhor; uma casa branca de dois andares, elegante sem ser ostentosa, com uma varanda com pilastras e janelas arqueadas em estilo gótico. Agora, dispunha de uma cópia do retrato e sentia esperança de que ela me ajudaria a encontrar pelo menos o local em que Sofka passara seus dois últimos anos na Rússia.

Por ocasião do verão de 1917, o filho mais velho de Olga, Sergei, já se encontrava em Miskhor. Ele era cavalariço da imperatriz-viúva, que estava sob vigilância a alguns quilômetros da costa, em Ai-Todor, com a filha grão-duquesa Xenia e família. Sergei, três anos antes, contraíra matrimônio tardia e inesperadamente, e a esposa, Irina, fora casada com um Vorontsoff (donos da imensa e esplêndida propriedade de Alupka). Ela já tinha quatro filhos quando se apaixonou pelo belo (embora cada vez mais gordo) Sergei, divorciou-se, e agora o casal tinha uma filha de 2 anos chamada Olga. Deve, então, ter sido um choque terrível para Sofka e a avó quando chegaram a Yalta e, ao retornar ao café predileto delas para tomar um chocolate quente, receberam a notícia de que Irina falecera. Estivera doente, possivelmente com pneumonia, e tomara remédios demais. Corriam fofocas de que se tratara de suicídio; a vida tornara-se insuportável para ela depois de descobrir que seu casamento não passara de uma conveniente fachada para ocultar o caso muito antigo de Sergei com a grão-duquesa Xenia.

Se Xenia sabia da história toda, ela não revelou o segredo: "Pobre Seriozha [diminutivo de Sergei]", escreveu numa carta ao cunhado. "Sinto uma tristeza imensa, ele não quer que ninguém se aproxime dele, agora está sofrendo horrores e muito sozinho. Jamais vou acreditar que ela tomou veneno de propósito — ela amava tanto os filhos..." Qualquer que fosse a verdade, Sofka, Olga e a Srta. King (que, em conversas sussurradas com a protegida, revelava acreditar mais na versão do suicídio) chegaram a Miskhor de luto, em busca de uma casa. Foi a primeira (e "tranquilizadora") visão de Sofka da morte, pois a levaram para beijar a mão fria da tia Irina; "uma das mulheres mais lindas do mundo", cercada de rosas brancas.

Algumas horas depois de eu pegar no sono, com o baque ensurdecedor de *disco music* berrando nos alto-falantes do lado da piscina do hotel, acordei e me vi de novo na sacada escura e vertiginosa. Estava agarrada aos lençóis e cobertores, tentando fugir. De manhã, aquilo pareceu um reflexo de todas as fugas de Sofka; um sinal de que estava sonambulando na vida dela. Levei o livro dela comigo para a cantina do hotel, onde o café da manhã era extraordinariamente desapetitoso: salsichas gordurosas boiando na água; bananas infestadas de moscas cortadas em fatias ainda com a casca enegrecida; e *kasha* (mingau) com cor de cola, salgado, estilo gulag. De repente, senti uma solidão terrível.

Segurando a cópia do retrato de Miskhor, saí do terreno do hotel e fui para a rua principal. Do lado oposto das vovozinhas vendendo suéteres tricotados a mão e almofadas aromáticas, recheadas de zimbro, havia um grupo de motoristas de táxi com cara entediada. "Se é Miskhor, fica no fim da estrada", disse um azerbaidjano barrigudo, grisalho e com sobrancelhas pretas salientes, quando falei que procurava a casa branca. "Aqui, a gente está em Marat, sabia? Tem esse nome em homenagem ao revolucionário francês." Percorremos o litoral, por cinco minutos mais ou menos, com um interminável comentário sobre como são terríveis os tártaros ("Stalin estava certíssimo em fazer o que fez com eles, e, se não tivéssemos Stalin, hoje seríamos todos nazistas. *Heil Hitler!*"). O chofer aproximou o carro do acostamento, onde havia outro bando barulhento de motoristas de táxi, jogando gamão e fumando debaixo de uma árvore do lado da estrada. Minha fotografia passou de mão em mão para deleite geral, até que um deles deu um pulo e gritou, "É logo ali! Venha comigo!".

O homem começou a andar com passadas largas por uma pista de rolamento, eu o segui, junto com vários taxistas que estavam sem dúvida atrás de alguma diversão. Através das árvores, consegui ver uma construção branca. "É sua! Devia pegá-la de volta!", gritou o azerbaidjano, cada vez mais entusiasmado. "Se tiver dinheiro para isso, é seu." Parei e fiquei comparando a casa de três andares à nossa frente com a de dois andares da fotografia, contando as estreitas janelas góticas, arqueadas. Foram feitas algumas mudanças, mas essa era, definitivamente, a amada Miskhor de Sofka. Os motoristas sorriam quase tanto quanto eu, sentindo minha felicidade. Olhei atentamente em volta, passando pelos altíssimos ciprestes e para a vista superior dos espinhaços brancos de Ai-Petri e, embaixo, o mar.

"É uma casa de repouso e sanatório para trabalhadores", falou um taxista, apontando para uma placa em que se lia POUSADA DA BAIXA MISKHOR: CENTRO MÉDICO-TERAPÊUTICO. Do outro lado, perto de uma grande fonte de pedra, alguns residentes sentados em bancos de parque verdes comiam umas coisas fritas dentro de caixas plásticas sujas. Olhavam desconfiados para nosso estranho grupo. Os motoristas já estavam me empurrando para as escadas que davam na porta de entrada (agora não existia mais a antiga varanda) e pedindo para chamar o "administrador", no caso, uma loura oxigenada com cara de poucos amigos. Ela nada sabia a respeito da família Dolgorouki, disse. A casa pertencera a um tal de "príncipe Naryshkin". Mostrou-nos uma reprodução ruim do retrato de um soldado do século XIX pendurado na sala de estar, que parecia me acusar de falsas alegações. O prédio inteiro agora estava dividido em pequenos quartos para os hóspedes — nada havia para ver. Como prova disso, levou-nos rapidamente para olhar um cubículo mínimo, miserável. Independentemente da opinião da administradora, eu tinha certeza de que aquela fora a casa de Sofka; dava para sentir que era o lugar certo, e eu tinha a fotografia para comprovar. Perguntando se podia dar uma passeada pela região e talvez voltar outro dia, disse obrigada e tchau para os taxistas, que foram embora me sussurrando palavras de estímulo.

Não tinha a mínima ideia se a querida Miskhor de Sofka ainda existia. Acabou que uns motoristas de táxi azerbaidjanos me ajudaram a encontrá-la, e não tive dúvida de que se tratava da mesma casa. Os jardins permaneciam com o "aroma inebriante de mata curtida de sol".

Caminhei devagar pelos jardins, com perfume de alecrim, pinheiro, zimbro e cedro. Já não havia mais rosas, mas glicínias lilases se enroscavam na varanda nos fundos da casa. Acima dali era onde ficava a sala em que a Srta. King dava aulas para Sofka. Segui as sendas sombrias e sinuosas que desciam em direção ao mar. Por entre os altos carvalhos e ciprestes, vinha o barulho das ondas quebrando nos seixos da praia, exatamente como a descrição de Tchecov em *A dama do cachorrinho*, seu delicioso conto de adultério que tem como cenário Yalta. "O bramir monótono e abafado do mar que chegava até eles lá de baixo falava de paz, do sono eterno que nos espera." Era fácil imaginar Sofka, então com 10 anos, subindo em árvores ou se escondendo atrás dos arbustos enquanto a Srta. King a chamava em vão da varanda e mandavam Simyon sair para procurá-la. Nas fotografias, ela aparece com uma expressão meio irônica, de menina levada dada a atividades masculinas, apesar do par de tranças longas, espessas e lustrosas presas com laços; ela já havia descoberto o prazer de contrariar a natureza. Desci alguns degraus até um píer pequeno e descuidado e um arranjo não planejado de barracas de praia, onde deitei numa espreguiçadeira decrépita perto de uma família de russos rechonchudos comendo frutas. Sofka costumava descer até aqui de manhã. Saía cedo, levando Rim, o dinamarquês, que, de tão grande, podia carregar uma sela com sacolas, como se faz com os burros, e ser usado para coletar lenha, quando o combustível escasseava. Naquele inverno, várias vezes, viu cadáveres atirados pela água nas pedras; pálidos, desnudos e com caranguejos rastejando sobre eles. As pessoas diziam que foram executados em Yalta e jogados no mar.

Não tenho certeza de como Sofka conseguiu Rim, mas talvez tenha sido mais um presente do pai que a adorava, para se juntar a Pupsik, outro que viajava com ela para o sul. Petya logo chegou à Crimeia também, trazendo a nova esposa e o filho para a propriedade no outro lado de Yalta, e, embora Olga tratasse a segunda família dele como invisível, de vez em quando ia a Miskhor sozinho visitar a filha. Por preferir os ardis da amizade às obrigações paternas, mantinha Sofka suprida de cigarros contrabandeados — quase com certeza Papirosy, a ubíqua marca russa que já vinha com uma piteira de papelão. Ela os fumava às escondidas com os amigos em cima dos abetos, cujo topo era plano, e depois mascava alho para esconder o cheiro da Srta. King.

Em Miskhor, não faltava espaço para a rebeldia natural de Sofka se desenvolver; esse foi o período mais intenso da sua infância, e também o mais feliz. Os adultos estavam muito preocupados com os "problemas" para se aborrecer com as bobagens da "Criança" ou com suas aulas, e Sofka preferia mesmo viver desregradamente. Seus novos amigos eram Vanya e Shura, netos do zelador da chácara, que achava que não seriam considerados boas companhias por causa de suas crenças inflexivelmente revolucionárias. A primeira coisa que fazia de manhã era sair furtivamente para encontrá-los, antes de a Srta. King acordar. Lutavam com pinhas, apanhavam nozes e avelãs, invadiam pomares e, entre uma brincadeira e outra, conversavam. Essas conversas abriram os olhos de Sofka para o outro lado dos "problemas". Foi essa amizade, acima de qualquer outra coisa, que Sofka guardou como lembrança dos dias na Crimeia e retirou-a do mundo estreito, limitado, retratado e vivido por Olga e pela Srta. King. Shura, o mais velho, fascinante e loquaz dos irmãos, explicava a lógica da Revolução: por que Sofka deveria desfrutar todas as vantagens do conforto, do dinheiro e de aulas com governantas, se ele era muito mais inteligente que ela e, apesar disso, não tinha sapato nem instrução? Mais tarde, quando o pai deles se tornou membro do soviete local, eles contaram para Sofka sobre os planos de invadir casas da região: "Por que os Ivanov devem comer bolos quando tanta gente tem de racionar até o pão?" Ela aprendeu a ficar calada quando, em casa, ouvia as estúpidas especulações dos adultos.

Simyon, o lacaio, que conversara esses assuntos com Sofka antes, dava respaldo às teorias de Shura. Ele a levava para pescar nas pedras da praia e falava da injustiça da riqueza e da pobreza, e da própria infância miserável na aldeia. A Revolução sanaria aquilo tudo, acreditava ele. Nem é preciso dizer que, quando Sofka tentava ventilar uma versão atenuada dessas teorias com outros amigos ou com a avó, era repreendida por ser uma "Vermelha" ou uma "pequena bolchevique".

Nos primeiros meses, a vida em Miskhor pareceu normal. Olga jogava paciência na ampla sala de estar ou saía com Sofka no landau para visitar amigos. Primos e jovens se reuniam em Miskhor para jogar tênis, local que possuía a única e muito cobiçada quadra de tênis da região. Certo dia, Olga convidou a velha amiga Marie, mãe do tsar, para o chá, e a "Criança" foi especialmente arrumada e preparada para a ocasião. A Srta. King repetiu as instruções de etiqueta para o chá: "falar quando

A Pequena Bolchevique

falarem com você, dizer 'Vossa Majestade', comer com a mão esquerda, e a xícara de chá deve ficar à direita do prato."

"Não surpreende que tenha ficado extremamente, profundamente horrorizada", escreveu Sofka, "de ver a imperatriz viúva de Todas as Rússias, sentada ao meu lado, segurar um biscoito com a mão direita e pôr a xícara em algum lugar à esquerda do prato. Será que ninguém tinha avisado a ela? Acabei não aguentando mais aquilo. Inclinei-me na direção dela e, num sussurro provavelmente estridente, informei a ela que a maneira correta de se comportar era..."

O choque e a consternação de Olga diante do *faux pas* de Sofka dominaram as 24 horas seguintes, até a próxima tarde, quando a imperatriz Marie chegou de carro e convidou Sofka para um passeio, só as duas. Sofka lembrava com prazer desse e de outros passeios; a vetusta senhora (irmã da rainha Alexandra, da Inglaterra) causava imenso fascínio e tinha "uma leve vitalidade de criança levada, senso de humor e um brilho nos olhos que parecia que via o que se estava pensando".

Naquele outono, as coisas começaram a mudar. Vazavam notícias (adulteradas pelo diz que diz): mandaram o "Cidadão Romanov" e a família para os Urais; o palácio de Inverno fora assaltado; e, de alguma forma, em meio ao caos, Lenin, Trotski, Zinoviev (não era parente — chamava-se Apfelbaum, mas mudara o nome) e os bolcheviques haviam assumido o poder. O Exército Vermelho finalmente chegou à Crimeia e se estabeleceram os sovietes; toda aldeia, inclusive Miskhor, agora, era governada por um comissário. Cochichava-se que queriam executar a Imperatriz Viúva; nesse ponto, tudo eram boatos. Em dezembro, o pai de Sofka estava entre os oficiais tsaristas que tentaram defender Yalta, mas foram derrotados pelos vermelhos. Muitos morreram, Petya, porém, conseguira fugir; elas souberam disso porque afixaram (para horror de Olga) na casa da mãe dele um aviso oferecendo uma recompensa pela captura do príncipe Peter Dolgorouki. Numa úmida noite de inverno, algum tempo depois, uma batida na porta da frente interrompeu as atividades domésticas. Ninguém queria abri-la, uma vez que as invasões eram cada vez mais comuns, e as piores coisas aconteciam à noite. Acabou que foi a Srta. King quem identificou a voz do lado de fora, que se dizia "um amigo". Sofka não reconheceu o homem encharcado e trêmulo que entrou cambaleando, vestido com um sobretudo rasgado e um boné tártaro, até a governanta lhe mandar beijar o pai.

Houve um momento de tensão quando Petya perguntou aos criados presentes se eles ajudariam a escondê-lo, mas, por fim, até mesmo Simyon, com suas ideias revolucionárias, concordou. Sua Excelência sempre fora bom com eles. As pessoas ainda não estavam com muito medo nem muito brutalizadas para abandonar a lealdade. Esconderam Petya no sótão, onde Louise, a fiel empregada de Olga, tratava-lhe a pneumonia. Quando já estava bom o suficiente para ir embora, foi Simyon quem contribuiu na organização da fuga para Moscou, levando de carro aquele sujeito desmazelado, sujo e vestido com roupas dos tártaros a um ponto de encontro secreto com o caminhão que o levaria para Sebastopol.

O comissário de Miskhor tomou a carruagem de Olga e o par de antigos cavalos pretos para uso próprio, mas era, evidentemente, um homem obsequioso, pois, às vezes, a emprestava a ela. Numa ocasião, passou de carruagem por ela, que estava andando, e, para surpresa dela, ofereceu-lhe uma carona. É difícil imaginar casal mais improvável que a velha princesa de São Petersburgo e o comissário bolchevique, mas a vida em 1918 era cheia de contradições. Simyon e outros membros da equipe que trabalhava para os Dolgorouki ingressaram no soviete local, embora continuassem a servir o jantar em Miskhor, vestidos de libré. Apesar da brutal escassez de comida, Olga, a Srta. King e Sofka continuavam se arrumando para o jantar, e o mordomo criou um cardápio, que poderia chamar orgulhosamente de "*pommes de terre au bacon*"; tratava-se de batatas cozidas com um pouco de cebola frita e pequena quantidade de toucinho.

A Pequena Bolchevique   95

Uma vez, os bolcheviques vieram vasculhar a casa em busca de armas. Dois marinheiros bêbados brandiram os revólveres na cara de Olga, enquanto ela os conduzia, assustada mas com dignidade, pelos cômodos. "Não tenha medo, madame. Não tenha medo", repetiram, quando Sofka se grudou na avó, observando com curiosidade. Na hora de ir embora, deram ordens a todas as mulheres e crianças para cultivar a terra e gerar alimento, e a subsequente visão de Olga, Srta. King, Louise e Sofka cavando o gramado deve ter causado um impacto tragicômico nos serviçais. Sofka gostou da novidade; para Olga, entretanto, que sequer sabia abotoar as próprias botas, plantar batatas representava uma provação humilhante. Imagino Louise compadecida à noite, passando creminho nas mãos pálidas, macias e de unhas feitas da patroa, mãos que jamais trabalharam.

★

No dia seguinte, conheci Olga, a mãe do administrador do hotel. Era enérgica, inteligente e amistosa — uma mulher com uns 40 e tantos anos, ruiva, vestida com um conjunto de calça e blusa surrado. Pulando de um micro-ônibus a outro do hotel (agitando sua insígnia de "guia" com autoridade), levou-me a Yalta, explicando ao longo do caminho as diferenças entre a Crimeia antes da Revolução, sob o comunismo e agora, como parte da independente Ucrânia. Falou que, nos tempos atuais, nem os professores conseguem viver do salário, e precisam arrumar um segundo emprego, ou vender os bens no mercado. E há também os "novos-ricos" russos e ucranianos que chegam para estabelecer negócios de reputação duvidosa e construir suas enormes dachas. Depois, apontou para a longa fila de pessoas esperando o "pão da noite", porque não tinham dinheiro para comprá-lo fresco de manhã. Às vezes, disse para ela, acho que a ex-URSS está prestes a fazer outra revolução, com esse abismo doloroso e óbvio entre ricos e pobres; parece igual a cem anos atrás. "Não!", insistiu

Olga, revelando sua paixão por tudo o que era nobre e pré-revolucionário. "Naquele tempo, os ricos fundavam hospitais e orfanatos e ajudavam todas as pessoas que dependiam deles. Não era a mesma coisa!"

Em Yalta, andamos a passos largos pelo movimentado calçadão, onde alguém com espírito empreendedor erguera vários cenários com seus respectivos trajes para as pessoas em férias tirarem fotografias. Havia *bondage* e couro preto, mas os prediletos eram o palácio do século XVIII, com sedas e perucas, e as salas de estar do *haut bourgeois*, com anquinhas e toucados. Pelo visto, eu não era a única ali em busca de fantasias do passado.

Depois de uma série de encontros e telefonemas, partimos para ver uma mulher que, segundo Olga, seria capaz de me contar tudo. Ela nos encontraria na sala dos arquivos do palácio Vorontsoff, em Alupka. Chegamos a um palácio gigantesco, construído como um castelo, com pedra cinza com recortes e ameias em certos lugares para imitar os picos de Ai-Petri. Contornando as filas para ingresso, os vendedores de cartões-postais e as pessoas em férias posando para fotografias, descemos para o interior do palácio, passando por um corredor longo e escuro que dava numa sala cheia de livros e arquivos. Dentro da sala, havia duas senhoras de idade.

"Esta é Anna Abramovna", disse Olga, apresentando-me a uma mulher com o rosto muito pálido, quieto e determinado, cabelos cor de ferro puxados num coque e uma cruz de madeira pendendo no peito. Parecia alguém de outra época, embora não soubesse dizer ao certo de que época. Em poucos minutos, havia mostrado um monte de fotos: Sofka quando bebê e aos 10 anos; os avós tomando chá num chalé no campo (Olga com um chapéu escandalosamente grande, e Sandik com as inconfundíveis suíças brancas); Sophy parecendo um homem; Petya e o irmão mais velho adúltero, Sergei. E não eram só retratos. Anna Abramovna desenrolou todos os detalhes da vida deles e de seus ancestrais, falando como se os conhecesse, com primeiro nome e patrônimos. Depois de esclarecer exatamente de que filho eu era filha, continuou a explicar a vida e o destino de todo o mundo ligado à família Dolgorouki. Era como se eles ainda estivessem lá.

Não havia dúvida de quem era a predileta de Anna Abramovna: a bela Irina. No primeiro casamento, ela morara naquele palácio com infinitos salões de baile, colunas de mármore, ampla estufa e terraços com estátuas por onde se chegava ao mar. Ouvi sobre o divórcio e o casamento com Sergei Dolgorouki, tio de Sofka, a doença trágica, a morte extemporânea, e vi um retrato de Irina, com cabelos escuros, misteriosa, feminina e elegante. "Foi enterrada no cemitério de Miskhor", disse Anna Abramovna. "A gente podia ir ver a sepultura." Enquanto a senhora de mais idade saiu em busca de flores, Olga fez comigo uma visita rápida por uma parte fechada do museu, cheia de pertences e retratos da família Vorontsoff. Eram velhos amigos dos Dolgorouki, e compraram suas propriedades mais ou menos na mesma época, por volta dos anos 1820, quando Yalta estava entrando na moda.

Tomamos um táxi e seguimos pelo litoral de volta para Miskhor, pegamos uma estrada pequena e acidentada morro acima e paramos num pequeno bosque de figueiras. O motorista concordou em nos esperar, subimos caminhando por uma trilha para um outeiro coberto de árvores. Anna Abramovna estava segurando um buquê de dálias coloridas dentro de uma garrafa plástica de água, e me falou do enterro de Irina como se tivesse estado presente a ele. Naquela semana, fizera um calor terrível — quarenta graus — e houvera uma forte tempestade com trovoadas e raios. Os Romanov receberam permissão para sair de casa e assistir ao enterro. Segundo a descrição de Sofka, levaram o caixão de Irina aberto até a sepultura, e o caminho entre a casa e o cemitério "estava todo coberto de uma camada espessa de rosas, além daquelas penduradas em cordões, como guirlandas, presos de árvore em árvore". Disse que jamais se esqueceria do "canto do coral, do cântico do padre, do perfume das rosas misturado com incenso, do azul intenso do céu e do reflexo mais escuro do mar, que parecia estar ali, no nosso pé, quando ficamos do lado do túmulo".

O cemitério de Miskhor parecia bem abandonado. Apesar dos vestígios de piqueniques e sessões de drinques, havia uma atmosfera maravilhosa, secreta, naquele lugar empoleirado sobre o mar, entre os ciprestes e as amendoeiras. Fora construído para os empregados do campo, mas, aos poucos, os moradores das dachas passaram a usá-lo também. Muitas tumbas só eram marcadas por pequenos círculos de pedra, e alguns bodes não fizeram cerimônia e deitaram-se nos confortáveis pedaços de terra macia. Mais embaixo, um jovem pastor de turbante estava escarrapachado na parede do cemitério, olhando o mar.

"Lá é o que resta do bosque de oliveiras dos Dolgorouki", disse Anna Abramovna, apontando para uma faixa de árvores com folhas prateadas entremeadas de blocos de apartamentos ordinários. "Era o maior olival de toda a região e produzia o melhor azeite. As pessoas daqueles apartamentos vêm para tomar conta da sepultura de Irina", prosseguiu, andando em direção ao túmulo, que ficava separado do resto do cemitério. "A lápide foi completamente destruída, e vários de nós pagamos por uma nova, em 1984. Não divulgamos isso porque poderia causar problema nos tempos soviéticos — naquela época, Dolgorouki não era um nome digno de homenagem." Ficamos paradas do lado do túmulo simples, cercado por uma pequena parede e balaustradas de ferro fundido e eclipsado por uma oliveira. A lápide trazia a cruz russa, o nome de Irina e as datas (1870-1917). Olga fez um arranjo com as dálias, e Anna Abramovna pegou uma velha sacola de plástico, e quebrou uns pedaços de biscoito que havia dentro.

"Você é religiosa?", perguntou-me e, quando respondi que sim, deu para mim e para Olga um pedaço empapado de biscoito velho, como se fosse hóstia, e nos pediu para fazer uma oração pelos pecados de Irina e dos filhos dela. "Estão todos mortos agora", disse com tristeza. Tentando me abstrair do gosto ruim do biscoito velho, mas profundamente comovida pela cena, fiz o sinal da cruz pela minha tia-bisavó.

A Pequena Bolchevique

Retornando devagar montanha abaixo, minhas duas companheiras consentiram em ir comigo visitar, pela segunda vez, a casa em Miskhor, e o motorista nos deixou no alto da estrada. "Sabe, Miskhor é um dos povoamentos mais antigos do mar Negro", contou Anna Abramovna, explicando como Naryshkin, que construiu a casa (o "príncipe" de que a administradora tinha notícia), era um antepassado da avó de Sofka, Olga.

"Mas a dona original foi La Belle Greque", disse. "Uma das mulheres mais lindas da Rússia." Fiquei maravilhada com esse capricho do destino: "a Bela Grega" era meu antepassado favorito. Chamada Sophie como tantas pessoas da história, era uma grega de Constantinopla, do bairro Fanar. A mãe era uma pobre vendedora de hortaliças, que vendeu as duas filhas como cortesãs no mercado de escravos, e rapidamente Sophie ficou conhecida por toda a Europa pela inteligência e extraordinária aparência. Casou-se com um príncipe austríaco chamado Witte, que, segundo contam, perdeu-a num jogo de cartas para o conde polonês Potocki, excepcionalmente rico, que estava perdidamente apaixonado por ela. Houve quem dissesse que La Belle Potocka (como terminou designada) era uma espiã; outros ficavam embevecidos com a astúcia da sua conversa, com os olhos violeta e traços perfeitos. Entre outros flertes, era a predileta de Potemkin, consorte de Catarina, a Grande. A imperatriz (sempre tolerante com as amantes de Potemkin) deu à "Bela Grega" um par de brincos de diamante, mas o que eu não sabia até agora é que Potemkin desbancou esse gesto presenteando-a com a propriedade em Miskhor. A condessa Potocka teve dez filhos com Potocki antes de morrer, em 1822, e foi sua filha que casou com um Naryshkin e construiu a casa.

"Sophie Potocka sonhava em fundar uma cidade grega aqui e em dar-lhe o nome de Sofiopolis", disse Anna Abramovna. Se há uma coisa que não se pode dizer da cortesã de Constantinopla, do outro lado do mar Negro, é que lhe faltava ambição. "Nunca se viu aquilo, mas a filha dela construiu uma pequena fazenda dentro da fazenda — uma casinha com jardim para as crianças — e a chamou de Sofievka. Agora, nada sobrou daquilo, mas todo o mundo ficava espantado com a perfeição da construção, com mobília em miniatura. Os Naryshkin trouxeram Torricelli, arquiteto de Odessa, para construir a casa, e eles costumavam compartilhar empreiteiros, pedreiros e jardineiros com os Vorontsoff em Alupka." Mais tarde, descobri que, quando o jardineiro-chefe dos Vorontsoff encomendou mil árvores de Odessa, quinhentas foram para Miskhor. Criaram um "jardim de prazer", plantaram um bosque de carvalhos e uma floresta de loureiros, e fizeram um lago com salgueiros-chorões da Babilônia na ilha. Havia um moinho de água, pomares, oliveiras e vinhas com 8 mil videiras, com que produziam os melhores vinhos Riesling e Muscat.

"Anna Abramovna sabe tudo sobre as propriedades rurais do litoral daqui", disse Olga, enquanto eu me deslumbrava com o conhecimento enciclopédico da senhora idosa. "Ela trabalhou a vida inteira nisso." Depois, chegou até a me dar uma lista de todos os trabalhadores rurais da época de Sofka, e Olga e eu tentamos rastrear algum descendente de Isidor Yeltsev, o cocheiro, que deixou nove filhos; Kapitsova, o padeiro; Chernagorov, que fazia o vinho... Esquadrinhamos os arquivos da aldeia e catálogos de telefone, e Olga ainda foi às repartições militares, que dispunham de listas melhores. Ligamos para inúmeras pessoas com nomes similares, mas tudo em vão. As pessoas pareciam amedrontadas: telefonemas inesperados tinham uma má história naquele país; foi impossível encontrar alguém que tivera alguma ligação com a propriedade antes de 1917.

"As pessoas se mudam e mudam de nome", disse Olga. "Têm medo do passado. Você tem sorte em conseguir descobrir alguma coisa sobre a história da sua família. A maioria de nós não sabe nada."

"Um dia, de repente, os alemães estavam lá", escreveu Sofka em suas memórias. Para uma criança, era incompreensível ver oficiais alemães marchando pelas imediações, "sem a menor cerimônia". Em março de 1918, os bolcheviques assinaram um tratado de paz que dava aos alemães imensas extensões de terra e faixas de população. Substituía-se um inimigo por outro.

Ironicamente, a vida sob o domínio dos alemães reassumiu um aspecto de certa normalidade — acabaram-se as restrições, reapareceram os alimentos. Em julho, ninguém acreditou no rumor absurdo de que Nicolau, Alexandra e a família haviam sido assassinados; uma festa programada por Felix Yusupov sequer fora cancelada. Os terríveis segredos da casa de Ipatiev, em Ecaterimburgo, não viriam à tona por um tempo. Mais tarde, saberiam dos detalhes pungentes: as filhas esquisitas e belas, uma morte rápida que não tiveram pois as pérolas e os diamantes costurados nas roupas de baixo dificultaram a ação dos tiros; o pavor do menino hemofílico que nunca podia participar de brincadeiras pesadas. Jimmy, o Spaniel, também morto. Baionetas, sangue, gritos. Até os cadáveres imperiais foram considerados perigosos (mártires potenciais, talvez) e, portanto, queimados, quebrados, enterrados. Entre os empregados e companheiros, havia o Dr. Botkin, que também fora médico dos Dolgorouki em São Petersburgo. O sobrinho de Olga Vassily Dolgorouki, que fora para Ekaterimburgo como ajudante de ordens de Nicolau, foi assassinado em separado.

"Pobre Nicky", disse a mãe do tsar para a avó de Sofka durante o chá, recusando-se a ouvir as cruéis histórias. Talvez, as coisas ainda se resolvessem. Os próprios bolcheviques negavam que havia acontecido alguma coisa.

Mais ou menos naquela época, a mãe de Sofka chegou inesperadamente a Miskhor. A despeito da situação perigosa e caótica (qualquer pessoa ligada ao regime tsarista era inimiga e sujeita a encarceramento ou até mesmo a execução), ela conseguiu pegar um trem de Petrogrado. Depois de dez meses sem notícias, Sophy queria saber se a filha havia sobrevivido. E ficou espantada de ver a vida seguindo quase como antes: jogos de tênis, criados a postos nas refeições, encontros para o chá. Era um contraste brutal com a tensão, o medo, o frio e a fome de Petrogrado. Sophy estivera de novo trabalhando no antigo hospital — precisavam de médicos para o número cada vez maior de vítimas de hipotermia e desnutrição, além dos baleados. Estava compartilhando o apartamento com um velho amigo, o marquês de Saint Sauveur, da embaixada francesa, pois ele teoricamente dispunha de imunidade diplomática — havia um documento oficial preso na porta —, mas já tinha havido várias invasões. Sofka não disse se ficou contente em ver a mãe nem se se importou quando ela foi embora depois de algumas semanas, aparentemente preferindo os saques, a violência, os cartões de ração e as filas para distribuição de pão à vida com a filha.

Alguns meses mais tarde, tornou-se clara a explicação para o retorno de Sophy para o norte, quando Sofka recebeu uma carta surpreendente da mãe. Até o outono, era difícil receber alguma notícia: não havia jornais, cartas nem telefones. Uma guerra civil se alastrava, com os Exércitos Brancos no sul, comandados pelos generais Denikin e Wrangle, tentando em vão derrotar o Exército Vermelho. O mensageiro de Sophy levou dois meses para chegar a Miskhor. Tendo contraído febre tifoide no meio do caminho, entregou a missiva e morreu. Depois de lida por inteiro, queimaram a carta para evitar infecção. Ela anunciava que Sophy estava se casando.

Dada a personalidade rebelde, sem preconceitos, e seu jeito liberal de assumir amantes após o divórcio, eu a imaginaria escolhendo um intelectual revolucionário, alguém como o escritor Máximo Górki, talvez, que transpunha e fundia as perigosas fronteiras entre Brancos e Vermelhos. Sofka lembrava uma série de homens que a Srta. King chamava com mordacidade de "pretendentes", entre os quais se incluíam o príncipe austríaco Hohenlohe e o príncipe Paolo Borghese, que removeu o osso do mindinho do esqueleto anatômico de Sophy e pendurou-o na corrente do relógio. Embora o príncipe Pierre Volkonsky pertencesse ao círculo de amigos, não parecia uma opção provável para marido. Treze anos mais velho que Sophy, fora diplomata em Roma, Londres e Berlim e falava seis idiomas. Extremamente religioso e conservador, erudito e meticuloso ao ponto do fanatismo, era obcecado por genealogias familiares. O fato de ser tido como homossexual só o tornava um noivo ainda mais implausível para Sophy. No entanto, como ela mesma declarou (era do tipo de falar sem rodeios), "De todos os homens que conheci, foi o único mais inteligente do que eu". Também era gentil e tinha bom coração. Pierre continuava morando com a velha mãe em Petrogrado, conseguindo, sabe-se lá como, permanecer na mansão dos Volkonski, que chamavam de "a Pequena Casa Branca" — apelido pouco apropriado, levando-se em conta as 15 janelas da fachada. Depois de casados, Sophy foi viver com ele lá.

★

Até 1919, a cidade e o litoral de Yalta estavam se enchendo de refugiados do norte, alguns dos quais ainda acreditavam que o Exército Branco do general Denikin venceria os bolcheviques e tomaria a nova capital, Moscou. Contava com ajuda das tropas aliadas, em sua maioria inglesas e francesas. Numa manhã, Sofka escreveu, "a Srta. King apareceu enlouquecida, gritando, chorando, com os braços acenando para um grande navio cinza hasteando a bandeira da Inglaterra". Grande número de ingleses foi removido, e cada vez mais ouviam-se conversas ansiosas entre os russos, se perguntando se não seria melhor fugir, pelo menos até "os problemas" se apaziguarem. Pouco tempo depois, o navio da Marinha real Britânica, HMS *Marlborough*, ancorou ao lado de Miskhor, e o capitão chegou ao cais com ordens para levar a irmã da rainha Alexandra, a imperatriz viúva. Enviaram a carruagem de Olga com os vetustos cavalos pretos a Ai-Todor para transmitir a mensagem, mas a imperatriz Maria se recusou a abandonar os parentes e amigos; ela não iria embora a menos que todos que corriam risco fossem retirados dali, anunciou magnificentemente.

Houve um período de espera. Tratava-se de situação delicada: agora não só muita gente queria partir, mas o rei George V estava extremamente preocupado em dar asilo aos autocráticos Romanov, como se temia uma reação que estimulasse o apoio ao Partido Trabalhista e exacerbasse o sentimento republicano. Quem sabe a imperatriz-viúva devesse ir para seu país natal, a Dinamarca? Enquanto isso, a Srta. King tomava chá com vários oficiais ingleses, e "iguarias estrangeiras como aveia Quaker e carne bovina em conserva" apareceram na mesa dos Dolgorouki. Por fim, marcou-se o dia para a retirada, e outros navios aliados chegaram a Yalta. Multidões correram para o porto, abandonando os carros e carruagens no pânico, tentando, aos empurrões, encontrar um jeito de ir embora.

Disseram a Sofka para pôr na mala objetos de uso pessoal, a fim de partir com a imperatriz viúva no dia seguinte. "Tudo o que queria era meu santinho predileto, minha caneca de prata, o cachecol de cores vivas e Rim", escreveu Sofka meio século mais tarde. O dinamarquês era grande demais, disseram. E não foi a ideia de ter de sair de sua casa e de se separar dos pais que mais a deixou infeliz; foi não poder levar o cachorro — "foi a primeira grande dor da minha vida". Na última manhã, acordou cedo e foi até o mar apostando corrida com Rim, "chorando alto pelo sentimento de impotência e angústia por ter de deixar aquilo tudo". Despediu-se de Vanya e Shura "com a angústia incontrolável das crianças", discutindo a possibilidade de se esconder e ficar com eles. Eles, porém, "foram decididamente contra a ideia. O Exército Vermelho não deveria saber que estava 'tudo bem' comigo, tanto quanto eu deveria continuar viva".

A princípio, embarcaram Sofka, Olga e a Srta. King num contratorpedeiro, o *Grafton*, mas, durante a espera, transferiram-nas para o *Marlborough*, onde se juntaram a um grupo mais seleto, que incluía a imperatriz viúva, a filha grão-duquesa Xenia e seus cinco filhos. Havia, ao todo, 1.170 pessoas evacuadas, entre elas 19 membros da família real, com criados, governantas e funcionários, além de tudo que se pôde salvar de joias e objetos preciosos. Um dos jovens oficiais que participaram da organização da operação foi Francis Pridham, que depois escreveu um livro sobre essas experiências e ficou muitíssimo impressionado com "a dignidade dos russos a bordo". Deram à idosa imperatriz Maria o camarote do capitão e o máximo de conforto aos passageiros; as casas imperiais enviaram roupas de cama extras para que pelo menos os mais velhos tivessem colchões e lençóis, e criaram dormitórios onde quer que fosse possível nos navios apinhados de gente. Olga tinha uma cabine, enquanto Sofka e a Srta. King encontraram um canto para dormir. Sob a blusa de gola alta da governanta, apertado no peito pálido, escondia-se um valioso cordão de pérolas — o presente de casamento que Sophy recebeu dos pais em 1907, cuja guarda confiou à Srta. King na recente visita.

Após o mau tempo e os repetidos adiamentos, as embarcações partiram em 11 de abril. Era uma manhã cinzenta, sombria. Elizabeth Zinovieff (parente pelo outro lado da família, que estava no *Princess Ena*) recordou o céu cinza, o mar cinza e o grande couraçado cinza, encobertos por uma película de denso nevoeiro: "A bruma subia devagar, e via-se um vulto solitário, com um manto negro, de pé no convés. Era a imperatriz Maria." Próximo a ela estava o surpreendentemente alto grão-duque Nicholas (primo do tsar e ex-comandante em chefe das forças armadas russas), vestido com capote e um chapéu cossaco de astracã cinza. Formavam um grupo improvável de refugiados, com suas boas maneiras e roupas elegantes. Ali, na neblina, cantavam o hino nacional russo, "Deus, Salve o Tsar". Pridham comentou depois que essa foi a última vez em que se cantou aquela "bela e velha canção" para um membro vivo da família imperial dentro do território russo. Tanto os marinheiros russos quanto os ingleses choraram diante da triste cena:

> *... Forte, majestoso!*
> *Reine para a glória,*
> *Para a nossa glória!*
> *O terror de seus inimigos,*
> *Tsar Ortodoxo...*

Sofka lembrava a "última vez em que vislumbrara o pico recortado de Ai-Petri" e via essa partida como marco do "fim da infância". Não obstante, para as crianças a bordo, a viagem mais parecia uma aventura. Sofka fez logo amizade com Vassily, o filho mais novo da grão-duquesa Xenia, dois anos mais velho que ela. Menino bonito e animado, que rapidamente se tornou popular entre a tripulação, Vassily trouxera o canário e o cachorro preto de pelos lisos da família, Toby, cria de Pupsik, de Sofka, também a bordo. Corriam fofocas segundo as quais Vassily poderia ser filho do tio Sergei e, portanto, primo-irmão de Sofka, mas ninguém levava muito a sério esses boatos. As crianças jogavam malha, dançavam no tombadilho superior, treinavam os cães, conversavam com os gentis oficiais ingleses e ouviam Felix Yusupov cantar e tocar violão. A camaradagem, de tão incomum, beirava o ridículo. Vassily não entendeu nada quando escutou um primo adulto murmurar, "Que idiotas somos todos nós".

Foi num dia cinzento, brumoso, que o HMS *Marlborough* finalmente partiu de Yalta. A mãe do tsar assassinado, a imperatriz Maria, parecia solitária no convés, e muita gente chorou quando cantaram o Hino Nacional Russo.

Pridham admirava os russos pela atitude estoica diante do longo sofrimento e ficou encantado com Xenia e a mãe. Escreveu que, como presente de despedida, a imperatriz lhe deu abotoaduras de rubis e diamantes exorbitantes, que depois ele transformou em várias joias para a esposa. Narrou que a única reclamação a bordo partiu de "uma das mulheres do meu país", governanta de uma das crianças, "uma mulher extremamente feiosa e sem graça", que achava o cúmulo permitirem aos homens russos montarem as camas provisórias na passagem que ficava do lado de fora da sua cabine. Espero que não tenha se referido à Srta. King.

Houve certa demora em Constantinopla (que a Srta. King achou "imunda"), em parte porque a Inglaterra ainda não havia concordado em deixar todos esses indesejáveis Romanov se mudarem para lá. Durante o tempo de espera, a outra avó de Sofka, "vovó Bob", chegou. Ela continuava administrando uma unidade da Cruz Vermelha depois de todos esses anos, dessa vez tentando acesso ao Exército Branco, que lutava perto da

A bordo do navio, Sofka tornou-se amiga íntima de Vassily, o atraente e lépido sobrinho do tsar. O cachorro de Vassily, Toby, era cria de seu cão, Pupsik, e ambos os animais acompanharam os donos no exílio.

fronteira persa. Cerca de um ano depois, ouviram dizer que ela morrera de febre tifoide, tendo desfalecido enquanto cuidava dos doentes e feridos.

A parada seguinte dos russos foi em Malta, onde permaneceram por uma semana. A história predileta da Srta. King dizia respeito ao gerente do hotel, que pusera divisórias no restaurante para não constranger os "pobres refugiados, e se surpreendeu ao ver os hóspedes indigentes aparecendo todos com trajes a rigor, embora fora de moda, e cintilando de tanta joia".

No todo, levou um mês até eles chegarem a Portsmouth no HMS *Lord Nelson*. Num dia quente de maio, "embelezaram todo o local e todos se arrumaram muito bem" para receber, com uma parada no convés, a idosa rainha-mãe, Alexandra, que subiu a bordo para dar as boas-vindas à irmã. Providenciaram um trem especial para levar os membros da família real e seus assistentes pessoais através da desconhecida zona rural inglesa até a estação Victoria, onde o rei George V e a rainha Mary os esperavam. Alguns criados russos de Xenia se ajoelharam diante do rei barbudo e de olhos azuis (e primo-irmão de Nicolau II), achando que se tratava do tsar, por algum milagre ressuscitado. Depois das apresentações, Olga, Sofka, a Srta. King e Louise foram levadas dali pela irmã de Olga, Sophy, cujo marido, o conde Benkendorff, fora o último embaixador da Rússia imperial em Londres. Não pareceu tão ruim. A ideia era vender algumas joias, levar uma vida relativamente frugal e esperar até poderem voltar à vida de antigamente.

CAPÍTULO 4

A Refugiada

Se fazer fosse tão fácil quanto saber o que seria bom fazer.
— William Shakespeare, *O mercador de Veneza*

Olga vendeu as pérolas e depois fez o que sempre fazia quando se sentia cansada ou aborrecida: foi para uma estação de tratamento e repouso. Com Sofka, a Srta. King e Louise a reboque, alugou uma suíte no elegante Spa Hotel em Bath — uma grande mansão ostentando uma escada decorada com cópias dos Mármores de Elgin, situada num terreno que incluía campos de croqué e tênis, um lago de lírios e até mesmo um templo clássico. Olga facilmente estabeleceu as rotinas familiares que aprimorara em Marienbad ou em Vichy, caminhando até a cidade para provar as águas e tomando o chá da tarde no gramado aparado, sob faias cor de cobre e cedros-do-líbano. Chegaram notícias de que suas quatro filhas estavam ilesas e fora de perigo, e talvez houvesse momentos em que a velha senhora se esquecia da calamidade por trás dessa recuperação particular. Ainda era muito cedo para perder a esperança de voltar para casa ou vivenciar o que Nabokov chamou de a "saudade dolorosa e carnal da neblina ainda fresca da Rússia".

Bath foi a primeira experiência no país de que Sofka ouvira a Srta. King falar infinitas vezes. Durante os seis anos que passaram juntas, a governanta repetidamente afirmara-lhe que tudo — da comida, às roupas, à etiqueta e aos princípios morais — era melhor na Inglaterra. As equipes esportivas, em especial, resumiam a verdadeira essência do nobre espírito inglês. Naturalmente, Sofka era cética quanto à visão estreita da Srta. King, além de nunca ter participado de jogos de equipe, mas impressionaram-nas as casas pequenas e limpas, os minúsculos campos verdes com cercas e os policiais com elmos na Inglaterra.

Uma fotografia do verão de 1919 mostra Sofka vestida com um velho vestido de algodão branco, ligeiramente curto. Provavelmente, por um período, não ganhou roupas novas. Com os cabelos escuros, abundantes e soltos caindo sobre um ombro, ela parece deslocada, de pé contra uma parede de tijolos. Ela *estava* deslocada. Antes mesmo de completar 12 anos, sua expressão é de compreensão misturada com inocência. Deve ter se incluído entre as primeiras avalanches de crianças refugiadas, mas provavelmente não se sentia como uma. Já estava acostumada com viagens e separações; com efeito, só mais tarde, olhando em retrospecto, pôde entender o significado daquele exílio precoce.

Embora Sofka certamente houvesse conhecido muitas garotas da sua idade, era protegida o bastante para achar que estava morrendo quando, numa manhã, encontrou sangue na camisola. A Srta. King mitigou-lhe a perturbação e a perplexidade explicando-lhe o fato e acrescentando que, dali em diante, Sofka passaria um dia por mês de cama por conta do infeliz efeito do crescimento. Por outro lado, a personalidade ousada e aventureira da Criança a fez se deleitar com a rebeldia dos primeiros beijos proibidos. Geoffrey era um aspirante da marinha do *Lord Nelson*, de 17 anos, que costumava visitar Sofka em Bath e depois em Londres, sempre que estava de licença. Mais tarde, Sofka não conseguia entender o que esse rapaz vira nela. Certamente, do ponto de vista dela, Geoffrey tinha poder e autoridade demais para cumprir os requisitos de candidato a verdadeiro amor. No entanto, ela gostava de deixá-lo beijá-la atrás das moitas de uma maneira que não era "de todo platônica".

Sofka não via a mãe havia cerca de dois anos quando ela chegou, de repente, exatamente como acontecera na última vez, na Crimeia. De novo, só ficou pouco tempo. Saíra da Rússia pela Finlândia e queria saber como estava Sofka, de quem não ouvira falar quase nada. Tendo visto que a filha estava bem, segura e um bocado crescida, Sophy logo ficou indócil com a paz entediante e insólita de Bath. Por várias semanas, aguentou tomar chá com a velha princesa, levar a filha para passear de carro pelo campo e jogar paciência à noite. Estava, contudo, extremamente preocupada com Pierre, o novo marido. Em tese, ele deveria ter feito como ela e fugido do país com a mãe, mas não recebera nenhuma notícia. A imprensa divulgava prisões por toda parte na Rússia e até mesmo execuções em massa. O desespero (e sarcasmo) de Sophy revela-se numa carta que escreveu a Pierre, que ele nunca recebeu: "Contrariando todas as leis da física, a força da sua atração não só não diminui em proporção inversa ao nível da distância, como parece que, quanto mais longe vou, sinto-a mais forte. Está chegando a hora em que nem a razão, nem a afeição maternal será capaz de me prender aqui."

Todo o mundo disse que Sophy devia estar louca de voltar para a Rússia bolchevique, por mais preocupada que estivesse com Pierre. Considerava-se algo inconcebível tomar aquele rumo — era como retornar ao centro de um terrível ciclone tropical. Todo o mundo sabia que Lenin queria exterminar a burguesia; por que se entregar para as pessoas que a queriam morta? Talvez tenha sido esse seu estímulo; com apenas 31 anos, Sophy não resistia a um desafio. Num dia, de manhã cedo, despediu-se da ex-sogra. Olga ainda estava na cama, mas abençoou Sophy com o sinal da cruz, presumivelmente se perguntando se jamais veria de novo aquela jovem criatura voluntariosa. Na estação de trem de Bath, a Srta. King não conseguiu conter os soluços ao ver Sophy partir. Sofka manteve-se impassível. Se a mãe acreditava que essa fleuma se devia à ignorância da infância, Sofka mais tarde a justificou alegando que, para ela, as separações já eram comuns demais para causar perturbação. Seja o que for, o fato é que nenhuma das duas sentia pela outra um laço profundo; bastava-lhes saber que a outra estava bem e fora de perigo.

Sophy passou alguns dias em Londres se preparando para a viagem. Obteve os vistos, discutiu planos com os amigos diplomatas que não concordavam com sua decisão e encomendou uma caixa bem grande de mantimentos da prestigiada Fortnum & Mason, imaginando a alegria que daria aos amigos famintos da Rússia. Atormentados pelo medo e pelos boatos, os russos em Londres hesitavam. Por um lado, tentavam dissuadir Sophy da missão de resgatar Pierre, por outro, faziam todos os tipos de pedidos: visitar uma velha mãe ou verificar uma casa. Quando chegou a Londres, um tio a acomodou no Ritz ("Ah, o prazer do luxo!", escreveu no diário), mas depois foi ficar com o amigo Felix Yusupov e a esposa, Irina, no apartamento deles, em Knightsbridge. Lembrava de estar sempre cheio de gente extraordinária, ninguém, no entanto, mais extraordinário que o anfitrião. Sophy gostava da imprevisibilidade, nos outros tanto quanto nela, e, apesar de não tolerar frivolidade, apreciava o hedonismo ao mesmo tempo fútil, arguto e bem-humorado de Yusupov. "Ele sabe o segredo de tornar seus defeitos tão atraentes quanto as qualidades. Se não mais...", escreveu nas memórias. "Como se amássemos as pessoas pelas suas virtudes!"

Quando Sophy iniciou a viagem partindo de barco de Newcastle com destino à Suécia e depois à Finlândia, a Srta. King levou Sofka para Margate. Hospedaram-se numa pensão, e Sofka ficou profundamente contrariada quando lhe deram um balde e uma pá para brincar na areia. Esse litoral era muito diferente do da Crimeia, agreste e rochoso, que tão recentemente deixara para trás; inclusive os passeios nos melancólicos e plácidos jumentos que marchavam penosamente carregando as pessoas mal se comparavam às loucas e curtas carreiras em pelo nos asnos de Miskhor. Toda noite, durante muito tempo depois disso, Sofka ia dormir pensando na amada Miskhor, a imagem que tinha de lar: Rim, Vanya, Shura, a trilha perfumada pelos pinheiros que dava no mar...

Em setembro, Olga já havia fixado residência no número 46 de Gloucester Place: uma casa mobiliada de cinco andares, perto da irmã. Foi morar com ela "Olguinha", a neta órfã de mãe (filha de Sergei), que veio com uma enfermeira e uma governanta, a Srta. New. Quando Sofka chegou, lá residiam uma cozinheira, uma criada de quarto e uma empregada doméstica, além de Louise. Na opinião de Olga, essas eram, sem dúvida, condições da "mais rigorosa economia". Todos os dias da vida, disse uma vez, havia repetido as palavras do pai-nosso, "o pão nosso de cada dia nos dai hoje". No entanto, nunca imaginou que, em algum momento, teria de dar-lhes sentido literal. Lembrando-se desse período, cerca de cinquenta anos mais tarde, Sofka observou que, não obstante as medidas de austeridade, ainda "havia sete pessoas para cuidar de três mulheres Dolgorouki, uma adulta com 69 anos e duas crianças com 12 e 4 anos, respectivamente".

No outono de 1919, Londres, provavelmente, não parecia nada familiar. Imagino que, como leitora voraz, Sofka já devia ter lido alguma coisa de Dickens, sobre essa "cidade sombria e estridente", com o céu parecendo uma "abóbada de chumbo". E talvez tenha encontrado nas histórias de Sherlock Holmes descrições dos pavorosos nevoeiros espessos, untuosos e amarelados, apelidados de "sopa de ervilha", que ainda, com frequência, envolviam a capital. Os desastres da Primeira Guerra Mundial só haviam cessado recentemente: uma geração de homens jovens ingleses fora erradicada; e a gripe espanhola acabara de matar centenas de milhares de pessoas em todo o país. Os refugiados russos não eram as únicas famílias dali que enfrentaram a perda e a tragédia. Todavia, os problemas pregressos dos russos se amplificavam pela falta de familiaridade com o presente e pela insegurança em relação ao futuro. Surpreendentemente, talvez, muitos russos sentiram frio na Inglaterra. Em casa, sempre houvera fartura de lenha para manter acesos os altos fornos e, mesmo nos meses gélidos de inverno, as casas ficavam aquecidas. Aqui, tinham de comprar roupas de baixo de lã e se amontoar em volta das lareiras ou de miseráveis fogões a gás. A única graça da comida sem graça inglesa residia no que não era: o sabor familiar de casa. Anna Akhmatova escreveu, "Cheira a absinto o pão dos estrangeiros". O exílio deixa um gosto amargo na boca; e a comida de outro povo, constantemente, nos faz lembrar dele.

Enquanto estivera em Londres, Sophy escolhera o colégio para a filha — o Queen's College, em Harley Street, pois oferecia "mais educação e menos jogos". Essa foi a primeira experiência de Sofka de educação institucionalizada, e ela adorou. O colégio proporcionava-lhe um refúgio do passado e da preocupação e tristeza de casa. Representava uma oportunidade de ela se reinventar. Vestida com uma túnica azul-marinho, entrava num mundo seguro, enclausurado e disciplinado que a lembrava dos populares livros de Angela Brazil — *A Patriotic Schoolgirl* [Uma estudante patriota], *The Jolliest Term on Record* [A palavra mais divertida de todos os tempos], *A Terrible Tomboy* [Uma menina levadíssima com modos de rapaz] e *Bosom Friends* [Amigas do peito], só para citar alguns. A amiga do peito de Sofka era Violet Cyriax, filha de médicos, que, como Sofka, queria se tornar médica. As duas meninas pertenciam ao grupo mais sério, que pretendia fazer faculdade e seguir uma carreira; desdenhavam o grupo que chamavam de "frívolo" — meninas ocupando o tempo com um pouco de francês, elocução e desenho, até que um bom casamento lhes definisse o futuro.

Os elogios da Srta. King aos jogos de equipe tinham, evidentemente, entrado por um ouvido e saído pelo outro, uma vez que os relatórios de Sofka indicam falta de atenção na quadra de netball.[*] Mas, depois dos dois últimos anos de aulas aleatórias, monótonas e solitárias com a Srta. King, achava o Queen's College animador e excitante. Mobiliado como uma casa elegante de Londres, havia tapetes coloridos, retratos emoldurados nas paredes, cortinas rendadas, flores nos vasos e uma sala de arte cheia de bustos clássicos. Como a natureza gregária de Sofka a estimulava a passar os dias entre uma multidão agitada de garotas adolescentes, a Srta. King foi ficando cada vez mais rabugenta. Com muito tempo livre em casa, a governanta adquiriu uma obsessão anormal por Pupsik, o cão branco e felpudo que Sofka ganhara do pai no início da Primeira Guerra — apenas cinco anos antes, mas já coisa do passado.

Os relatórios do colégio da jovem emigrante registram bom desempenho (às vezes razoável) em grande variedade de matérias, inclusive latim, grego, botânica e filosofia natural, bem como nas aulas mais comuns. Até mesmo as provas de final de ano, a que não estava acostumada, atraíam pela novidade: o silêncio e a tensão no refeitório; as carteiras escolares com pilhas de papel almaço; o olhar atento e severo do supervisor. Entre os professores, incluíam-se vários "personagens", como Monsieur Cammaerts, o poeta belga barbudo que trovejava Molière e Racine, e a jovem e bela Srta. Sutcliffe (objeto de muitas "paixões"), que trouxe Shakespeare de novo à vida. No primeiro ano, Sofka escreveu um pequeno artigo na revista do colégio sobre a "Revolução Russa", que imagino ter impressionado suas colegas jovens e enclausuradas, cujas contribuições seguiam mais a linha de "Minhas Férias em Devonshire".

> Os bolcheviques foram ficando cada vez mais fortes porque, se os homens camponeses não abrissem mão de sua colheita, os bolcheviques matavam-lhes a esposa e os filhos e, por fim, torturavam-nos...

---

[*] Jogo parecido com o basquete, praticado principalmente por mulheres. (*N. da T.*)

Se tomavam um oficial russo como prisioneiro, arrancavam-lhe o nariz, os ouvidos e a língua, extraíam-lhe os olhos, e ainda faziam coisa pior. Em Odessa, mergulhavam os prisioneiros lentamente em óleo fervendo, enfiavam estilhaços embaixo de suas unhas ou amarravam um monte deles juntos e jogavam-nos ao mar...

A revolução começou há três anos, e não só continua como não parece diminuir, mas espero que, para o bem da Rússia e da Europa, acabe logo.

Cerca de um ano depois de Sofka ingressar no Queen's, foi fotografada para *Eve*, uma revista feminina popular da época. O título é "Rússia em Londres: Outra Encantadora e Distinta Visitante. A princesa Sophie Dolgorouki". Sorrindo corajosamente para a câmera, aparece com um vestido escuro feito sob medida e agarrada com Pupsik. O artigo descreve os estudos da princesa Sophie no colégio e diz que ela é "um dos muitos membros da nobreza russa que encontraram refúgio na Inglaterra depois da tragédia da Revolução. Sua família perdeu todos os bens na Rússia". Havia ainda muito glamour atribuído a seus títulos nobiliários e romantismo associado ao drama deles para dar a poucos refugiados sortudos, como Sofka e a avó, a sensação de que os outros valorizavam sua vida pregressa. A maioria não tinha pérolas para vender e era vítima do racismo que muitos refugiados e migrantes sempre têm de enfrentar; em Paris, era comum ouvir as pessoas murmurarem, "*Les sales Russes*" [os russos sujos], após a avalanche de "russos brancos" inundar a cidade. Por outro lado, consideravam Olga importante o bastante para ser convidada a distribuir as taças na cerimônia de entrega de prêmios do colégio, e os ingleses presentes ficaram impressionados com sua magnitude. Entre os papéis de Sofka, encontrei uma carta que recebeu mais ou menos sessenta anos mais tarde, após uma entrevista para a televisão:

A procedência de Sofka ainda despertava interesse o suficiente para uma revista feminina inglesa, *Eve*, entrevistá-la. Antes mesmo de completar 15 anos, a jovem emigrante, segurando Pupsik, aparenta uma seriedade não característica da idade.

Imaginei que você devia ser a garotinha que costumava frequentar minhas festas quando eu morava em "Leigham Mead", em Streatham (...). Minha governanta, a Srta. Whitford, era amiga da sua, a Srta. King. Lembro-me de você, de seus lindos cabelos compridos e belos olhos, e que era a princesa Dolgrouke (escrevi certo?). Minha governanta costumava me levar a Londres para tomar chá com você, e lembro-me da sua avó (...) e de me dizerem para fazer uma reverência quando a encontrasse.

Mas títulos defuntos são qualificações frágeis; não continuariam a impressionar as pessoas por muito tempo.

Se o colégio era animado e prazeroso, as férias representavam um tedioso teste de resistência: dias longos e cinzentos em Londres, fechada no império matriarcal de Olga, só com a perspectiva de jogar uíste com Louise e as duas governantas, ou fazer caminhadas lentas e sem graça com a avó cansada e idosa. A prima, Olguinha, era nova demais para lhe despertar interesse, e imagino que não havia muitos risos nem afeto físico. As visitas russas alimentavam uma obsessão lamentável pelo passado e pelo próprio sofrimento. Constituía-se notável exceção a irmã animada, espirituosa e culta de Olga, Sophy, que morava perto dali e era a predileta de Sofka. Era ativa e prática e, diferentemente de Olga, com certeza, sabia vestir sozinha as meias e calçar os sapatos. O marido, o conde Alexander Benkendorff, morrera poucas semanas antes da Revolução, enquanto ocupava o cargo de embaixador russo em Londres, mas a família havia criado raízes na sociedade inglesa. Frequentava as reuniões e as festas da condessa Benkendorff uma interessante mistura de diplomatas, membros da alta sociedade inglesa, escritores, celebridades, russos e amigos dela, entre eles H. G. Wells e Maurice Baring (tia Sophy tinha talento suficiente para pintar ilustrações caprichosas para um livro de contos de fada dele).

Esporadicamente, escapavam boatos e notícias da Rússia: a tia favorita de Olga, Sasha Naryshkin (descendente do proprietário original de Miskhor), falecera. Sofka lembrava-se de visitá-la na Rússia e de ter acreditado que essa mulher encurvada e ossuda era a pessoa mais velha do mundo. Nunca esqueceu o sininho de ouro com cabo preto esculpido que usava para chamar a empregada. A história da morte da tia de 90 anos de idade soa melodramática — o tipo de coisa que os refugiados devem ter floreado —, mas Sofka descreveu o incidente como se fosse um fato histórico, portanto, talvez fosse mesmo.

Segundo consta, a velha senhora fora intimada a comparecer a um tribunal revolucionário e, na cadeira de rodas, desafiou os juízes. Disse que não temia a morte e queria que o tribunal soubesse exatamente quem ela era. Provavelmente, não mencionou que os Naryshkin se orgulhavam de possuir um nome que estava acima de todos os títulos à exceção de grão-duque e tsar, mas arrolou as importantíssimas funções na corte e as contribuições que deu à vida pública: a biblioteca, o orfanato e a escola de magistério da cidade, dotes para noivas sem dinheiro e coisas do gênero foram todas patrocinadas por ela. Em seguida, fez uma pausa. "Agora, deixem-me dizer quem vocês são", pronunciou com toda clareza para os bolcheviques diante dela. "Vocês são criminosos e assassinos, impiedosos e rebeldes, tiranos, ladrões, salafrários..." Segundo os registros oficiais, a causa da morte foi ataque cardíaco, mas reza a lenda que um guarda atirou nela imediatamente.

★

Enquanto isso, a mãe de Sofka estava experimentando a fase mais onerosa e dramática de sua vida. Conquanto Sofka nada soubesse das aventuras da mãe na época, mais tarde, viu que esse período muitíssimo importante fora o divisor de águas na história da mãe, depois do qual tudo seria diferente. A bravura e a profunda determinação de Sophy (narrada em detalhes em suas memórias, *A estrada da amargura*) sempre permaneceram um exemplo intimidantemente impressionante para a filha. Os heróis não são os pais mais fáceis; imitá-los parece tarefa inglória e a competição está fadada ao fracasso.

Quando Sophy soube que Pierre fora preso, ficou desesperada de preocupação. Na esperança de conseguir entrar na Rússia da mesma maneira como havia saído, passou semanas em Helsinque tentando resolver a questão dos documentos. A espera pareceu interminável, os contratempos insuperáveis, sobretudo quando veio à tona que a Inteligência Britânica a pusera na lista negra como agente bolchevique. Sophy passou esses dias de final de verão andando para cima e para baixo nas ruas, fumando e soluçando no minúsculo quarto de hotel. Atipicamente (teria sido inspirada pelo tradicionalismo e pela devoção de Pierre?), chegou ao ponto de recorrer à oração na igreja. Imagino-a no conforto escuro de uma capela da Igreja Ortodoxa, murmurando o nome do amado: não "Pierre", a tradução francesa do russo Pyotr, que ela dá a ele no livro, mas Petukh, ou Frango, o apelido impróprio pelo qual seu meigo e erudito marido era amplamente conhecido.

Quando a impossibilidade de entrar na Rússia pela Finlândia tornou-se evidente, Sophy atravessou o golfo da Finlândia e foi para Tallinn, a cidade adormecida que, de repente, despertou como capital da recém-independente Estônia. Centro de exílio russo, Tallinn fervilhava com membros do serviço de inteligência, refugiados, agentes, funcionários públicos e cambistas. A excelente e lógica eficiência de Sophy dera lugar a nervosismo e atormentadas insônias. Ela descreveu sua "impaciência febril" e as longas caminhadas solitárias. "E, em meio a tudo isso, com o pulso disparado e as mãos tremendo, o pensamento de que, em breve, muito breve, eu veria Pierre." Entre os refugiados russos em Tallinn, encontrava-se a família Zinovieff (meu futuro avô, Leo, tinha 14 anos, e tio Kyrill, 9), e Sophy visitava-os frequentemente durante a estada na cidade e, graças aos chás e às conversas, conseguia se distrair, por alguns momentos, dos terríveis pressentimentos.

Sophy conseguiu, enfim, um meio de retornar à Rússia. Tendo pagado por baixo do pano por um bilhete roubado do Partido Comunista estoniano, arrumou uma malinha com seus pertences: alguma roupa de cama, poucas peças de vestuário, a nova caneta-tinteiro, uma pequena lanterna elétrica e um vidro de perfume Guerlain. "Cada objeto foi escolhido com muito cuidado e ponderação, como se fosse para uma expedição ao Polo Sul", escreveu.

Também escondera uma dose letal de morfina, dada por seu antigo professor de cirurgia, depois de tê-lo convencido de que uma morte rápida e limpa seria preferível no caso de ela cair em mãos (Vermelhas) erradas. Com dificuldade, Sophy havia se agarrado à caixa preciosa e ainda fechada da Fortnum & Mason, e carinhosamente imaginou Pierre saboreando os biscoitos, o chocolate, as sardinhas e o velho conhaque na prisão soviética.

A viagem, primeiro de trem e depois em caminhão militar, era arriscada e desconfortável. Pior que isso, roubaram a mala de Sophy, e ela ficou sem uma muda sequer de roupas de baixo. A parte final da jornada, de Gatchina a Petrogrado, foi a mais árdua de todas. Os trens não estavam circulando, não havia carros para alugar, e Sophy, relutantemente, chegou à conclusão de que a única opção para percorrer as 42 verstas (45 quilômetros) era a pé. Ela, que sempre detestara andar até mesmo nas circunstâncias mais favoráveis, pendurou a mala em cruz no ombro e prendeu um xale cobrindo a cabeça — ficou surpresa com a transformação: "Eu poderia passar facilmente por uma professora primária da região", comentou. Foram dois dias exaustivos, assustadores, caminhando penosamente com os pés sangrando e cheios de bolhas, e dormindo num fosso na noite gelada de novembro. Cobriu os últimos quilômetros numa carruagem puxada a cavalo, depois de trocar alguns cigarros turcos por uma carona com trabalhadores soviéticos ingênuos.

Era bizarro estar em casa de novo — sem se lavar, extenuada e cheia de dor, mas em casa. Após passar a noite no seu antigo hospital, Sophy foi mancando (agora, todo o mundo andava aonde quer que fosse) ao local em que fora sua casa desde o casamento com Pierre, a mansão Volkonski ou a "Pequena Casa Branca". Viu, nos portões de Fourstadtskaya, o antigo mordomo, Ivan Adamovitch. Ele não a reconheceu, a princípio. A casa fora confiscada pelo Exército Vermelho e agora servia de quartel. Tudo dentro dela fora quebrado ou roubado; queimaram a mobília nos fornos, e os retratos de família foram perfurados com baionetas que atravessavam os olhos das pessoas. Sophy fez uma pausa antes de perguntar ao velho homem o que acontecera com Pierre; esperar a resposta parecia uma roleta-russa: "Agora, dentro de um instante, eu saberia... Tudo: o presente e o futuro, a felicidade, o verdadeiro sentido da vida. Qual seria? Cara ou coroa, vermelho ou preto?" Sophy quase desmaiou de alívio quando ouviu que o marido estava vivo no campo de prisioneiros Ivanovsky, em Moscou.

A mãe idosa e cada vez mais surda de Pierre mudara-se com a empregada para um pequeno prédio nos fundos e, pelo visto, estava absorvida demais consigo mesma e sequer conseguia se dar conta de que, talvez, pudesse ajudar a nora. Foi muito duro para Sophy descobrir que a princesa Volkonski (ex-beldade da sociedade que era uma espécie de velha diva dominadora) praticamente causara a prisão de Pierre ao insistir em ficar em casa, sabendo que o filho fiel não se afastaria dela. Agora, quando Sophy precisava de um lugar para ficar, a princesa disse que gostaria de convidá-la como hóspede, mas a sala de jantar estava sem luz, como ela poderia ficar no escuro? Sophy foi embora, incrédula, perguntando-se aonde ir; a maioria dos amigos havia fugido ou estava em situação mais difícil que a dela.

> *Um tempo diferente está se aproximando,*
> *O vento da morte já deixa o coração arrepiado*

escreveu Anna Akhmatova, em 1919, sobre "essa capital selvagem", que não era mais capital. Petrogrado era um local perigoso para circular sem

A Refugiada

123

documentos. No entanto, Sophy acabou encontrando Marianna, uma amiga que nunca fora especialmente íntima, mas que a acolheu com prazer. A condessa Marianna Zarnekau, recentemente, tornara-se atriz; nem a fome, a prisão e o terror conseguiram extinguir o teatro. Marianna não só deixou Sophy dormir no sofá da casa dela, como a apresentou a Máximo Gorki, que poderia ter sido revolucionário por natureza — um homem do povo —, mas era sensível ao infortúnio alheio. Sophy não descreveu onde o conheceu, mas provavelmente foi no seu espaçoso apartamento, no número 23 da avenida Kronverksky, que tinha fama de viver cheio de visitas, amigos e artistas, alguns dos quais vinham para tomar chá e acabavam ficando anos. Todos os residentes tinham apelidos (Gorki era "Duque" em casa) e, apesar dos horrores lá de fora, criaram uma atmosfera alegre e despreocupada de jogos e histórias divertidas. A baronesa Moura Budberg (futura amante de H. G. Wells) estava entre os residentes mais exóticos desse período, com seu sorriso felino, seu jeito encantador e suas arriscadas tendências de Mata Hari. (Há um livro e um filme inglês de 1934, *British Agent* [O agente britânico], sobre seu caso com Bruce Lockhart, o cônsul inglês durante a Revolução.)

Gorki era famoso pela moderação e por defender a causa dos intelectuais, artistas e detentos. Atormentado pela tragédia e pelo drama desde que ficou órfão na infância, facilmente comovia-se às lágrimas e era apaixonado pelas artes, que temia estarem sendo ameaçadas de extinção pelos bolcheviques. Antes da célebre carreira de escritor, trabalhara como cozinheiro de um navio e como pintor, andara por toda a Rússia, passara pela prisão e, um vez, tentara suicídio. "Dor de dente no coração" foi como descrevera seu infortúnio juvenil. Não era por acaso que seu pseudônimo de escritor significasse "amargo".

Muito antes de eu ler o livro de Sophy, tinha a impressão de que Gorki era boa pessoa. O que vazara através de gerações sem eu saber o porquê. No meu aniversário de 12 anos, meu pai organizou a projeção de uma maratona de filmes de *Gorky's Childhood* [A infância de Gorki], *My appren-*

ticeship [Meu aprendizado] e *My Universities* [Minhas universidades]. Não tenho a mínima ideia dos que as vinte garotas púberes de Londres, vestidas com jeans boca de sino dos anos 1970, achavam desses filmes soviéticos, em preto e branco e arranhados, do final dos anos 1930: meninos de rua, barbas longas, camponeses com casacos acolchoados e vistas do rio Volga. Papai nada explicou sobre o motivo de estarmos vendo a extraordinária trilogia, nem o que eu deveria pensar sobre a União Soviética (foi naquele ano ou em outro que ele ofendeu os vizinhos ao hastear a bandeira com o martelo e foice na nossa casa?). Lembro, porém, que, entre fatias de bolo e bebidas espumantes, senti a humanidade de Gorki. Só mais tarde soube o quanto minha bisavó se enternecia por esse homem do povo com bigode de polvo, voz rouca e risada irresistível.

"Sem a ajuda dele", Sophy escreveu, "provavelmente, teria sucumbido"

Armada com os documentos necessários, Sophy viajou de trem para Moscou numa "missão oficial", como instrutora musical — uma ironia, pois nada conhecia de música. Ouvira falar que um primo-irmão de Pierre, Sergei Volkonski, mudara-se para Moscou e, embora não o conhecesse bem, bateu à porta dele. Ex-diretor do Teatro Imperial de São Petersburgo, Sergei patrocinara o início da carreira de Diaghilev e agora morava num apartamento comunitário em Sheremetevsky Pereoulok, com quatro mulheres, incluindo sua jovem sobrinha e a velha empregada da casa. Não hesitou em acolher Sophy como sexto membro do apartamento lotado.

As visitas na prisão realizavam-se aos domingos, e Sophy pegou lugar na longa fila muito antes do horário marcado. Às vezes, parece que toda a literatura russa é cheia de mulheres pálidas, assustadas, esperando na neve, fora das paredes da prisão. Akhmatova descreveu os meses esperando na fila quando seu filho foi preso e que, um dia, uma mulher com "lábios azulados" sussurrou: "'Você consegue descrever isto?' Senti certo conforto ao responder: 'Consigo.' Em seguida, algo com a aparência de um sorriso passou pelo que um dia fora um rosto."

Sophy mal reconheceu o que um dia fora o rosto de Pierre do outro lado do pequeno pátio da prisão. Não havia mais o bigode arrumadinho, virado para baixo, o cabelo untado com repartido preciso fora do centro e sua expressão controlada, zombeteira. A face esquelética, os cachos longos e desgrenhados e a barba esparsa haviam-no transformado num estranho. O que se pode dizer nessas circunstâncias? Seu "Oi!" foi saudado com perplexidade por Pierre, praticamente sem conseguir entender que a mulher fizera algo extraordinário vindo encontrá-lo. Os breves 15 minutos não chegaram a ser suficientes para ela explicar para ele antes de ouvirem "Acabou o tempo, cidadão", e as visitas serem rudemente empurradas em direção à porta de saída. Pierre não era a única pessoa que se impressionava com a coragem de Sophy; todos os prisioneiros comentaram o único caso de mulher retornando do estrangeiro para resgatar o marido. A fofoca rapidamente espalhou-se por toda Moscou, e as pessoas automaticamente compararam essa intrépida princesa Volkonski com outra, de quase cem anos antes: Maria, a bela e culta jovem esposa do príncipe Sergei Volkonski (primo do avô de Sergei), mandado em exílio para a Sibéria por ter participado da insurreição decembrista. Maria viajou mais de 6 mil quilômetros através de desertos cobertos de neve para viver no exílio por 26 anos.

Sophy assumiu o risco de retirar o disfarce e passou as semanas seguintes fazendo contato com autoridades para defender o caso de Pierre e lutando para conseguir suprimentos para mandar semanalmente um bocado de comida, a ser entregue pelos guardas. Depois de todo o esforço, a caixa da Fortnum de Sophy não serviu para coisa alguma; o homem que combinou de ir pegá-la em Gatchina e trazer para ela desapareceu no meio do caminho com as guloseimas. Agora, no amargo inverno de Moscou, em que praticamente só se dispunha de milho miúdo e batatas congeladas para comer, só restava a Sophy lamentar ao pensar no chocolate e no conhaque. Cada dia era totalmente ocupado tentando obter combustível e provisões para a sobrevivência, e algo mais capaz de evitar que Pierre morresse de fome. Ele já estava mal demais, a ponto de o dispensarem do trabalho manual; estava trabalhando na biblioteca da prisão, mas a morte tornara-se uma ocorrência indiscriminada e cotidiana, até mesmo fora das paredes do presídio. A Guerra Civil estava rachando o país, e não eram só os Vermelhos e os Brancos que matavam uns aos outros; os moscovitas morriam aos milhares de fome e frio. Caminhões apinhados de caixões percorriam as ruas, e o povo se viu reduzido a ter de arrastar seus mortos pelas calçadas em tobogãs.

Sophy empurrava um pequeno trenó para levar a cota de alimentos de Pierre toda quarta-feira, uma caminhada de cerca de uma hora da casa dela até lá. As regras da prisão permitiam que uma pequena lista acompanhasse o conteúdo, e os Volkonski aprenderam a incluir dissimuladamente algumas palavras nela para se corresponder:

Cota de Comida para P. P. Volkonski
mingau,
pão,
uma garrafa de leite,
cigarros,
tive boas notícias,
embora não confirmadas,
não perca a coragem.

De P. P. Volkonski, 21 de janeiro de 1920
Corredor VII, Cela 80.
1 sacola de rede
1 pote redondo
1 garrafa
A torrada estava ótima...
Acha boa ideia tentar mandar mensagem para sua filha
recorrendo ao pastor inglês, o reverendo North...?

Quando as semanas se transformaram em meses, Sophy arrumou um emprego de médica assistente de um hospital, enquanto persistia na desanimadora rotina de tentar fazer contato com oficiais para lhes suplicar a soltura de Pierre. O apelo de Gorki não foi atendido; não se dava mais importância à "inocência" (executavam-se regularmente prisioneiros sem nenhuma explicação); e Sophy procurou converter a reivindicação de Pierre em questão nacional estoniana — a família possuía uma propriedade perto de Tallinn. Passavam as noites em casa, no apartamento comunitário de Sergei Volkonski, tão frio que todo o mundo precisava usar casaco de pele constantemente, até enquanto dormia. Liam na cama e com luvas, e evitavam os romances ingleses por causa dos relatos de refeições fartas e frequentes, embora comida fosse o assunto predominante nas conversas. Sophy achava humilhante sonhar com doces e tortas, e criticava o ato irresistível de elaborar menus imaginários, chamando-o de "flagelo mental". Às vezes, alguém chegava com um saco de farinha ou de batatas, causando alvoroço nas pessoas, que se punham a distribuir e a cozinhar; todos contribuíam para a sobrevivência do lar.

Apesar de Sophy ter experimentado privação e guerra, ela jamais na vida realizara as tarefas domésticas básicas. Como o encanamento de água havia se rompido, tinha de entrar na fila da gélida bomba d'água antes de encher baldes de ferro incômodos e de difícil manuseio, para depois subir vários lances de escada carregando-os. Mais trabalhoso que isso era transportar pesadas toras e depois serrá-las para pôr no fogão: "Quando, durante o quarto ano de treinamento médico", escreveu Sophy, "aprendemos a fazer amputações nos cadáveres, o professor costumava dizer: 'A técnica é bem simples; serrar o osso da mesma forma que você serra uma tora de madeira.' É possível que as outras garotas soubessem serrar madeira. Comigo, a experiência foi inversa; quando a serra ficou presa numa daquelas toras congeladas enormes, tentei pensar na mesa de operação: o mesmo movimento de quando eu serrava uma tíbia."

Sergei era amigo íntimo da poetisa Marina Tsvetaieva, que sempre vinha visitá-lo. Ela lhe deu o apelido de "Cedro", ao que tudo indica por causa das árvores que ele havia plantado em sua propriedade, e idolatrava esse homem alto e distinto, a quem chamava de "o melhor amigo da minha vida". Conquanto Sergei fosse homossexual e décadas mais velho que Tsvetaieva, ela o considerava "a pessoa mais inteligente, fascinante, encantadora, à moda antiga, curiosa e brilhante do mundo". Sergei dedicou à poetisa suas memórias, nas quais descreveu as circunstâncias consternadoras em que viveu no apartamento sem mobília em Moscou, em que "as trevas e o frio vindos da rua entravam e ali se instalavam como se fossem donos do local". Esse foi o ano em que a filha caçula de Tsvetaieva morreu de inanição.

Cerca de um ou dois anos depois, tanto Tsvetaieva quanto Sergei iriam embora da Rússia. Se ele conseguiu certo sucesso posterior dando palestras e escrevendo para publicações de emigrantes, ela vivia dilacerada pelo vazio e saudade proporcionados pelo exílio, que castigou tantos escritores. Ela se sentia:

> *Aturdida, como uma tora deixada*
> *Para trás de uma alameda.*

Finalmente, incapaz de tolerar a vida de emigrante, Tsvetaieva retornou para uma União Soviética que acabou a destruindo. Talvez seu suicídio não tenha surpreendido muita gente, mas foi emblemático da opção terrível, em geral insuportável, que se apresentava aos escritores e poetas russos. Desabrigados, perderam o ambiente, os leitores e com frequência a voz; eles desejaram ardentemente estar cercados pelo que Tsvetaieva chamava de "clamor límpido" da língua nativa. Mas a pátria estava irreconhecível, encharcada do sangrento "terror Vermelho".

A Cheka, a polícia secreta, costumava acordar Sergei e as mulheres com quem morava no meio da noite para fazer buscas. Um simples som de carro à noite era suficiente para encerrar toda conversa (ninguém além da Cheka tinha carro), mas, em geral, uma batida grosseira na porta às 2 horas da manhã anunciava a chegada deles. Homens armados passavam horas vasculhando cada gaveta e jogando roupas de baixo e papéis no chão, enquanto os moradores aguardavam para saber qual seria seu destino. O pavor e a humilhação eram horríveis; era evidente que o menor detalhe seria suficiente para justificar que os levassem, prendessem ou executassem. Como muitos sobreviventes da perseguição comunista, Sophy ficou com pânico de visitas inesperadas.

Parte da "guerra contra os palácios" consistia em trabalhos forçados para a burguesia. Quando, certo dia, Sophy recebeu uma ordem para se apresentar na delegacia, ela, provavelmente, lembrou-se de seu casamento com Pierre, ocorrido apenas um ano antes. Nos documentos que receberam no Liteiny Commissariat de Petrogrado, Pierre definia-se como "filólogo" e Sophy como "dona de casa". Ao saírem de lá, notaram uma imensa faixa vermelha com os dizeres ELA ESTÁ ESPERANDO POR ELE. "Que coisa piegas", disse Pierre, que compartilhava a atitude seca de Sophy diante de emoções exageradas. "A noiva esperando pelo noivo." Depois, viram a frase inteira: O BURGUÊS QUER A GUILHOTINA, ELA ESTÁ ESPERANDO POR ELE. Não há registro que informe se eles estremeceram ou riram, mas foi sob essa proclamação que o príncipe e a princesa Volkonski começaram a nova vida juntos. Agora, em Moscou, Sophy com frequência se juntava a um grupo digno de pena de supostos "inimigos públicos", com roupas rasgadas e rostos amedrontados. Faziam-nos marchar por ruas gélidas e impunham-lhes tarefas inúteis ou humilhantes, como remover a neve ou limpar banheiros (embora Sophy tenha conseguido esquivar-se disso). Os guardas armados fumavam e riam, zombando do inimigo exausto e degradado, até que, no cair da noite, eles eram dispensados com meio quilo de pão preto úmido, que em geral continha palha e até mesmo casca de árvore.

Num dia ensolarado e gelado de fevereiro de 1920, exatamente quando a esperança parecia a uma distância impossível, mandaram soltar Pierre. Sophy estava entregando o pacote de quarta-feira, quando ouviu a voz do marido por trás dos portões da prisão:

"Estou livre!"

Sophy perguntou por que ele não saía logo e ficou estarrecida quando ele respondeu, "Não tem pressa". Ele queria arrumar a mala e se despedir dos companheiros, e pediu que ela voltasse algumas horas depois com um trenó para carregar a caixa. A metódica falta de espontaneidade de Pierre no fim do período de nove meses de reclusão era tão surpreendente quanto típica dele.

Depois de tudo por que passara, Sophy e Pierre não viram alternativa a não ser ir embora da Rússia. Ficar seria muito perigoso e doloroso. Provavelmente, teriam conseguido escapar secretamente, assim como Sophy entrara no país, não fosse a mãe de Pierre, que lhe mandava cartas cada vez mais desesperadas de Petrogrado: já não dispunha mais de joias, não saía da cama e os ex-empregados estavam batendo nela. A única opção consistia em tentar adquirir documentos estonianos e partir legalmente com Mamã. Retornaram a Petrogrado com mais documentos falsos; dessa vez, Pierre era professor-assistente fictício na universidade fictícia de Balt-Flot. De novo, o problema era onde ficar: a Pequena Casa Branca continuava servindo de quartel; o apartamento de Sophy no Aterro Inglês estava ocupado por marinheiros vermelhos; e a casa Bobrinski transformara-se em museu. Foi a velha amiga de Sophy, Anna Akhmatova, que veio em seu socorro. Destinaram-lhe um cômodo na recém-estabelecida Casa das Artes, e, embora a vida fosse difícil para ela como para todo o mundo (ela não escreveu um único poema em 1920), estava morando em outro lugar e não precisava do quarto.

A Casa das Artes funcionava numa ampla mansão no canal do Moika, ao lado da avenida Nevsky. Pertencera a Yeliseyev (antigo e próspero dono da mais elegante loja de comida de São Petersburgo) e agora estava sendo usada para eventos culturais e para abrigar grande número de poetas, escritores e artistas, frequentemente situados entre os menos afortunados dos desesperados cidadãos de Petrogrado. Os Volkonski viram-se morando no antigo gabinete de trabalho de Yeliseyev, que ainda continha sua escrivaninha e fotografias emolduradas do mercador rechonchudo e família. O livro de Sophy não faz menção alguma sobre o lugar onde dormiam (em camas de campanha? Com certeza, os outros dormiam em dormitórios), e ela nada revela sobre seu relacionamento com Pierre. Depois de toda a tensão e expectativa e da paixão evidente antes de estarem juntos, ela fechou todas as portas, inclusive a do quarto. Pierre não deixa pista de suas qualidades como amante, exceto o fato de ser conhecido por preferir homens. Por isso, é difícil imaginá-los como um jovem (31 e 44) e recém-casado par. Espero que, a despeito da fome e da preocupação, tenha havido uma espécie de segunda lua de mel (acho que não houve a primeira). Imagino-os rindo ironicamente do acampamento surrealista no escritório suntuoso de Yeliseyev, com mobília de mogno, réplicas pomposas de esculturas egípcias e reboco dourado. Suponho que, às vezes, também lastimavam-se ao ver através das janelas o extravagante palácio Stroganov do lado oposto e a ponte da Polícia cruzando as águas cinzentas e enevoadas do rio Moika.

Você ainda pode ver o gabinete de trabalho de Yeliseyev. A decoração *art nouveau* espalhafatosa, típica de novos-ricos, foi renovada depois que a casa sofreu mais uma metamorfose para o século XXI. Durante anos, ali funcionou o Instituto de Marxismo-Leninismo, mas agora é um clube exageradamente faustoso, com restaurantes e um hotel, que reconstruiu os dias de glória de Yeliseyev. Homens de negócios ricos jogam roleta num cassino com o teto retratando o "homem novo do socialismo"; lá de cima, olham-nos trabalhadores determinados, revolvendo com pá o carvão em brasa, e camponeses robustos e com faces rosadas entre bandeiras vermelhas e vidoeiros prateados. Fotografias da família de Yeliseyev de novo adornam as paredes, há um rigoroso código de vestuário, e, no jantar, servem-se ostras trazidas da França. Cobram-se em dólares preços que vão muito além dos sonhos mais impossíveis do cidadão russo comum. Como o nome da cidade, a condição de desigualdade voltou ao estado original, embora os criativos artistas e escritores não tivessem retornado.

Em 1920, a luz do sol lançava centelhas coloridas através dos vistosos candelabros de cristal, mas, abaixo deles, aqueles que haviam sido os melhores escritores e artistas estavam macilentos, sujos, infestados de piolhos e vestidos com roupas rasgadas e insuficientes. Peças de roupa não identificáveis, cinzentas e cerzidas balançavam de modo deprimente penduradas nos varais, e as pessoas tomavam um "chá" que era, na verdade, cenoura ralada deixada de molho na água. Como a instituição de Gorki, a Casa dos Intelectuais (e sua editora, Literatura Mundial, que no ano anterior dera a Pierre um emprego de tradutor), a Casa das Artes teria sido uma rede de segurança para a intelligentsia moribunda de Petrogrado. Em tese, a recém-fundada Petrocomuna (a primeira cidade-comunidade) fornecia alimento e certos gêneros de necessidade, e pretendia-se, por meio de um sistema de cantinas, servir toda a população, e o rateio variava de acordo com a classe e profissão. Escritores, artistas e jornalistas (definidos como elementos não trabalhadores) e os burgueses ficavam na categoria mais baixa, junto com os mendigos e os criminosos. Recebiam "apenas o pão suficiente para não esquecerem o cheiro dele", como ordenou cruelmente Zinoviev. Todavia, nem esse sistema funcionava, e simplesmente não havia comida disponível. Embora essa fase tenha mais tarde parecido mansa comparada à fome atroz durante o cerco de novecentos dias de Leningrado, o sofrimento era grave. Desesperadas, as pessoas eram levadas a comer animais domésticos. Acharam que esse fora o triste destino da adorada cadela da raça dinamarquês de Gorki, Diane, quando um dia saiu para dar uma volta sozinha e não retornou mais.

A comida da Casa das Artes, em geral, consistia num cardápio fastidioso: painço cozido e uma sopa chilra de *vobla*, um peixe salgado nauseabundo e cheio de espinhos apelidado de "presunto soviético". "Como transmitir o verdadeiro significado da palavra *vobla* para o leitor europeu", escreveu Sophy,

> que naturalmente associa "peixe" à imagem apetitosa de um *sole frite* [linguado frito] ou de um *turbot au vin Blanc* [rodovalho ao vinho branco]? Que comparação teria a força necessária para traduzir a extrema repugnância que causam o gosto, o cheiro e até mesmo a visão do membro mais baixo de toda a família ictiológica? Uma mistura de ovo estragado com óleo de rícino, assa-fétida com bile de cachorro... Só quem passou por isso sabe que, com o decorrer do tempo, o horror do peixe podre é capaz de eclipsar o horror do pelotão de fuzilamento.

Às vezes, a Casa das Artes organizava uma festa, e todo o mundo se reunia no saguão espelhado e na imensa sala de jantar toda decorada com lambris de madeira, vestidos com as melhores roupas (algumas recém-costuradas e visivelmente combinando com as pesadas cortinas de brocado). A jovem poetisa Nina Berberova descreveu os antigos empregados de Yeliseyev circulando pelo salão e servindo chá e biscoitos acinzentados em bandejas de prata. Nos dois pianos de cauda, tocavam-se valsas de Strauss em dueto, enquanto estrelas da Idade de Prata, como Nikolai Gumilyov (primeiro marido de Akhmatova) e Andrei Biely, vinham expor os últimos trabalhos. Berberova frequentou as aulas de poesia de Gumilyov (ele estimulava os alunos a jogar cabra-cega). Ela ficava fascinada com essa geração de poetas ligeiramente mais velha, pelo "conservadorismo, anti-modernismo, maneirismo, o primoroso repartido do cabelo, os sublimes lenços no bolso do peito, o arrastar dos pés, o hábito de beijar as mãos e o destaque que davam na pronúncia de certas vogais...". Essas reuniões da "velha sociedade" não passavam despercebidas aos funcionários públicos e puritanos, que as reprovavam, relatando "smokings com ásteres na botoeira, calças fantásticas, cabelos lustrosos, conversas em francês e meias de seda". O que agora parece incrível é o fato de, em tempos tão duros como a Idade de Ferro, conseguirem reencenar o pedantismo extemporâneo da Idade de Prata.

Quando H. G. Wells veio visitar a Rússia Soviética, em 1920, foi convidado para um suntuoso jantar na Casa das Artes; até aos residentes famintos ofereceram carne. Um dos acadêmicos, Pitirim Sorokin, tentou fazer um discurso sobre a situação assassina enfrentada pela intelligentsia, mas Gorki se intrometeu, dizendo que se tratava de palavras inadmissíveis. Essa atitude rendeu-lhe o opróbrio eterno de vários escritores, ao mesmo tempo que, cada vez mais, conquistava a desconfiança de grande número de comunistas. Gorki não tardou a perceber que não tinha condições de continuar lá, portanto, deixou o país em 1922, lamentando "o triunfo da estupidez e da vulgaridade". A essa altura, a maioria dos intelectuais e escritores já havia morrido ou partido. O *finale* começou com o funeral de Aleksandr Blok, em 1921, que para muitos simbolizou o fim cruel de uma era de esplendor. Isto foi confirmado com a subsequente execução em massa de diversos intelectuais, baseada em acusações falsas, fabricadas, entre eles Gumilyov, que então contava 35 anos. Foi a destruição de uma geração da intelligentsia russa — se não de duas. Depois de anos e anos de exílio, Gorki retornou à URSS e foi recebido como herói (ruas, parques e até mesmo uma cidade receberam seu nome, em sua homenagem ergueram estátuas e realizaram filmes). No entanto, em 1936, teve uma morte de natureza enigmática e inexplicável, e alguns atribuíram-na a Stalin. "O terror toca todas as coisas na noite", escreveu Akhmatova depois do fuzilamento de Gumilyov. Ainda haveria muitos outros anos de escuridão.

A mãe de Pierre, a pobre Mamã, encontrava-se agora num estado deplorável, doente e inchada de inanição, e o jeito pacato de Pierre não ajudou na tentativa de obter documentos estonianos para todos eles. Sophy, mais pragmática, tornou-se responsável pela sobrevivência física deles. Para começar, vendeu os lençóis de algodão — parte do enxoval

A Refugiada

de seu primeiro casamento, que levara para a casa dos Volkonski. Depois, descobriu que havia um meio de vender livros para o Conselho da Biblioteca Soviética e obteve um documento que lhe permitia voltar ao seu adorado apartamento no Aterro Inglês para requisitar alguns volumes. As lembranças de Sophy ofuscaram sua chegada, mas a morte de Natasha, a empregada tão querida e dedicada, que ali permanecera com o marido, assombrou a visita. No ano anterior, Natasha dissera a Sophy que estava deprimida... Mas, naquela época, todo mundo estava deprimido. Natasha se enforcou pendurando-se num prego da parede. Foi tão devagar que ela teve de dobrar as pernas. Somou-se ao sofrimento de Sophy a mágoa enorme que sentiu ao ver marinheiros Vermelhos vivendo em meio aos seus preciosos pertences — ainda havia porta-retratos de Sofka sobre as mesas. A ideia de que eles dormiam na sua cama e comiam na sua porcelana a repugnava. Ela não lhes revelou a identidade, apenas mostrou-lhes a papelada e retirou das estantes com portas de vidro os livros de medicina que com todo o zelo colecionara. A porta para o gabinete de trabalho estava trancada, por isso sequer pôde procurar seus documentos. Essa foi sua última visão da paisagem familiar sobre o pálido e gelado rio Neva; imagem que sobreviveu aos anos de exílio como rejeição à vista das ruas miseráveis e não amadas de Paris que mais tarde veria da janela.

Sophy foi acompanhada de um homem do Conselho da Biblioteca, "um judeuzinho astuto". Hoje em dia, esse antissemitismo dela invariavelmente escandaliza, mas, naquele tempo, era tão comum que passava despercebido pelos companheiros — "Deus, salve o tsar e derrote os judeus!", gritavam muitos russos leais. Quando a sobrinha bela e inteligente de Pierre (que compartilhara o apartamento comunitário em Moscou) casou-se com um oficial soviético, Sophy não hesitou em rotulá-lo de "um malvado judeuzinho comunista". Quanto mais descobria a respeito de Sophy, mais complicada ela me parecia. Admirava-lhe a coragem e as realizações e intrigava-me sua capacidade de dissimular as emoções extremamente fortes, mas percebia certa frieza nela. Essa experiência Sofka viria a ter mais tarde. As descrições lúgubres, secas, que Sophy fazia do sofrimento estarrecedor à sua volta revelam um traço de insensibilidade na sua inteligência aguda que às vezes lembram o escritor (posteriormente laureado com o Nobel de Literatura) Ivan Bunin. Como Bunin, ela tem olhos de águia, mas sua grande perspicácia leva a um cinismo que se sobrepõe à compaixão pelos seus pares humanos.

Quando acabou o dinheiro obtido com os livros, Sophy relutantemente se candidatou a um emprego como médica, o que até então havia evitado porque, em geral, obrigavam os médicos com menos de 40 anos a servir ao Exército Vermelho. A Petrocomuna contratou a cidadã Volkonski para supervisionar a vacinação contra cólera e tifo dos empregados da padaria de Petrogrado. A ração de meio quilo de pão (e uns poucos doces uma vez por mês) foi provavelmente o que salvou Pierre e a ela da morte; a cidade em si, entretanto, parecia estar morrendo, putrefazendo: as casas estavam fechadas com tábuas; as lojas, vazias e abandonadas; a barriga das pessoas, inchada de fome; a epidemia de tifo, desenfreada. Na avenida Nevsky, meninos de rua vendiam caixinhas de fósforo com "piolhos do tifo", supostamente retirados do corpo de um doente de tifo e capaz de infectar uma pessoa saudável. Ninguém estranhava que alguém pudesse querer comprar esses parasitas potencialmente letais (talvez para escapar da mobilização pelo Exército Vermelho, ou como meio de não ser preso). Contudo, ridicularizavam a ingenuidade dos que acreditavam que aquelas crianças empreendedoras estavam realmente oferecendo insetos infectados. Sophy, porém, ao descobrir que "o terror pardo" a contaminara, ficou completamente desconsolada; a objetividade de médica foi por água abaixo quando a vítima era ela mesma. Tentou tudo, esfregou unguentos fedorentos em todo o corpo, escovou todas as roupas, mas sem sucesso. As pessoas pululavam de bactérias; a certa altura, já viam-se cartazes nas ruas com os dizeres: SERÁ QUE O PIOLHO VAI DERROTAR O COMUNISMO?

Encontrava-se algum consolo nas drogas. A cocaína, muitíssimo familiar, promovia um momento delicioso, embora fugaz, de agradável intoxicação. Se os bolcheviques haviam banido qualquer tipo de comércio privado, o mercado negro supria tudo de que se podia precisar. As gangues faziam ponto perto das fábricas de cigarro, negociando com as trabalhadoras cigarros, joias e cocaína, e os barbeiros e cabeleireiras tornaram-se os principais fornecedores de "pó". Os soldados e os marinheiros eram usuários contumazes, e ela era especialmente popular entre os atores e na Cheka. Nos hospitais, a válvula de escape predileta (e mais acessível) era a morfina. Sophy escreveu dissimuladamente que essas drogas a deixavam indisposta, mas é difícil acreditar que nunca se entregou a elas. Contou que, "depois de um dia duro de trabalho, a enfermeira da noite vinha rindo com uma caixa de ampolas [de morfina] oferecer: 'Quer um docinho?'"

No início de 1921, Sophy e Pierre conseguiram, finalmente, obter os documentos para ir para a Estônia. Estavam exaustos e magros, e Sophy padecera de uma disenteria grave. Para piorar a dor, entre os amigos deles, havia os que censurassem os que partiam:

> *Não estou com aqueles que abandonaram a própria pátria*
> *À dilaceração do inimigo*

escreveu Akhmatova. (Ela se recusou a ir embora, e pagou o preço da perseguição e do sofrimento pelo resto da vida.) Alguém tinha uma amiga que era amante do comandante da frota soviética, e por isso puseram um carro à disposição dos Volkonski para levá-los à estação. A vetusta princesa vestiu um grande chapéu preto e um fino casaco de pele, mas agora estava terrivelmente macilenta e pálida. Incapaz de andar, foi levada numa poltrona (não havia macas) para um dos vagões de carga vazios que lhes serviria de transporte. Deitaram-na num colchão inflável com cobertores e se acomodaram perto dela, junto com o velho mordomo da família, Ivan Adamovitch, que, por acaso, era estoniano e também estava levando a família embora.

A viagem até a fronteira durou dois dias de desconforto e de uma tensão angustiante. Houve buscas e atrasos, e não parou de chuviscar um segundo. Uma mulher gritava histericamente quando a retiraram do trem porque encontraram uma joia no salto de seu sapato. Só se soube depois que a velha Mamã escondera três moedas de ouro nas roupas; todo ano, ela dava dinheiro para o padre fazer orações na capela da família próxima a Tallinn, e por que deixaria os bolcheviques mudarem isso? A fronteira não tinha nada de especial — uma ponte sobre um riozinho lamacento —, mas o momento foi emocionante. Mamã bradou, num francês trêmulo, como fizera de poucos em poucos minutos nos últimos dois dias: "*Sommes-nous arrivés?*" Sophy caiu em prantos, e Pierre fez o sinal da cruz, olhando para trás na direção da Rússia.

★

Fazia quase dois anos desde que Sofka vira a mãe. Após passar vários meses se recuperando na Estônia, na propriedade dos Volkonski, Sophy chegou a Londres com Pierre. Depois de todo terror e sofrimento que presenciara durante dois invernos na Rússia, ela deve ter estranhado encontrar uma colegial londrina satisfeita e bem alimentada; uma moça de 14 anos que frequentava bailes e fazia planos para um futuro na Inglaterra com Violet Cyriax. Será que a literatura servia de ponte para o abismo que as separava, me pergunto? Decerto, ela fora um elo entre as duas na infância de Sofka, que já havia adotado um hábito, que duraria a vida inteira, de manter cadernos de anotações preenchidos com os poemas e citações que apreciava. Os verbetes dos anos 1920-1 estão escritos com tinta preta e bela caligrafia, com letras redondas e floreadas, tipicamente femininas. Preferia os românticos — citações de Byron, Shelley, Tennyson, Swinburne e

Robert Louis Stevenson enchem as páginas. Os versos audazes de Kipling a atraíam especialmente, e ele continuou a ser um de seus poetas prediletos.

Sophy alugou quartos numa pensão próxima e apresentou a filha ao padrasto pela primeira vez. Sofka nunca descreveu sua reação diante do homem a quem chamava de tio Peter, mas tenho a impressão de que ela sempre gostou dele pela benevolência e espírito conciliador, ainda que os modos antiquados e o jeito calado característico dos eruditos o tornassem um pouco distante. Sophy vendeu as pérolas, que a Srta. King guardara desde a Crimeia, de modo que puderam comprar roupas e se sustentar até arrumarem trabalho. Sophy imaginava prosseguir a carreira médica na Inglaterra ou na França, mas teve uma desagradável surpresa ao descobrir que os diplomas russos de medicina não eram reconhecidos nesses países. E, para se qualificar, teria de voltar aos estudos e prestar exames junto com jovens de 18 anos. O esforço e a humilhação pareceram-lhe duros demais depois de tudo por que passara.

Dessa vez, foi Pierre quem apresentou uma solução prática. O que restava da velha classe dominante russa, agora exilada, ofereceu-lhe um cargo diplomático. Financiado pelo antigo Fundo da Embaixada, ele iria para a Hungria, que ainda não aceitava como legítimo o regime soviético, como representante de uma Rússia imperial e não existente. Como Charges d'Affaires, não disporia de autoridade alguma, mas cumpriria as rotinas diplomáticas em Budapeste e receberia um salário.

Antes de partirem para a Hungria, Sophy levou Pierre e Sofka para passarem um fim de semana com amigos do passado. Sophy conhecia o duque de Hamilton desde os tempos pré-revolucionários, quando ele fizera caçadas com a família dela na Rússia, e, agora, ele a convidara para ir a Ferne, sua propriedade rural, em Wiltshire. O lar dos Douglas-Hamilton deve ter evocado em Sofka lembranças dos dias de infância na casa dos Bobrinski ou dos Dolgorouki: criados de libré levavam as malas escada acima; empregadas estendiam as roupas; cavalariços iam buscar os cavalos; e um dos 11 jardineiros trouxe flores e frutas do jardim cercado. Coulsey, o mordomo, tomava conta de tudo, sempre encabeçando a fila de criados para as orações domésticas matinais e apresentando os hóspedes com sua voz anasalada. Havia intermináveis refeições e visitas constantes. A família devia se orgulhar de ser quase tão boa quanto a realeza escocesa, mas suas excentricidades eram bem inglesas. Na mansão georgiana, animais formigavam por toda parte, tanto dentro quanto fora: gatos, canários, bodes, raposas domesticadas e até macacos eram bem-vindos pela duquesa, que gostava de citar um provérbio chinês: "Para amar com o coração de um cachorro, é preciso ver com os olhos de um deus." Refestelavam-se nas melhores poltronas cães de todos os tamanhos e raças; pedia-se aos convidados para escolher um deles para levar para a cama.

O duque havia muito tempo ficara paralítico em decorrência de um acidente dramático durante o tempo em que serviu na marinha, onde era conhecido como "Hércules de Bolso", devido ao tamanho diminuto e à grande força e coragem nos exercícios de mergulho. Ao tentar nadar sob um navio de guerra, o que muitos consideraram arriscado demais, sofreu um pesado golpe de remo e, quando veio a conhecer a futura esposa, já se locomovia em cadeira de rodas. Agora era uma figura pequena, fraca e sombria, que morava em aposentos separados do resto da família e vivia acompanhado de Matheson, o tocador de gaita de foles, e Shepherd, seu intimidador secretário. Era a esposa Nina, a duquesa dominadora, que controlava a vida em Ferne. Bonita, com mais de 1,80 de altura e uma energia surpreendente, era vegetariana fanática e, portanto, não permitia carne de espécie alguma dentro de casa. Fundara a Sociedade Protetora dos Animais e Antivivissecção, e preocupava-se profundamente com espiritualismo, reencarnação e com a filosofia do amor universal. Estava sempre acompanhada de uma sueca mandona conhecida como Srta. Lind-Af-Hageby. Ancestral espiritual dos atuais militantes na defesa dos animais, a família, de modo geral, não gostava dela, muito menos pelo fato de ela ter conseguido convencer a duquesa a deixar a casa para ela e para os animais, e não para os descendentes.

Os Douglas-Hamilton tinham sete filhos, na ocasião a maioria adolescente. Altos, belos e saudáveis pela vida ao ar livre, receberam "todos os privilégios dos puros-sangues", como depois lembrou um deles. Douglo, o mais velho, já estudava na Universidade de Oxford (onde posteriormente veio a ser conhecido como "o Marquês Boxeador"), e Jean estava fazendo o primeiro período como debutante. Depois de Geordie (o único amante de livros) vinha Margaret, de uma beleza irradiante e quase da mesma idade de Sofka. Cecil Beaton mais tarde descreveu-a nos seus diários como dotada de "cabelos dourados, olhos que parecem flores de nigela e faces castanho-avermelhadas", acrescentando que "tem um monte de gigantes de aspecto igualmente robusto como irmãos". Sofka e Margaret se deram bem de cara. Ambas possuíam temperamento rebelde e inconstante, que reconheceram e encorajaram uma na outra. Mais tarde, esse traço da personalidade delas causou-lhes problemas, para não falar na má reputação. Antes de terminar o fim de semana, Sofka já estava tão entrosada no ambiente que a convidaram para passar sozinha o resto dos feriados de Páscoa com eles.

Conquanto Sofka provavelmente parecesse um tanto exótica comparada ao círculo de jovens do condado que costumava visitar a família — uma princesa russa vivaz e animada, com olhos escuros e ligeiro sotaque —, o entourage dos Douglas-Hamilton de pronto a acolheu. Ela gostava de aprender os hábitos deles: comer mingau no café da manhã enquanto andava, ao estilo escocês, em volta da sala de jantar; cavalgar sobre as dunas; ler as revistas *Tatler* e *Country Life* ao pé da lareira depois do chá. Às vezes, eles empurravam a mobília para um canto e dançavam ao som dos discos mais recentes tocados no gramofone: Al Johnson cantando "Coal Black Mammy" e um foxtrote jazzístico chamado "Forty-seven Ginger-Headed Sailors".

Sofka reparou que ali ninguém lia livros como ela; não sobrava tempo com todas as expedições, travessuras e exercícios. Era uma vida muito dinâmica, a que os Douglas-Hamilton deram prosseguimento no futuro:

A vida com os sete filhos dos Douglas-Hamilton foi cheia de ação e algazarra. Sofka adorou fazer parte de uma família numerosa e logo se tornou amiga íntima de Margaret (ao centro).

todos os quatro garotos tornaram-se hábeis pilotos. Viviam correndo: do tênis para o almoço, da cavalgada para se vestir para o jantar, de arrumar a cama perfeitamente para contar histórias de fantasmas. Fazia um contraste enorme com a vida parada com a vovó e a Srta. King, e nada tinha a ver com a austeridade intelectual de Sophy.

Findas as férias, Sofka retornou a Londres com a sensação de que havia encontrado um lar. Convidaram-na para voltar sempre que pudesse, e a partir de então começou a passar os períodos de folga em Ferne ou em Dungavel, a propriedade rural do duque na Escócia. Toda manhã, de fora da casa, Matheson tocava a gaita de foles para acordar a família e, à noite, entrava para tocar para eles. Foi nessa época que Sofka aprendeu a dançar a escocesa. Os homens da casa vestiam o saiote escocês, mas sem sapatos, para

A Refugiada

atravessar os brejos, e, no jantar, acresciam de trajes a rigor: paletó de veludo verde e jabô de renda. Havia brincadeiras o tempo todo — *sardinhas** era a predileta, com adolescentes agitados rindo tolamente e espremendo-se em cantos e dentro de armários da mansão, enquanto os demais os procuravam e chamavam. Para Sofka, essa foi a primeira experiência de uma vida familiar turbulenta com outros jovens, e ela achava muito divertido fazer parte de um grupo, além de adorar a segurança decorrente dessa pertença. Ela adotou o ponto de vista ético da duquesa (embora de modo menos obsessivo) aderindo ao vegetarianismo por vários anos e, mesmo depois de adulta, continuou usando expressões escocesas como "Och, well".** O Queen's College proporcionara-lhe uma estimulante vida escolar, e agora os Douglas-Hamilton estavam se tornando sua família. Com eles, vivia plenamente cada momento. Era altamente reconfortante diante das tristíssimas recordações do passado e do medo paralisante do futuro, tão dominante entre seus companheiros emigrantes. No entanto, como tanta coisa na vida de Sofka, essas circunstâncias felizes não haveriam de durar.

---

*Variação do esconde-esconde, em que um dos participantes se esconde dos demais. (*N. da T.*)
** *Och*: interjeição comumente usada pelos escoceses e parte dos irlandeses, equivalente a "oh". No caso, "Oh, well" [Ah, sim]. (*N. da T.*)

CAPÍTULO 5

A Europeia

*Viver é a coisa mais rara do mundo —
a maioria das pessoas existe — só isso.*
— OSCAR WILDE

Olga estava indócil. Já entrara o ano de 1922, e ficava cada vez mais evidente para ela que tão cedo não retornaria à Rússia, e se sentia isolada dos parentes e amigos. Enquanto em Berlim, Paris e Nova York grandes e movimentadas "Pequenas Rússias" criavam raízes, Londres acomodava relativamente pouco aos russos brancos como ela. Olga usou o tempo úmido e deprimente de Londres como pretexto — não muito convincente, considerando-se o clima horroroso da cidade para onde desejava ardentemente voltar. Elas iriam para Roma, anunciou. O Mediterrâneo seria melhor para seus velhos ossos. Talvez mais importante que isso era o fato de ela ter duas filhas e vários amigos íntimos morando lá. Sofka ficou revoltada. Justo quando havia estabelecido uma vida para si mesma, resolviam privá-la daquilo de novo. Tudo corria tão bem na escola, e agora ela sequer poderia se inscrever na faculdade no mês de dezembro. Quanto à segurança e à felicidade recém-conquistadas com os Douglas-Hamilton, parecia que não importava coisa alguma. Sofka implorou à mãe, mas Sophy se mostrou implacável: a avó precisava dela, e ela tinha de ir para Roma.

Sofka lembrava-se do profundo sentimento de injustiça e tristeza que a acometeu diante da perspectiva da mudança; e, olhando em retrospecto, causa estranheza o modo rude como ignoravam suas necessidades. É também irônico que Sophy quisesse que a filha fosse criada pela idosa e conservadora ex-sogra. Mas, depois de todos os traumas sofridos por todos, evidentemente não julgavam essas questões uma prioridade. Com quase 15 anos, Sofka já devia ter corpo de mulher, embora continuasse usando tranças longas com laços de fita pretos nas costas e a considerassem criança. Sophy foi, no final das férias de verão, a Dungavel pegar a filha para acompanhá-la na viagem a Roma. E assim começou um período de diversos anos ziguezagueando pela Europa.

Olga instalou-se num apartamento mobiliado com vista para a Piazza Flaminia, onde os camisas-negras de Mussolini se reuniam para comícios. Embora Sofka não desse muita atenção aos acontecimentos políticos, em outubro daquele ano, elas assistiram da sacada à famosa "marcha sobre Roma" de Mussolini, que reuniu uma multidão de homens. Havia cinco camas para acomodar Olga, Louise, Sofka, Olguinha (agora com 7 anos) e as duas governantas inglesas, que se odiavam. Para evitar extravagância, um cozinheiro italiano e uma empregada vinham durante o dia. Enquanto o ânimo de Sofka despencava, o da avó se revigorava; ela não estava inválida a ponto de deixar de insistir em que todos continuassem a se vestir devidamente para o jantar. Faziam visitas frequentes a outros russos idosos, que derramavam lágrimas salgadas no chá fraco de limão,

"O chá é a sede de todas as nossas nostalgias", disse o exilado Stravinsky. Juntos, os emigrantes compartilhavam lembranças de um mundo perdido que começava a soar história antiga. Nabokov escreveu sobre "as miragens remotas, quase lendárias, quase sumerianas de São Petersburgo e de Moscou, 1900-1916 (que, até mesmo naquela época, nos anos 1920 e 1930, pareciam 1916-1900 a.C.)".

Comparada à vida de Sofka na Inglaterra, Roma era sufocante; aulas maçantes com uma Srta. King cada vez mais rabugenta se intercalavam com lições sobre literatura italiana com um excêntrico professor alemão. O arcebispo russo vinha ensinar a "lei de Deus" e se viu confrontado com a natureza já contestadora de Sofka, que ensaiou os primeiros argumentos contra o dogma cristão. É fácil imaginar que as teorias da duquesa de Hamilton sobre reencarnação não caíam bem para Sua Eminência. Muito mais interessantes e memoráveis que essas aulas eram as visitas do pai, que estava vivendo com a segunda família fora de Florença. Sofka mais tarde desconfiou que o motivo das aparições regulares do pai decorria de falta de dinheiro — por mais que Olga não aprovasse a união (ela nunca se referia à nova esposa dele), não conseguia renegar o caçulinha querido. Petya sumia com a filha e levava-a para passear por Roma: gritavam e aplaudiam em meio às multidões que ocupavam os assentos baratos da ópera; comiam peixe ao lado do mar em Ostia ou bebiam vinho numa espelunca qualquer de Trastevere. Acima de tudo, Petya ensinou a Sofka o *dolce far niente* — o prazer hedonista de simplesmente existir — no país que cunhou o termo. Sofka, tendo deixado um bilhete para uma furiosa Srta. King, faltou às aulas, e os dois ficaram horas sentados, perfeitamente felizes, bebericando café, fumando e vendo o mundo passar.

Sofka se impressionava com o pai carinhoso e infantil pelo seu gosto pela vida. Ele ainda não havia completado 40 anos, e deve ter adorado encontrar essa jovem e curiosa criatura, tão interessante e amante da diversão, com quem podia passar um dia inteiro de ócio, longe dos pirralhos barulhentos e da esposa frequentemente grávida. Essa atitude imprudente de aproveitar o momento e que se danassem as consequências ia de encontro a tudo que a mãe de Sofka defendia, mas o pai impetuoso tornava bem evidente seu poder de sedução. E Sofka abraçou o jeito dele para sempre — uma característica inerente fortalecida pelo que a vida já lhe havia mostrado: que tudo pode (e quase sempre foi assim) acabar no dia seguinte.

Logo, entregaram os pontos de novo. Nos feriados de Natal de 1922, chegou uma carta da duquesa: como Margaret fora expulsa da escola, convidavam Sofka para dividir uma governanta com ela, em Ferne, pelos seis meses seguintes. Pediram permissão a Sophy, na Hungria, e ela a concedeu. Imediatamente, uma Sofka em estado de êxtase arrumou as malas e viajou para a Inglaterra. Se a escola de Margaret a considerava "indomável", não seria Sofka quem mudaria o jeito de ser dela, e as duas adolescentes de 15 anos passaram o primeiro semestre de 1923 sendo indomáveis juntas. A duquesa tinha uma propensão para adotar pessoas desgarradas de todas as espécies e, evidentemente, criara uma afeição especial por Sofka. Uma carta que enviou a Sophy, em 1923, descreve-a como "uma criança mais que adorável, acho-a tão atenciosa e prestativa, e realmente estou falando sério".

Sem sombra de dúvida, uma infeliz Srta. Scott, contratada para tomar conta das duas moças, *não* compartilhava esses sentimentos. As ideias sobre reencarnação da governanta coincidiam com as da duquesa, e punham as meninas para ter aulas quase exclusivamente sobre hieróglifos egípcios. Segundo a Srta. Scott, na vida anterior ela fora um faraó, e os fantasmas dos seus cães mortos havia muito tempo ainda vinham fazer caminhadas com ela; volta e meia viam-na chamando seus invisíveis companheiros de quatro patas quando saía. Com a duquesa em casa, as adolescentes se comportavam de modo mais circunspecto, mas bastava ela se ausentar (o que ocorria com frequência) e logo se tornavam perversamente travessas. Escapuliam depois do café da manhã e ficavam andando a cavalo até a hora do almoço, sem se importar se a Srta. Scott iria se zangar. À noite, levantavam da cama e se punham a engatinhar pela casa até a coitada da governanta, com o rosto vermelho de raiva, resolver ir à caça delas pelos corredores e pela escada dos fundos. No início do verão, a Srta. Scott, já não aguentando mais aquela história, limitou-se a jogar o que quer que estivesse à mão, inclusive tinteiros, nas garotas. Elas, porém, sequer lhe deram a satisfação de demonstrar remorso, e riram impiedosamente ao ver a governanta arrumar as malas e ir embora.

Depois do verão na Escócia, mandaram Margaret para a escola da Srta. Spalding, em Londres, e a Sofka não sobrou alternativa a não ser voltar para junto da avó. Com o coração apertado, afastou-se mais uma vez da família que adotara e partiu para Roma. O sentimento de não pertencer a lugar algum decerto exacerbou-se pelo fato de não ter mais uma nacionalidade, um país nem um passaporte normal. Como todos os russos brancos, ela agora possuía um novo documento especial, inventado por Fridtjof Nansen, explorador polar norueguês que, em 1921, assumira o Alto Comissariado das Nações Unidas para os Refugiados. O passaporte Nansen não dava segurança, direitos nem pátria, causava atrasos nas fronteiras e sua existência, em si, era uma humilhante prova física do doloroso limbo dos emigrantes. Mas pelo menos habilitava esses não cidadãos a viajar e trabalhar.

A situação na casa de Olga, onde só moravam mulheres, deteriorara-se. A hostilidade entre as duas governantas, a Srta. King e a Srta. New, progredira para além do ódio velado. A Srta. King, cada vez mais excêntrica e confusa, devido à afeição exagerada por Pupsik, já bem velhinho e cheio de eczemas, fazia mil exigências de que o bicho recebesse tratamento especial. A mal-humorada e precavida Srta. New, com seu nariz aquilino, já estava à beira de um ataque de nervos, pois não só detestava cachorro como achava que a Srta. King enlouquecera e planejava matá-la. Enquanto isso, a irritabilidade e o autoritarismo de Louise aumentavam, e seu único interesse consistia em servir Olga, que, por sua vez, vinha decaindo à medida que avançava na casa dos 70. Como se não bastasse essa crise histérica, o cozinheiro italiano ameaçava ir embora caso alguém não assumisse a responsabilidade pelas coisas e pela contabilidade doméstica.

Sofka transformou-se. Foi o primeiro indício do lado prático e sensato que sempre correu paralelo à sua natureza caótica e hedonista. Embora ainda não tivesse completado 16 anos, logo começou a organizar o orçamento mensal, a escolher os cardápios, a pagar o aluguel, a cuidar das compras e das contas. "Um treinamento salutar", como o definiu. Esse improvável traço de temperamento realista atravessou gerações. Quando eu tinha 11 anos, meus pais se separaram, e fui morar com papai. Apesar da destruição do lar, provei ser perfeitamente capaz de fazer as compras e a comida. E meu pai, que sempre consideraram um russo rebelde, não confiável (muito antes de ele pôr os pés na terra natal dos pais), para onde quer que fosse, saberia estabelecer uma casa elegante e ainda cozinhava um bom borche (com os ingredientes apropriados). Todas as quatro gerações dos pais de Sofka à frente não tiveram um ambiente familiar convencional, e isso de certo modo nos proporcionou um treinamento salutar.

Apesar das responsabilidades precoces, o apetite de Sofka por aventura e agitação era tão intenso quanto o de qualquer outro adolescente, e ela logo descobriu alternativas para a claustrofobia da vida doméstica e das aulas sem graça da insana Srta. King. No Clube Russo de Roma encontrou parentes, amigos da família e nomes e rostos familiares: a idosa princesa Yusupov (mãe de Felix) cuidava dos bazares em benefício da Cruz Vermelha; o príncipe Borghese apareceu, ainda com o osso do mindinho retirado do esqueleto anatômico de Sophy pendurado na corrente do relógio; e parecia haver muito mais garotos que garotas ansiosos para acolhê-la no círculo deles nas festas de sábado à noite e nos bailes de caridade. Pela primeira vez, Sofka começou a gostar das atenções dos admiradores, "Afinal de contas", escreveu maliciosamente nas suas memórias, "eu sabia dançar, usava pó de arroz no nariz, era realmente mais velha que minha idade e vira mais do mundo do que qualquer um ali. O sucesso era garantido." Sem dúvida, a vida social com os Douglas-Hamilton lhe dera autoconfiança e experiência com os rapazes, e ela também descobrira que, sendo suficientemente decidida (uma folha que poderia ter retirado do livro de Olga ou de Sophy), "a gente podia mandar". Quando resolvia fazer um piquenique na Villa Borghese ou uma caminhada no Fórum, os outros a seguiam. Depois de tantas reviravoltas, era gratificante perceber-se abelha-rainha da juventude russa de Roma, receber flores e poemas e ver rapazes esperando para dançar com ela.

A despeito desse agitado folguedo, Sofka mantinha a paixão por livros e visitava com frequência a biblioteca inglesa ao lado da Piazza di Spagna. Embora ainda jovem e politicamente inocente, ela estava se mexendo, buscando sentido e trabalhando ideias que só viriam a tomar corpo muitos anos depois. Entre os muitos e variados autores de que ela se recorda terem-na influenciado na época havia dois norte-americanos: Theodore Dreiser (cuja escrita supostamente amoral fora censurada em seu país natal) e Ernest Poole, jornalista de esquerda e ganhador do Prêmio Pulitzer, cuja visão favorável da Revolução Russa lembravam-na das antigas conversas com Vanya e Shura, netos do caseiro em Miskhor.

A vida doméstica em Roma tinha sólidas raízes no século XIX; a Srta. King era vitoriana de coração, e a Vovó ainda privilegiava saias pretas até o chão e chapéus com abas largas rodeadas de véu. Sofka, por sua vez, uma *femme fatale* virgem, adotava o estilo dos frenéticos anos 1920. E ela não achava difícil dissimular para a Vovó e a Srta. King, cujas regras rigorosas, que exigiam dama de companhia, ela driblava sempre que possível. Ardis, mentiras e bilhetes falsos faziam parte do arsenal para lutar por uma vida independente de festas e aventuras amorosas; sair sorrateiramente já se tornara hábito. Junto com seus contemporâneos, agora estava aprendendo a se divertir com o charleston, as bainhas estavam subindo e, embora não tivesse cortado o cabelo à escovinha, preferia chapéus. Mais tarde na vida, rejeitava toda e qualquer ideia de moda, por considerá-la superficial e frívola, mas as fotos dessa época mostram que fora surpreendentemente elegante e feminina. Os saltos altos, as meias de seda, o sobretudo alinhado e o chapéu de feltro escuro quase cobrindo os olhos desmentem a velha história de que há coisas melhores em que pensar. Quando jovem, nitidamente, procurava caprichar na aparência, e obtinha o efeito desejado.

Alexander Daehn, um amigo dos tempos da Crimeia, acabou conquistando o coração de Sofka. Quatro anos antes, eles subiam em árvores juntos e faziam guerra, jogando mísseis de pinhas nos filhos do general Wrangel, que morava numa das dachas de Niskhor. Os pais de Alexander agora dividiam uma vila no alto do Monte Gianicolo com uma das filhas de Olga, a condessa Sophy Fersen, e os dois antigos companheiros de farra renovaram a amizade, compartilhando livros, praticando passos de dança e passando horas discutindo a vida e tentando decifrar-lhe o sentido. Como Alexander incluía-se no círculo social íntimo da família, não faltavam ao parzinho oportunidades para se encontrarem — Olga e a Srta. King adoravam pegar o bonde com Sofka para a Villa Sforza, e ainda havia todas as soirées do Clube Russo. Só aos poucos eles foram se dando conta de que estavam apaixonados, acontecimento que as memórias de Sofka descrevem com mordacidade, temendo, talvez, o sentimentalismo, pelo qual nutria, como a mãe, antipatia intelectual e velada propensão. Depois de semanas tentando dissimular, os dois finalmente admitiram o sentimento. "Beijamo-nos, batendo os narizes. E era primavera em Roma", escreveu.

Foi o nervosismo de Olga que, mais uma vez, pôs fim àquilo tudo depois de três anos. De novo, culpou o clima (considerava o calor úmido de Roma sufocante e insuportável) e decidiu mudar-se para o clima mais ameno de Nice, onde se juntaria aos amigos e parentes na grande comunidade russa ali residente. Não há registro da reação de Sofka, mas é de supor que sofreu tanto com a perspectiva da mudança quanto sofrera antes de deixar Londres. O duro golpe, porém, deve ter sido amenizado quando, no início do verão, Olga e a "família" saíram do apartamento na Piazza Flaminia para ir morar com a tia Sophy e os Daehn na espaçosa Villa Sforza, com um grande jardim arborizado no cume mais fresco de Gianicolo. Sofka e Alexander viram-se de uma hora para outra morando juntos. Começaram a combinar encontros secretos à noite; Alexander assobiaria baixinho do jardim, e a sua Julieta apareceria na sacada do quarto. Sofka escorregava para os braços de Alexander, e, às vezes, tinham a audácia de descer a Roma juntos, mas em geral ficavam no jardim quente e perfumado, falando em russo a noite inteira e "beijando-se timidamente".

Foi a Srta. King quem deu o sinal de alarme ao ver a cama de Sofka vazia certa noite e, depois de muito procurar, encontrá-los no jardim: "E lá estávamos, contemplando a lua, deitados na grama com os rostos colados. Que desgraça, que tumulto, que sordidez", escreveu Sofka nas memórias. Por mais que se tratasse de um inocente primeiro amor, naquele ambiente em que beijos castos nas mãos costumavam ser o máximo admitido, consideraram o escândalo sério o bastante para solicitar a vinda de Sophy. A mãe de Sofka decerto sorriu para si mesma quando chegou e soube o que realmente acontecera, mas, pela primeira vez em uma década, resolveu tomar Sofka aos seus cuidados. Agora estava morando com Pierre num amplo apartamento em Budapeste e anunciou que levaria Sofka de volta com ela. Encontraram outro emprego para a Srta. King, que, tendo enchido Sofka de insultos, finalmente foi embora. O Clube Russo organizou um baile em homenagem a Sofka, com brindes, discursos e buquês de flores; ficava claro que se notabilizara lá. A despedida de Alexander foi de partir o coração. Como todos os jovens amantes, acreditavam que o amor deles duraria para sempre. Nunca mais se encontraram.

★

Aos 15 anos, Sofka estava começando a gostar dos frenéticos anos 1920. Tornara-se muito popular no círculo de jovens russos, o que lhe era gratificante, e não hesitava em driblar a avó e a Srta. King para conseguir permissão para sair sem dama de companhia. Foi aí que se apaixonou pela primeira vez.

Não creio que Sophy tenha sentido muita compaixão pelo amor perdido de Sofka enquanto atravessavam a Europa de trem com destino à Hungria, nem depois de chegarem ao apartamento na Király Utca. Interessava-lhe bem mais o intelecto da filha e, após anos de negligência maternal, viu-se preocupada com o fato de sua única filha não ter recebido a educação devida. Segundo Sofka, a mãe também queria dar-lhe a oportunidade de experimentar um pouco da "vida antiga" — as elegantes recepções diplomáticas e as festas deslumbrantes da aristocracia húngara, que estava tendo um glorioso canto do cisne.

A vida de Sophy melhorara consideravelmente desde os tempos em que passara fome com Pierre na Casa dos Artistas, em Petrogrado. Agora residiam no primeiro andar de uma mansão e tinham dois criados croatas. Para felicidade de Pierre, sua casa em Berlim (onde trabalhara antes da Primeira Guerra Mundial) mantivera a imunidade diplomática, e trouxera para Budapeste todos os seus pertences: uma imponente escrivaninha preta de um cardeal do século XVII; uma mesa de jantar de mogno lustrado com 12 cadeiras; um divã gigantesco com mantas e almofadas; e diversos retratos dos ancestrais Volkonski, que agora olhavam-nos do alto das paredes.

Sophy elaborou para Sofka um plano com dois objetivos e, rapidamente, o pôs em prática: contrataram-se tutores, e "minha trança com laço de fita preta se transformou num pesado coque, e eu fiquei 'out'". Sophy adorou poder mandar Sofka em seu lugar nas cerimônias oficiais. Nunca gostou de se socializar, e agora estava ocupada trabalhando sob as ordens de um cirurgião num hospital — fonte de grande satisfação. Assim, a adolescente com coração partido viu-se tendo que lidar com jantares sofisticados e conversas educadas com pomposos diplomatas ao acompanhar o padrasto formal nos seus compromissos. Deve ter sido divertido fingir que era adulta de vez em quando, mas Sofka sentia-se vulnerável a cometer gafes e não levava jeito para a vida diplomática. Achou a vida muito estressante, embora tenha participado de festas maravilhosas. Houvera um baile no Castelo Esterhazy: oficiais com botas brilhantes; longas luvas brancas, cotilhões de prata de lembrança e o tipo de glamour reluzente, à luz de velas, que sua avó descrevera na São Petersburgo do século XIX.

Quanto às reformas educacionais de Sophy, elas não foram um sucesso absoluto. Ao mesmo tempo que Sofka encantou-se com a primeira introdução apropriada à literatura russa e mergulhou alegremente na leitura de Pushkin, Tolstoi, Dostoievski, Turgueniev, Gogol e Tchekhov, a mãe e o tio Peter intimidavam-na. Embora pálidos, de fala mansa e estudiosos, ambos transpiravam uma tensão intelectual vulcânica. Escreviam poesia e falavam vários idiomas; enquanto Sophy era apaixonada por ciência e lógica, Pierre conhecia a genealogia de toda família nobre da Europa. A conversa deles no dia a dia era surpreendentemente erudita, afiada e labiríntica, "com referências aleatórias a personagens literários, eventos históricos, mitologia, citações de filósofos". A atmosfera levava Sofka a se considerar estúpida e ignorante, e, conquanto admirasse a mãe, Sofka não conseguia criar laços afetivos com ela. Os métodos de ensino de Sophy faziam a filha sentir-se a pessoa mais sem jeito do mundo: acreditando que pouca gente sabe seguir um pensamento lógico até a sua conclusão, determinou que ensinassem Sofka a pensar, e davam-lhe problemas para resolver (como funciona a eletricidade, por exemplo, ou qual a principal diferença entre Dostoievski e Tolstoi). A jovem teria de solucioná-los sem a ajuda de livros e voltar com a resposta. Por mais bem-intencionada que fosse, a ausência de sentimentos maternais por parte de Sophy tornavam a investida cerebral seca e ameaçadora — não poderia haver contraste maior com o pai indulgente e carinhoso de Sofka.

Talvez Sophy tenha ajudado a expandir a mente da adolescente, mas os meses em Budapeste deixaram em Sofka um eterno sentimento de inferioridade intelectual e ignorância, que até mesmo décadas de leitura voraz não foram capazes de mitigar. "Para ser honesta, na verdade, não sou muito inteligente — mas consigo esconder isso", confessou, na casa dos 50, numa carta a Jack.

Quando, no outono de 1924, tudo terminou, Sofka não ficou preocupada à toa. O governo húngaro reconhecera a União Soviética, e assim não havia mais sentido para o cargo de Pierre como representante da Rússia imperial. Sophy não hesitou. Finda sua curta experiência como mãe e educadora, pôs Sofka num trem para Nice e despachou-a de volta para a Vovó. Só nos resta especular qual das duas deu o maior suspiro de alívio.

Olga conhecera Nice meio século antes, quando seu pai, o conde Peter Shuvaloff, tinha uma vila no alto da cidade e o "*train des grands-ducs*" trouxe metade de São Petersburgo à Riviera para férias ou convalescências. De novo, Nice contava com grande número de russos, dessa vez, porém, empobrecidos e inseguros. Nos nossos tempos foram os norte-americanos, como Scott e Zelda Fitzgerald, que davam polpudas gorjetas e jactavam-se pelo Promenade des Anglais; os russos eram seus garçons, porteiros e costureiras. De acordo com as memórias de um emigrante, os lixeiros de Cannes eram famosos por fazer bonito em seus velhos uniformes oficiais, enquanto os cossacos foram para as montanhas criar galinhas em fazendas.

Agora Olga também estava sentindo o aperto, e seu apartamento acanhado no Boulevard de Cimiez refletia a exígua situação. Quando Sofka chegou, só havia uma ajudante diarista, e a Srta. New, governanta da Pequena Olga, agora comandava com mão de ferro as atividades domésticas. A solteirona de lábios cerrados deixou claro que não esquecera o escândalo em Roma e que esperava "o pior". Olga, embora cada vez mais frágil e esquecida, ainda era capaz de frequentar o círculo dos velhos amigos, cuja sociedade sua cunhada Mary Benkendorff controlava. Ocupava as tardes com chá fraco com limão e lembranças das perdas, enquanto a juventude russa abraçou Sofka, exatamente como ocorrera em Roma. Havia uma série de formas de socialização: *thés dansants* em Negresco (descobrindo Isadora Duncan entre os fregueses glamourosos), festas de tênis, expedições a nado e jogos de majongue — a última moda.

Menos divertido era o *lycée*. De uma hora para outra, aos 17 anos, Sofka viu-se vestida com um jaleco escolar azul-marinho, inserida numa classe de garotas mais novas, com o desígnio de passar pelo treino exaustivo para o *baccalauréat*. Era tarde demais para isso. Ela vira muito do mundo para entrar num ambiente de tal modo formal e enclausurado, e seu francês falado não estava à altura das árduas exigências de 14 matérias diferentes e do abundante dever de casa. Tentou por um tempo antes de desistir de uma tarefa que lhe parecia inglória. Como Olga não se importou, Sofka conseguiu ir blefando, matando aulas, e que se danassem as consequências.

Sofka renunciou a qualquer tentativa séria de estudar e foi adotada pela multidão frívola e festeira de Nice. Nesse ponto, as recordações de Alexander haviam desvanecido o suficiente para ela apreciar as atenções dos rapazes novamente. Segundo suas memórias, não houve uma única ligação importante nessa fase; em vez disso, havia grupos impetuosos, embora sexualmente inocentes, de garotos e garotas procurando divertimento de festa em festa. Continuou a ler por conta própria, e cada vez se preocupava mais em descobrir o sentido da vida. Aos 50 anos, escreveu uma carta para Jack lembrando esse período e sua falta de interesse pelo sucesso medido por dinheiro, posição ou conquistas: "O sucesso que desejava na juventude era diferente: era *ser*, digamos assim: encontrar um meio de vida, uma regra, uma resposta. Alcançar a felicidade talvez — era sempre esse o pedido que fazia no Ano-Novo. Mas não só contentamento — uma felicidade ativa, que é bem diferente. Assim, em todos os meus anos de juventude, passei tateando, procurando, e acabei descobrindo que, quanto mais você dá de si, mais rica a vida se torna."

Nessa época, o homem mais importante da vida de Sofka era sem dúvida seu pai, que continuava a aparecer esporadicamente. O mais bem-vestida possível, Sofka adorava participar de jogos freudianos e fingir que era a esposa jovem demais de Petya quando visitavam o cassino em Monte Carlo. Como em Roma, preferiam caminhadas e piqueniques, indo de

A Europeia   **159**

carro a Cap Ferrat ou subindo estradas sinuosas até as montanhas com cheiro de lavanda no sopé dos Alpes Marítimos. Bebiam vinho, fumavam Gauloises (cigarros franceses tornaram-se sua predileção por toda a vida) e recitavam seus poemas favoritos um para o outro. No cinema, assistiam aos novos heróis da época do cinema mudo: Rodolfo Valentino, como o amante de olhos escuros e turbante em *O sheik*, e Douglas Fairbanks, todo musculoso e atlético num tapete voador em *O ladrão de Bagdá*. Sobre Petya, Sofka escreveu: "Era alegre, galante e charmoso e fazia-me sentir bonita e importante para ele — com certeza, a maior conquista para um homem, ainda mais para um pai!"

Logo depois do aniversário de 18 anos de Sofka, em outubro de 1925, chegou um telegrama anunciando que seu pai morrera. Ele planejara ir para Nice e lá ficar com a filha e a mãe para convalescer de uma operação realizada em Paris devido a um abscesso no pulmão. Sofka e Olga ficaram superentusiasmadas com a perspectiva, discutindo como cuidariam dele e como seria divertido passar um tempo com Petya, quando souberam que ele morrera de "complicações" durante a cirurgia. Contava 42 anos de idade. Olga ficou tão chocada com a morte do filho caçula e seu predileto que teve um leve ataque cardíaco, ficando assim incapacitada para ir ao enterro, em Paris. Sofka também não foi, por se sentir na obrigação de permanecer com a Vovó e cuidar dela. A jovem emigrante já conhecia a perda, mas essa foi sua primeira experiência de luto, e tratava-se da pessoa que mais amava; as emoções eram selvagens e cruas. Ainda era comum na época vestir trajes de luto (até mesmo moças da idade dela usavam longos véus de crepe), mas Sofka recusava-se a se conformar às regras. Talvez essa resistência tenha lhe dado algum sentido em meio à infelicidade, uma vez que já demonstrara gosto por nadar contra a corrente. Ela se lembra de que lhe pareceu inadequado vestir-se de modo tão sombrio em memória de um homem alegre como seu pai — ele decerto preferiria vê-la enfeitada com cores femininas, e não envolta em preto manchado de lágrimas.

Após a morte de Petya, Sofka manteve-se fechada no apartamento carregado de consternação da avó. Seu pesado caderno preto encheu-se de poemas sobre a morte, escritos numa tinta cinzenta e apagada. Vários deles eram de Maurice Baring, que conhecera nos tempos de Londres:

> *E ainda não consigo pensar que o vento frio da Morte*
> *Matou a chama*
> *De você para sempre, e deixou para trás*
> *Só um nome.*

Christina Rossetti também tem presença proeminente:

> *É, eu também pude encarar a morte e nunca fugir.*
> *Mas é mais difícil suportar a vida odiada.*

Isolada no seu desespero, Sofka tentou fazer contato com a mãe, escrevendo cartas e esperando consolo e carinho. Sophy, porém, foi incapaz de responder com o conforto e as respostas que Sofka procurava: "Ela escreveu sobre meu futuro", lembrou Sofka, "tentando encontrar uma profissão que condissesse comigo, na época em que eu buscava a chave para a eternidade."

★

Olga entrou num declínio vertiginoso após a morte de Petya e, embora Sofka tenha permanecido com ela em Nice, ficara óbvio que a casa da avó era um navio afundando. Havia dois botes salva-vidas. O primeiro era a família Douglas-Hamilton, que continuava convidando com frequência Sofka para passar férias com eles. A duquesa mandava cheques generosos para cobrir as despesas de viagem, que ela usava para comprar roupas e depois viajava de terceira classe. O outro era Paris. Quando tudo ruiu em

Budapeste, Sophy e Pierre se mudaram para lá, e logo viram-se na mesma situação difícil de cerca de centenas de milhares de outros russos emigrados já instalados na capital francesa. Os Volkonski mudaram-se várias vezes depois que chegaram, em 1924, terminando numa casa pequena (três aposentos e a cozinha no primeiro andar e um banheiro no térreo), perto da Porte de Clichy. Apelidaram-na da "Pequena Casa Cinza", numa referência irônica à magnífica "Pequena Casa Branca" da cidade agora renomeada em homenagem a Lenin. Os cômodos apertados estavam sobrecarregados com a enorme mobília de Pierre, os retratos com moldura dourada dos seus despóticos ancestrais e as cortinas de veludo vinho com aves de rapina bordadas. A maioria desses objetos se viram aos poucos obrigados a vender com o passar dos anos.

Tendo chegado muitos anos depois da maior parte dos russos brancos, Sophy e Pierre, talvez, estivessem em desvantagem, a despeito da cultura e das qualificações deles; outros haviam encontrado trabalho e casas e esgotado o que às vezes parecia dose limitada de boa vontade francesa. Pierre conseguiu alguns serviços de tradução, mas o trabalho era incerto, e ele, extremamente meticuloso, estudioso e, em consequência, lento. Por um tempo, arrumou um emprego de meio expediente como contador de uma pequena editora russa; no entanto, ele logo parecia muito mais velho e vulnerável. A monotonia das tarefas domésticas estava levando Sophy ao desespero, e ambos carregavam cicatrizes psicológicas; uma batida inesperada na porta era suficiente para provocar um ataque de tremedeira. Uma nuvem escura de depressão pairava ameaçadora sobre a Pequena Casa Cinza.

Sophy achou difícil aceitar a humilhação que a nova vida gerara. E o pior não era a pobreza, mas a imagem dela aos olhos dos outros. Depois que chegou, fez contato com o velho amigo Armand, marquês de Saint Sauveur, na esperança de que ele ajudasse a ela e a Pierre. Armand compartilhara a casa de Sophy no Aterro Inglês durante os anos perigosos que se seguiram a 1917, quando seu cargo na embaixada francesa dera valiosa imunidade diplomática ao apartamento dela. Agora ele estava casado e tinha um alto posto no serviço exterior francês. Ele respondeu afetuosamente à carta de Sophy, ofereceu a ela e a Pierre um almoço esplêndido e nunca mais os procurou. Sophy ficou extremamente magoada com essa desconsideração e expressou suas emoções num poema que sugere que Armand fora amante dela.

> *Como pode você hoje não dar a menor importância*
> *Para aqueles que, segundo você, já se adoraram?*
> *O verdadeiro você ficou esquecido no tempo,*
> *Armand? Ou é esse você de hoje?*

O poema terminava assim:

> *Uma vez que as palavras ardentes que você disse*
> *Eram insignificantes marolas, vento na grama.*

A infelicidade de Sophy compunha-se de uma série de empregos insatisfatórios. Como na Inglaterra, seu diploma médico não era reconhecido, e, embora tivesse feito algum trabalho de enfermagem, na verdade, sequer fora treinada para isso. Atuou também em filmes (como extra, imagino, como faziam muitos russos), confeccionou roupas de tricô e deu aulas de ginástica (só Deus sabe onde aprendeu a fazer isso). Mais tarde, passou muitos anos como secretária e leitora de um barão cego, Ginsberg, mas, quando Sofka veio para ficar, em meados da década de 1920, ela estava trabalhando como motorista de táxi. Pelo menos, juntava sua paixão por carros com seu amor por liberdade, e ela gostava de trabalhar à noite — nada acontecia durante o dia, dizia. Havia grande número de homens russos, sobretudo oficiais, que costumavam andar de táxi; será que isso era visto como menos humilhante do que outros trabalhos subalternos? Quando começou a Segunda Guerra Mundial, segundo consta, cerca de metade dos 17 mil taxistas de Paris eram russos.

A Europeia

Embora uma vida social baseada nas tradições de São Petersburgo (a Associação das Damas de Companhia ou os regimentais clubes de oficiais ignoravam qualquer declínio financeiro e valorizavam apenas os títulos e a situação socioeconômica anteriores) tenha acolhido Sophy e Pierre, eles se sentiam cada vez mais deprimidos com a vida parisiense. Certamente, concordariam com a opinião de Akhmatova

Mas para mim o exílio é sempre lamentável,
Como um prisioneiro, como alguém doente.

Sofka, no entanto, experimentou algo bem diferente quando começou a visitá-los nas férias. Paris, em meados dos anos 1920, era um lugar sensacional, emocionante. Artistas, escritores, atores e pessoas em busca de algo novo vinham de todas as partes do mundo, atraídos pelas liberdades artísticas e sexuais que a cidade prometia: Pablo Picasso, Joan Miró, James Joyce, Ernest Hemingway, Ezra Pound, Gertrude Stein, Josephine Baker ("a Vênus de Ébano", cujo cabaré incluía seu leopardo de estimação, Chiquita) e Alistair Crowley (com seus conselhos de magia negra para sexo, drogas e dança).

Além dos loucos dadaístas, cubistas e "anarquistas culturais" (como chamavam Cocteau e Satie), havia uma coleção de compositores, dançarinos, escritores e poetas russos de talento extraordinário. A glamourosa Tamara de Lempicka e as pinturas eróticas coloridas e persuasivas de mulheres seminuas e carros brilhantes sintetizavam a complexa sedução de Paris, que reunia modernidade e decadência, elegância e audácia. Os cafés do Boulevard Montparnasse, anteriormente frequentados pelos mencheviques e bolcheviques para suas conspirações (tanto Lenin quanto Trotski eram habitués do La Coupole), agora, viviam cheios de aristocratas e intelectuais russos. Os brancos substituíram os vermelhos, e pelas esquinas da cidade viam-se lampejos de prata decorrentes da tentativa de dar continuidade ao grande florescimento da arte russa no século XX. Em geral, os escritores russos sentiam enorme dificuldade em "manter corpo e pena juntos", como o expressou Nabokov, mas sem dúvida eles se empenhavam para isso. Era possível encontrá-los nos cafés populares ou nos cabarés russos, lutando uma noite inteira para conseguir um café ou um conhaque, ou talvez trabalhando como garçom ou porteiro, antes de voltar para um sótão gélido para escrever no próprio idioma.

A juventude de Sofka, porém, poupava-a da amargura. Ela pertencia à geração *je m'en fous*, e Paris oferecia exatamente o que ela queria. Não ligar a mínima para coisa alguma e a filosofia de vida "que se dane o futuro" representavam uma espécie de defesa para uma jovem de 18 anos: serviam para protegê-la da humilhação (os terríveis fracassos no *lycée* e as expectativas irrealistas da mãe), da insegurança (as incessantes mudanças e trocas de casa) e das perdas (o pai, o país, a estabilidade na Inglaterra e o primeiro amor). Ela nada tinha a perder, a não ser a virgindade. Foi com esse espírito rebelde, num ambiente caracterizado pela rebeldia, que ela experienciou o que mais tarde interpretou como a maior emancipação da sua juventude.

Os fatores dessa emancipação eram muitos, mas o catalisador mais poderoso veio na forma dos primos Obolensky. Parentes dela tanto por parte de pai quanto de mãe, os três Obolensky traziam uma história ainda mais complicada de divórcio e casamento que a de Sofka. Agora viviam grande parte do tempo com a mãe Elena, desorganizada e empobrecida, mas carinhosa, despreocupada e tranquila, num amplo apartamento que compartilhavam com outra família. Elena se virava trabalhando como enfermeira e fazendo tricô; os adolescentes, no entanto, não se importavam com dinheiro, posses, nem mesmo com comida. Se nada havia para comer, em vez disso, liam poesia. Os primos constituíam-se de Sashka (19 anos, bonitão e já mulherengo), Andy (da idade de Sofka, com cabelos escuros, olhos acinzentados e expressão séria) e Alyonka (uma bela garota de 17 anos, loura e de olhos azuis). Nas férias, levavam uma vida caótica, trocando livros, ideias e, quando necessário, roupas, e quase sempre acabavam dormindo em colchões amontoados num único quarto, de modo a poder continuar conversando e recitando poemas até adormecerem no meio da noite. Andavam pelas ruas com sapatos furados, pois não tinham dinheiro para mandá-los para o sapateiro. Às vezes, Sofka levava-os para a casa da mãe, onde até dez amigos cabiam no gigantesco divã do tio Pierre, e lá se refestelavam e mergulhavam em êxtase literário e incomodavam os mais velhos com o barulho e a exuberância de quem não tem com o que se preocupar. Conquanto Sofka tivesse experimentado essas alegres travessuras com os Douglas-Hamilton, agora, era diferente: era entre russos, envolvia entusiasmo literário e intelectual, e os Obolensky eram forasteiros como ela.

Sofka só falava russo com os primos Obolensky e todos se tornaram obcecados pelos poetas do século XX. Conheceram Akhmatova, Blok, Gumilyov e Gippius e embriagavam-se com suas palavras (foi nessa época que Sofka ficou maravilhada em saber que a mulher estranha que recitava poemas do lado da lareira da sua mãe em São Petersburgo era Anna Akhmatova). Os adolescentes não eram os únicos que se envolviam de corpo e alma com tudo o que pudessem recuperar da terra natal. Em bairros russos como o Boulogne-Billancourt (onde os Volkonski acabaram se estabelecendo), mal precisavam falar francês. A poetisa Nina Berberova descreveu essa pequena Rússia em histórias admiráveis chamadas de *Billancourt Fiestas*, que publicava numa coluna de jornal. Ela imortalizou os ex-oficiais do Exército Branco, com porte militar, milhares dos quais agora eram operários da fábrica de carros de Monsieur Renault, situada do lado do rio, e guardavam os distintivos, as medalhas e as dragonas no fundo de velhos baús. Em Billancourt havia anúncios de produtos russos à venda (o armazém de Pyshman vendia tofes, imagens de santos, *pirozhki** e colheres de madeira pintada de Moskva); cafés, cabarés e boates russos, onde cantores ciganos faziam todo o mundo chorar com suas canções nostálgicas;

---

* Massa recheada com carne, queijo ou legumes. *(N. da T.)*

advogados e médicos russos (que perdiam a licença quando descobertos pelas autoridades); gráficas russas que imprimiam livros, panfletos e jornais (o *Últimas Notícias* — em russo — vendia 35 mil exemplares por dia). Até mesmo as pessoas que antes não davam muita importância à religião acendiam uma vela nas igrejas ortodoxas russas e não resistiam às lágrimas ao ouvir os belos cantos.

Sofka às vezes entrava furtivamente no Théâtre des Champs-Elysées para assistir aos ensaios dos balés russos e ficava fascinada. Ela não estava sozinha. Nem sempre os parisienses recebiam bem os emigrantes apátridas, que certamente foram influenciados por esses primeiros refugiados do século. Os franceses haviam sido apresentados aos balés espetaculares de Diaghilev muitos anos antes, mas ainda se extasiavam com a música surpreendentemente moderna de Stravinsky e os figurinos e cenários dramáticos e coloridos de Leon Bakst. E, se agora a loucura já impedia Nijinsky de dançar, ainda havia atuações primorosas de outros astros e estrelas como Anna Pavlova. E todo o mundo sabia que Picasso casara com uma das dançarinas de Diaghilev, Olga Khollova. Sofka deve ter se dado conta de que o estilo russo tornara-se a última moda. As revistas mostravam Coco Chanel abandonando seus modelos clássicos e despojados para pôr a Rússia no centro da moda, com as cores orientais ousadas inspiradas nos balés russos: coral, verde-jade, carmim, prateado, azulão e riscos dourados, tudo misturado. Chanel empregava garotas russas pálidas e com olhos tristes como modelos e vendedoras, e mãos russas bordavam os tecidos da alta-costura para ela numa oficina organizada pela grão-duquesa Marie; todas as demais fidalgas russas haviam pegado agulhas para escapar da miséria costurando e tricotando. Bronzeada, com cabelo à escovinha e jeito de menina travessa, Chanel flertara com Stravinsky (dando-lhe um casaco de pele de astracã e lenços de pescoço Hermès) e teve um caso com o belo e muito mais jovem grão-duque Dimitri Pavlovich. Embora sem um tostão furado, ele era o modelo perfeito para as capas forradas de pele e os blusões bordados que ela estava promovendo, além de ele tê-la ajudado a criar um perfume baseado numa combinação de essências florais. Era vendido num frasco quadrado e incomumente simples, que veio a definir uma época, se não um século: o Chanel n° 5.

Foi durante esse romance passageiro entre Paris e uma imagem glamourizada da Rússia que Sofka e o primo Andy Obolensky se apaixonaram. Eram os feriados da Páscoa de 1926, e ambos contavam 18 anos. "Foi, de longe, a experiência mais empolgante e feliz que jamais tivera", ela escreveu nas memórias. "Entrávamos em estado de êxtase quando conseguíamos ficar um ao lado do outro na plataforma traseira do ônibus ou pendurados nas alças do metrô, nervosos, calados e imóveis, perdidos no olhar um do outro e esquecidos de tudo o mais." Imagino os dois rebeldes surrados, os cabelos escuros e a pele pálida, conversando baixinho em russo em meio aos passageiros franceses bem-vestidos e com atitude ligeiramente desaprovadora.

Sofka voltou para Nice transformada. Ela ainda não havia sequer beijado Andy, mas isso não diminuía nem um pouco a intensidade de seus sentimentos. O ensolarado sul da França tornara-se uma melancólica prisão, que a mantinha longe do amado, e só lhe restava fazer risquinhos na parede, contando os dias que faltavam para retornar a Paris e a vida recomeçar. O casalzinho escrevia-se cartas quase diárias, e Sofka começou a juntar dinheiro para a volta dando aulas de inglês e de matemática e evitando todas as despesas desnecessárias. Provavelmente, teve de esperar o verão para se pôr a caminho de Paris. Ela se lembrava de como era desgastante a viagem de 18 horas no abarrotado trem noturno de terceira classe: assentos de ripas de madeira duros (se tivesse sorte de encontrar algum vago); marinheiros franceses bebendo direto da garrafa; fumaça; cantoria; e cheiro de alho e de queijo.

Conquanto se tratasse do período *je m'en fous* de Sofka, ela também era profundamente romântica; uma contradição evidente e eterna da sua personalidade. Sentia como se ela e Andy existissem num mundo de sonhos, em que mais nada importava e onde a experiência do amor coloria e mudava tudo. Segundo recordava foi a única vez na vida que passou por essa metamorfose, em que a paixão incontrolável chegava a alterar sua percepção da poesia e da pintura. As incansáveis tentativas de Sophy de imbuir a filha de alguma lógica e racionalidade eram, desnecessário dizer, inúteis. Ainda mandava Sofka abrir o *Larousse* ou o *Oxford English Dictionary* e depois procurar definir uma palavra a seu modo — pelo visto, uma espécie de tortura para alguém que só sonhava com beijos. Além do mais, os desorganizados Obolensky não eram a escolha predileta de Sophy como companhia para a filha, e é quase certo que o romance não a agradava, mas pouco lhe restava a fazer. Sofka em geral evitava a Pequena Casa Cinza, preferindo as noites mais alegres e caóticas na casa da tia Elena ou perambular por Paris com Andy.

Quando chegaram as férias de Natal, os dois jovens de 19 anos estavam freneticamente obcecados um pelo outro, embora ainda não houvessem dormido juntos. Sofka deve ter adotado a emancipação sexual mais tarde, mas alegou que, apesar dos abraços cada vez mais "ávidos" de Andy, permanecia virgem. Não tenho motivo para achar que mentiu; ela sempre foi muito aberta em relação a sexo. Os adolescentes falavam em casar, o que solucionaria certas questões; no entanto, devido à idade e à falta de recursos, tratava-se de algo praticamente impossível. Mesmo em meio à loucura, um grão minúsculo de bom-senso ajudou Sofka a voltar para Nice no início do semestre escolar. Certo tempo depois, as cartas diárias de Andy foram escasseando e tudo indicava, embora ela, talvez, não percebesse, que ele havia se envolvido com outra pessoa. Alyonka, a irmã caçula dele, por fim, deu-lhe a má notícia. Sofka mergulhou num desespero tão avassalador quanto fora o seu amor. Como a morte do pai, via-se diante de outra perda arrasadora; nem adiantava fingir que não se importava. Mais tarde, racionalizou o afastamento de Andy: suas ausências e as limitações da sua reação física eram altamente insatisfatórias para um jovem apaixonado. Ela também o descreveu como sua experiência dolorosíssima de ser abandonada pelo amado. Ela a acrescentou à lista de coisas que não queria de jeito nenhum que jamais voltassem a feri-la; dali em diante, tratou de sempre ser ela a terminar.

O apartamento velho, apertado e desconfortável de Olga, em Nice, não ajudava a superar a decepção amorosa. Uma viúva idosa, duas solteironas e uma garotinha estavam longe de ser a melhor distração. Quando chegou a fase dos exames para o *baccalauréat*, Sofka se deu conta de que não estava preparada; durante meses, ela mal trabalhara. Mas não se importou. Depois de as primeiras provas mostrarem que seu caso não tinha jeito, em vez de prosseguir, toda manhã saía do apartamento e ia pegar sol na praia Californie.

O verão de 1927 encerrou uma época. Olga estivera mal desde a morte de Petya e começara o velho jogo de culpar o clima. Os verões em Nice eram quentes demais; ela se mudaria para Versalhes para ficar com a irmã mais velha, Mary Troubetskoy. Logo depois de retornar da Escócia, onde fora passar as férias de verão com os Douglas-Hamilton, Sofka soube que a avó não viveria muito tempo. Foi ficar com amigos em Versalhes, onde a visitava diariamente, até que, numa manhã, Louise abriu a porta chorando. Sofka não registrou seus sentimentos sobre essa morte; decerto não sofrera um choque pungente como no caso do pai, nem se comparava com as dores corrosivas de um amor perdido. Mas Olga dera um lar para Sofka desde que ela tinha 5 anos: vestiu-a, alimentou, contou-lhe histórias. E, embora fosse uma *grande dame* da velha escola, era doida de amor pela neta favorita e fora para ela o único ponto de referência estável nas mudanças drásticas e perigosas da infância. É quase certo que a altivez e a autoconfiança naturais de Olga se tenham transmitido para a neta que, embora despida de presunção, às vezes, afastava as pessoas com uma atitude que parecia arrogante. Isto, no entanto, décadas mais tarde. Houve um pomposo funeral para Olga, enterrada em Neuilly, com o filho querido Petya. Já desdenhosa do "culto da tumba", Sofka se recusou a cuidar do túmulo, levar flores e fazer visitas chorosas.

Deve ter sido difícil para Sofka ficar com a mãe e o tio Peter na Pequena Casa Cinza. O pessimismo e a depressão do casal agora refletiam os sentimentos dela, e ela concordaria com o provérbio de Sophy de que o destino é cruel e gosta de dar pontapés quando se está caído. Não obstante, nem tudo ia mal, e alguns amigos e parentes deles estavam se dando muito bem em Paris. O tio por parte de mãe de Sophy, Alexander Polovtsoff, evidentemente, levava jeito para sobreviver: apesar de ser um esteta até o fundo da alma e nobre riquíssimo, os bolcheviques o valorizaram. Tanto que lhe permitiram passar vários anos posteriores à Revolução recolhendo e guardando incontáveis tesouros e obras de arte de casas particulares em risco de se perderem, serem queimados ou saqueados, bem como preservando prédios e museus. Agora, em Paris, era bem-sucedido no mundo das antiguidades, e sua sofisticada esposa abrira o próprio negócio de alta-costura. Enquanto isso, o sobrinho de Pierre casara-se com a filha de Serge Rachmaninov, e Sofka acompanhava os "pais" à casa do compositor, onde ouviam-no tocar piano. Aproveitando-se da predileção do momento pelo estilo russo, Felix Yusupov e a esposa Irina abriram a casa de modas Irfe (nome composto das primeiras letras do nome deles) e, embora não tenham prosperado, Irina, com seus olhos tristes, ainda usava as pérolas dos Yusupov, e Felix apresentava-se elegante como sempre, fazendo sucesso nos jantares narrando histórias de seu passado de assassino. O glamouroso casal sempre visitava os Volkonski, e Sofka lembra-se de, refestelada no divã do tio Pierre, ouvir Felix narrar com satisfação os detalhes sanguinolentos da morte de Rasputin para um visitante norte-americano extasiado.

Talvez, Sophy e Pierre fumassem o suspeito cachimbo de ópio juntos, mas o prazer de Sophy de se esquecer do mundo já devia ter se tornado um vício pessoal e secreto. Ela descobriu que podia obter receitas de láudano (ópio dissolvido em álcool), como medicamento de uso externo para combater a nevralgia. Depois, injetava-se o líquido e, por algumas horas, refugiava-se numa deliciosa paz, e alegava dores de cabeça para jus-

A Europeia 171

tificar o isolamento. Se a droga, em outros tempos, abrira-lhe a mente para respostas existenciais, tornara-se o melhor método de fugir da desesperada tristeza da vida. Sophy agora contava 40 anos, uma mulher de meia-idade sem segurança, nem futuro. Todavia, a despeito da infelicidade, seu desejo criativo continuava vivo. Mesmo após uma noite inteira dirigindo o táxi pela cidade escura, encontrava energia para ler e escrever. O amigo Jock Balfour, que conhecera na embaixada britânica de Budapeste, conseguiu-lhe uma assinatura do *Times*, o que lhe permitia acesso a todo livro enviado da Inglaterra à sua biblioteca. A fim de ajudar a pagar as contas do mês, resenhava esses livros na imprensa dos emigrados russos, e foi nessa época que escreveu o livro sobre o resgate de Pierre em 1920.

Enquanto a mãe consumia drogas, Sofka tentava aliviar o sofrimento frequentando a igreja popular russa da rue Daru. Hoje, parece improvável, visto seu posterior comunismo, mas ela sempre admitiu sentir respeito pela religião e apreço por sua estética. Em idade mais avançada, costumava descrever-se como uma "cristã que não acreditava em Deus". Também fez um curso de taquigrafia e datilografia em francês e inglês, lembrando a antiga oferta da duquesa de contratá-la como secretária quando crescesse. E não deu outra: na primavera de 1928, chegou uma carta de Ferne dizendo que poderia começar no outono. Para ocupar os meses que faltavam até lá, Sofka trabalhou em variados empregos: de vendedora numa chapelaria; ajudando na contabilidade de uma empresa que comercializava peças de tricô; e vendendo capas de gala. Conquanto a primeira experiência de receber gorjeta a tenha feito enrubescer de vergonha, logo aprendeu a aceitar moedas.

Mais eficaz que a oração e o trabalho como remédio para as dores do coração foi a nova vida social. Havia inúmeros jovens que gostavam de vinho barato e poesia, e Sofka até mesmo ajudou a fundar um círculo literário, em que os membros passavam quase metade da noite tentando responder às grandes questões da vida e discutindo sobre livros. Tempos depois, escreveu que foi também a primeira vez que "apliquei a infalível panaceia para os desgostos amorosos: se algo der errado com determinada pessoa, vá se consolar com outra. Havia gente à beça com quem flertar pairando no limiar da minha obsessão. Flertei". Depois de ouvir três homens se declararem para ela numa mesma noite, sentiu-se muito mais feliz: "O orgulho já estava totalmente curado e, afinal de contas, ele tem um dos papéis mais importantes na desilusão da juventude." Essa observação em retrospecto leva a crer que o olhar distanciado tentava dar uma explicação coerente ao que, na verdade, consistira numa assustadora confusão de sentimentos. No entanto, não há dúvida de que Sofka, de fato, valeu-se da distração dos galanteios como método de prevenção e terapia contra as decepções amorosas.

★

Sofka tinha apenas 21 anos quando chegou para assumir a função de secretária da duquesa, em novembro de 1928. Certamente, sentiu-se muito à vontade em Ferne — realmente, uma parte da família —, apesar de o salário de duas libras por semana, mais casa e comida de graça, fazerem dela, em tese, uma funcionária. Essa melhoria financeira permitiu-lhe mandar metade do que ganhava para a mãe, em Paris.

A vida mudara para os Douglas-Hamilton, e, agora, nenhum dos mais jovens morava em casa: todos os quatro rapazes estavam estudando fora ou perseguindo carreiras políticas ou militares; Margaret, uma jovem brilhante cercada de pretendentes, residia em Londres; Jean, a irmã mais velha, casara-se; e Mairi, a bela caçulinha da família, morrera de uma doença no ano anterior, com apenas 12 aninhos. A duquesa demonstrava o luto usando somente roupas brancas, estivais e aparecia, inclusive no inverno, com meias brancas e tênis de ginástica (nada de couro) sob saias pálidas. Agora mergulhara com mais ímpeto ainda na proteção dos animais: uma crescente coleção de animais — selvagens e domésticos,

A Europeia
173

feridos, doentes e curados — habitava Ferne. Sua obsessão pela onda de espiritualismo em voga na época também se intensificava, e ela invocava poderes psíquicos para fazer contato com a filha querida que se fora, por meio de sessões espíritas, médiuns, ectoplasma e auras.

A duquesa contava com numerosas "mulheres-animal" (nas palavras de uma cunhada) e curiosos parasitas, mas ela e a sua Sociedade Protetora dos Animais ainda eram dominadas pela Srta. Lind-af-Hageby. Apesar de os Douglas-Hamilton mais jovens tenderem a ver o rosto mal-humorado e enrugado de uma impostora, a duquesa mantinha-se firme ao lado da amiga sueca; por mais que falassem das crenças bizarras e dos hábitos peculiares da duquesa, todos descreviam-na como uma pessoa de grande lealdade, benevolência e cordialidade. Num livrinho piegas que escreveu sobre a vida da jovem Mairi, a duquesa afirmava que a filha sempre se lembrava da mulher sueca em suas orações: "Por favor, Senhor, abençoe a querida Srta. Lind e não permita mais a crueldade, a vivissecção e o costume judaico." O "costume judaico" referia-se à repulsa que as duas mulheres sentiam pelos métodos judaicos de abater animais; regularmente, ambas escreviam cartas para publicar no *The Times* pedindo que não se vendesse carne nas lojas cristãs. Se se tratava de franco antissemitismo ou apenas de uma preocupação incontrolável com os animais, é agora difícil de averiguar, mas suspeito que teve o mérito de matar dois coelhos numa cajadada só... Sofka, mais tarde, descreveu o que acreditava ser "o antissemitismo inerente à 'elite' britânica", que "sempre me fez rosnar".

Dificilmente, Sofka ficava sobrecarregada de trabalho. Ela conhecia as rotinas diárias: orações no saguão, com os criados agrupados de um lado; lautos cafés da manhã sob tampas de prata na sala de jantar; e levar para caminhar alguns dos muitos cachorros — uma foto a mostra com Deirdre, o imenso cão irlandês caçador de lobos. Passeava pelos jardins, passando pelos pôneis com ferraduras de couro especiais, empurrando ceifadeiras sobre as acetinadas extensões de gramado, e talvez descendo até as estufas para pegar, às escondidas, alguns perfumados moscatéis. Também datilografava cartas e convites e frequentemente assumia o lugar da duquesa na abertura de eventos ou dando palestras antivivissecção. Como princesa Dolgorouki, era a perfeita dublê para cortar fitas e entregar prêmios, e sem dúvida divertiam-lhe os tours que fazia pela Sociedade Protetora dos Animais pelas regiões rurais da Inglaterra. Os camponeses deviam ficar espantados ao ver as duas mulheres saindo da van: a duquesa escultural com olhos de um azul intenso e um grande crucifixo de pedra sobre o peito e sua bela e jovem acompanhante russa. Elas se punham, então, a exibir os hediondos instrumentos usados nos experimentos animais; Sofka aprendeu rapidamente as técnicas da patroa e logo era capaz de gritar apaixonadamente sobre as técnicas humanitárias de matança da Suíça e o modelo de abatedouro da duquesa em Letchworth.

Ainda havia as viagens à Escócia e períodos passados em Londres, mas Ferne era a base. Nos fins de semana, vinham os Douglas-Hamilton da idade dela, e Sofka ia com eles andar a cavalo nas colinas perto do mar e vestia-se para o jantar como se fosse hóspede habitual da casa. Ao que tudo indica, num ambiente em que se valorizava muito a etiqueta e sempre se mencionavam os títulos, decerto, contou ponto quando Coulsey dirigiu-se a ela como "Vossa Alteza". A predileta de Sofka continuava sendo "lady Margaret", que chegava esbaforida de Londres, virando o casaco de peles do avesso para evitar uma bronca da mãe, e contando histórias das festas de melindrosas e de suas intrépidas escapadelas. Ela convidava Cecil Beaton para ir lá, e o fotógrafo, que morava perto da Casa Ashcombe, tirava fotos da sua esplêndida figura e, secretamente, babava pelos irmãos dela — "criaturas atléticas, divinas".

Douglo, o futuro duque, possuía um biplano de carlinga descoberta próprio — um Moth, feito de madeira e tecido —, no qual levava Sofka e outros para dar rodopios e loops na região rural de Wiltshire. Talvez, a arriscada liberdade desses voos levassem Sofka a se lembrar da mãe. Poucos anos depois, viriam a aclamar Douglo como a primeira pessoa a sobrevoar o Everest; "correntes de ar descendentes são tão ruins quanto voar sobre as Montanhas Grampian", disse mais tarde e, durante a guerra, ele, e também seus três irmãos, foram todos pilotos da Força Aérea Real e líderes de esquadrão. (Permanece um mistério exatamente por que foi na casa do novo duque de Hamilton, na Escócia, que Rudolph Hess saltou de paraquedas, na esperança de conseguir um acordo de paz.)

Sofka considerava Geordie, o segundo filho da família, o mais atraente dos irmãos. Afilhado de Jorge V, posteriormente, tornou-se conde de Selkirk e teve uma eminente carreira militar e política. Ainda com 22 anos (um ano mais velho que Sofka), já chamava a atenção da família pela perspicácia e pelo amor à leitura. Esse traço contrastava-o com os irmãos; a filha de Margaret lembrava que bastava a mãe ver alguém com um livro para se aborrecer e gritar: "O que você está fazendo? Tem tanta coisa para fazer!"

Parece que houve algum elemento de romance entre Sofka e Geordie, do qual não resta prova alguma. Sofka falava deles como tendo sido "muito íntimos", e meu pai (que acabou ficando sob a tutela de Geordie depois de perder o pai) sempre acreditou que eles tiveram um envolvimento em algum momento. Quando Geordie adoeceu no final dos anos 1920, foi Sofka a quem chamaram para ajudar como "companheira" na convalescença, em Ferne. Ela recorda os dois fumando cachimbo, lendo Platão, Hegel e Descartes e indo para a cama cedo depois do chá. Talvez se dessem as mãos, ou até mesmo uns "amassos" — algo que descobriu que os homens ingleses (diferentemente dos franceses) pareciam esperar depois de uma saída à noite. Entre os papéis de Sofka, encontrei uma fotografia de estúdio de Geordie — implacavelmente masculino e muito bem-vestido, com todas as roupas tradicionais de tartã (típico tecido de lã axadrezado escocês) e condecorações, espada e sapatos com fivela de prata.

Foi em Ferne que Sofka, finalmente, perdeu a virgindade, mas não com Geordie. O amante permanece anônimo nas suas memórias, talvez porque se transformou num complicado caso de adultério. Ela escreve com certo acanhamento que, nos passeios a cavalo que fazia de manhã cedo em Ferne, conheceu um "jovem atraente" — filho do dono de uma fazenda situada no alto da colina. Creio que gostava do fato de ser secreto e, certamente, imaginava que os círculos dos Douglas-Hamilton não o receberiam como um admirador adequado. O pior, porém, era o noivado dele, embora, entre um beijo e outro, o rapaz afirmasse que terminaria com a outra garota, ausente na ocasião. Tudo foi por água abaixo quando a noiva de nome desconhecido mentiu que estava grávida e o casamento continuou de pé. Segundo Sofka, dessa vez o sofrimento era algo que dava para controlar — ao contrário da profunda infelicidade que sentiu com a separação de Andy —, e, na verdade, foi depois do casamento que eles se tornaram amantes.

Sofka e o anônimo filho de fazendeiro haviam terminado quando ele se casou, mas Sofka cavalgou até o "antigo local de encontro dos dois" algum tempo depois, e lá estava ele, esperando por ela. "Sem dizer palavra, desci do cavalo e caí nos braços dele... Saí de mansinho naquela noite para encontrá-lo e, quando voltei, já não era mais virgem." Seguiu-se um período "agridoce de um mês ou dois". Ela escreveu que foi a única vez em que teve caso com homem casado: "Acho que deveria ter aprendido a fazer amor de uma forma mais feliz, mas com certeza é a intensidade do sentimento que realmente conta, muito mais que um final feliz. Depois de um tempo ele foi embora daquela parte do mundo e, deliberadamente, rompemos todo contato."

Não sei se Sofka teve confiança de contar o segredo para Margaret, especialmente dada a preocupação da garota com amor e a atmosfera que lembrava os romances de Nancy Mitford: a casa grande, aristocrática; os pais excêntricos; os promissores namorados em seus carros motorizados, as moças com pérolas e cabelos ondulados, tudo parecia sair direto de *The Pursuit of Love* [À procura do amor]. Margaret decerto contava para Sofka quando as coisas ficavam sérias com algum de seus vários admiradores, e, depois do anúncio do noivado, em 1929, a duquesa coagiu a jovem secre-

A Europeia   **177**

tária a organizar o casamento. Era para ser um evento grandioso para um casal cujo glamour natural fazia as pessoas se virarem para olhá-los aonde quer que fossem; James Drummond-Hay era tão alto quanto os irmãos de Margaret, e as fotografias mostram-no vestido com a indumentária tradicional escocesa — kilt e um "sporran", a bolsa de couro usada em frente à saia, ostentando a cabeça de um texugo, que parece estar saltando furiosamente de sua virilha. Houve quem dissesse que Jimmy, apesar de não muito brilhante, tinha bom coração, e também aqueles que falaram que Margaret começou a corneá-lo desde os primeiros dias da lua de mel, mas não há dúvida de que se valeram de todos os meios para realizar o casamento deles. E boa parte disso ficou a encargo de Sofka. Enviou convites para mil convidados, que se reuniriam na catedral de Salisbury, e selecionou 150 deles para as danças escocesas na festa noturna. Havia um monte de presentes para pôr na lista, e Sofka não só teve de juntar num mesmo lugar as 12 damas de honra adultas, para que ficassem em forma para usar vestidos esplêndidos, peles de veludo e penteados combinados, como foi uma delas.

A descrição do *The Times* do "vestido de noiva medieval de lamê creme confeccionado com fios de ouro e prata" de lady Margaret assinalou a multicolorida comitiva "arco-íris" de damas de honra, com cores como "cor-de-rosa, lilás e cereja". Pamela Bowes-Lyon (que em breve se casaria com o irmão de Margaret, Malcolm) estava de verde-cinza e a "princesa Sofka Dolgorouki de verde-jade". As fotografias dos álbuns dos Douglas-Hamilton mostram homens com polainas brilhantes e gravatas-borboleta de seda e belas moças cobertas de joias. Sofka parece um pouco ansiosa, ou aborrecida. Será que estava pensando no filho do fazendeiro? Ou talvez as sobrancelhas arqueadas e a boca caída indicassem que estava preocupada por ter esquecido alguma coisa dos preparativos. Pode ser que só se sentisse desconfortável, no frio intenso de fevereiro, vestindo sapatos de cetim, aparentemente, apertados e de salto alto, e uma saia leve, segurando um buquê de orquídeas, lírios-do-vale e tulipas, preso com laços de xadrez tartã dos

Sofka foi a principal organizadora do casamento de Margaret Douglas-Hamilton com Jimmy Drummond-Hay, realizado na Catedral de Salisbury. Além de se responsabilizar pelo envio de mil convites e pela lista de presentes, fez parte da comitiva "arco-íris" de uma dúzia de damas de honra, aqui vista seguindo os recém-casados.

Drummond-Hay e dos Douglas-Hamilton. Vê-se Matheson, o fiel tocador de gaita de foles do duque, na extremidade da fila da alta sociedade, com o peito coberto de medalhas militares. Ele deleitou as multidões de simpatizantes reunidos fora da catedral, e, mais tarde, na festa de danças escocesas, deu novamente o máximo de si.

★

Apoiada na fortuna e no conforto dos Douglas-Hamilton e absorta nos casos amorosos, Sofka tinha pouca oportunidade para reparar na crise econômica e o desemprego crescentes da Inglaterra. No entanto, foi o ingresso de Douglo na política que abriu seus olhos e a persuadiu, pela primeira vez, a tender para a esquerda. Como marquês de Clydesdale, Douglo era candidato em Glasgow pelos conservadores unionistas, e Sofka participava de um grupo de pitorescas socialites que o acompanhavam na campanha. Enquanto pedia votos e proferia discursos, ela ficava muito mais sensibilizada e estarrecida com a pobreza extrema que testemunhava. O contraste terrível de seus carrões modernos entrando nas fedorentas favelas era difícil de tolerar; havia algo de obsceno no fato de o marquês e a princesa (como os jornais os apelidavam) reunir multidões num cômodo imundo e caindo aos pedaços que era o espaço em que moravam dez membros de uma família faminta que vivia de seguro-desemprego. Ela se sentia envergonhada diante das mães pálidas e magras carregando bebês chorões e da velada humilhação dos homens desempregados. Sofka não contou para Douglo que foi ouvir o discurso de um dos candidatos ao Partido Trabalhista, querendo saber se talvez ele oferecia uma solução melhor, mas não adiantou seu silêncio, acabou saindo nos jornais. De repente parecera-lhe absurdo que alguém tão privilegiado como Douglo pudesse representar pessoas tão miseráveis e necessitadas como as que conhecera na campanha. Ele jamais entenderia isso. Ela deixou a Escócia profundamente chocada, provavelmente lembrando a experiência russa e de que ali também se fazia necessária uma mudança drástica. Demorou um tempo, porém, até tomar uma atitude concreta em relação a isso.

Sofka, pelo visto, ainda deve ter se sentido profundamente dividida. Começara a andar com um novo admirador, o riquíssimo George Sale, que a pegava no seu carrão e a levava para as casas noturnas mais chiques de Londres, e chegava a falar em casamento. Mas ela estava insatisfeita. A vida com a duquesa começava a perder o interesse — o espiritualismo a aborrecia e o entusiasmo por porcos de gesso no abatedouro não podia durar muito tempo. Também passou a se exasperar com as amigas de Margaret, que só falavam de roupas e cavalos, e reconheceu em si mesma um esnobismo intelectual que não diferia do da mãe. Apesar da falta de

Em 1930, Sofka continuava se divertindo com aventuras da alta sociedade de que participava com o grupo dos Douglas-Hamilton, embora também já começasse a buscar algo mais.

instrução formal ou de uma carreira gratificante, provavelmente uma voz interna desaprovadora gritava "Frivolidade!", diante de toda essa vadiagem. Uma carta para a mãe, escrita por volta de meados dos anos 1930, dá uma boa ideia da sua verve e energia e revela um grau surpreendente de abertura e afeição filial. A referência ao namorado seguinte insinua as grandes mudanças que em breve ocorreriam:

Querida Moppy,

Vou datilografar seu livro, pois vejo que não está muito claro [refere-se à tradução para o inglês feita por Sofka do livro da mãe *The Way of Bitterness* (O caminho da amargura)]. Como está indo a terceira parte?

... Consegui, enfim, um visto permanente para morar na Inglaterra, então, dá para ter ideia de como estou contente... Escrevi para o Home Office* pedindo para prolongar meu visto o máximo possível, dizendo que queria ficar aqui, que achava a vida na Inglaterra muito agradável. [Ela não menciona que "perdeu" o passaporte Nansen de propósito] (...) Portanto nesse sentido estou feliz e segura. É muito bom...

Quanto ao G. saímos todos os sábados e ele também está me levando para sair quarta à noite. Mas o pior é que, quanto mais vejo esse pobre homem, menos sedutora me parece a ideia de ficar com ele para o resto da vida. E o frisson de segurar a mão dele diminui cada vez mais. Ele é muito bom e coisa e tal, mas... Ah, é difícil explicar. Afinal de contas, depois de um tempo, começo a achar ele chato à beça, e o que pode ser mais fatal que isso? Mas vamos esperar para ver. Ele viaja de novo no final de agosto e volta lá para fevereiro. Talvez a ausência dele consiga me despertar algum entousiasmo [*sic*]. Mas dá para imaginar as cartas dele personifica-

---

* Órgão britânico responsável pela imigração. (*N. da T.*)

das? E ele fica sempre repetindo as mesmas piadas — e não acredito de jeito nenhum que um "reluzente Rolls Royce" que "desperta inveja no coração dos destituídos" seja capaz de compensar isso, não concorda? Pois é isso que estou sentindo no momento. Como disse, pode ser que passe, vamos esperar para ver.

Tive uma noite superinteressante na última quinta-feira. Fui com uma moça de quem gosto muito, Helen Greg (amiga de Margaret) à casa de Sir Henry Norman [político e jornalista], e lá conhecemos três outras moças e, de homem, adivinha quem???? Bernard Shaw, Harold Nichols [*sic*, provavelmente, Harold Nicolson], A. A. Milne, Sir John Simons, Sir Edward Lutyens [*sic* — Edwin Lutyens, o arquiteto], Joynston-Hicks [um membro do Parlamento]. E todos tivemos cerca de 20 minutos tête-à-tête com Bernard Shaw. Ele conversou comigo sobre o caráter russo e contou algumas histórias da vida dele...

Preciso parar agora, porque estou indo almoçar na casa dos Greg. Jantei com Arkadi e Freddy Chehacheff uma noite dessas. Ele é correto, mas não gosto muito do tipo deles. Sei lá por que, não me despertam confiança.

Hoje, vou sair com o rapaz Zinovieff. Ele é bem diferente, realmente boa pessoa, e faz alguma coisa, está progredindo, desenvolvendo uma carreira (constrói pontes etc.), enquanto aqueles dois vivem de crédito e, em minha opinião, tentam ser, e são, homens do mundo. Preciso ir. Acho que na quinta vamos para a Escócia [com os Douglas-Hamilton].

Muitos beijos,

Sofka

CAPÍTULO 6

A Esposa

Se quiser saber o que Deus pensa sobre dinheiro,
basta olhar para aqueles a quem Ele o dá.
— Maurice Baring

"O rapaz Zinovieff" parecia mais velho que seus 25 anos. Os cabelos, já se escasseando, apresentavam penteados para frente, bem rentes à testa alta e ligeiramente franzida, e os óculos com armação de metal pareciam entalados num nariz com indícios de fratura de infância. Tinha olhos azul-claros, lábios sensuais, um pequeno bigode e um charme imenso. Segundo a opinião geral, era loquaz, espirituoso, gentil e com um dom especial para atrair as mulheres. "Ele era brilhante em muitas coisas", disse a irmã mais nova dele, Elena. "E era muito alto e elegante. Era excelente dançarino. Quando dançava, a parte de cima do corpo dele ficava parada, só as pernas se moviam. Na pista de dança, todo o mundo parava para admirá-lo."

Liguei para tia Elena na França para conversar com ela sobre seu irmão mais velho. Só a havia visto uma vez, quando criança, e ouvi uma pausa quando me apresentei como Sofka. Quando acrescentei "Sofka Zinovieff", ela, com voz de surpresa, repetiu minhas palavras com uma interrogação: "Sofka Zinovieff?" Parecia que tinha voltado no tempo 75 anos e se deparava com um fantasma. Depois de esclarecer que eu não era sua falecida ex-cunhada, ela se mostrou muito amável. Por que eu não ia lá fazer-lhe uma visita, perguntou. Afinal, a viagem de trem partindo de Paris durava apenas duas horas. Então, não demorou muito e me vi chegando à estação Moulin, numa tarde nevosa de fevereiro. Não havia como não reconhecer tia Elena, acenando do final da plataforma. Estava com quase 96 anos, mas permanecia alta, esbelta e elegantemente vestida. Dava para ver que fora modelo na juventude: postura ereta, lábios vermelhos, brincos de pérola e cabelos brancos cuidadosamente penteados. Abraçou-me calorosamente.

A governanta francesa nos levou de carro através de embranquecidas ruas provincianas, cercadas de árvores aparadas, sem folhas, para uma casa de telhado de ardósia e quase quarenta metros quadrados, situada atrás de portões num amplo jardim. Dentro a sensação era de uma casa confortável, refinada e ligeiramente surrada, que já cumprira seu dever — ali, tia Elena criou os seis filhos com o marido francês e continuava recebendo muitos hóspedes. A sala de estar era cheia de retratos de netos e russos falecidos havia tempo, e, quando sentamos para tomar chá fraco, fiquei imaginando como começar a falar da mulher que eu sabia que tia Elena detestava.

"Na vida, a gente conhece pessoas extraordinárias", disse tia Elena, indo direto ao assunto. "E Sofka era uma delas." Fez uma pausa, lutando com a consciência. "Não quero falar mal... Mas ela era terrível! Aqueles olhos escuros até não poder mais. Ela, sem dúvida, atraía os homens. Tinha um belo rosto, com cabelos bem pretos e olhos escuros — você sabe que isso é raro nos russos. Tinha dentes lindos — branquíssimos — e, quando ria, viam-se os dentes e o branco dos olhos brilhando. Minha mãe era do mesmo círculo dos pais de Sofka em São Petersburgo, mas eles eram muito diferentes de nós. Os pais de Sofka tinham vida amorosa livre, o que para nós era absolutamente impossível. Sofka era completamente natural nesse sentido; para ela, era natural dormir com homens e ser provocante e namoradeira."

Nos tempos de juventude, tia Elena admitiu que ficava impressionada quando ela e Sofka "iam a alguns coquetéis", e Sofka (dois anos mais velha que ela) predizia que homem a levaria para casa. "Ela se sentava bem pertinho de um homem e ria, inclinando-se na direção dele — coisas que se viam em filmes antigos. As pessoas provavelmente achavam que a licenciosidade de Sofka era típica dos russos. Mas, na verdade, não conheci nenhuma moça russa como ela." Logo Elena passou a pedir sempre, nas suas orações, que Deus não permitisse que ela ficasse igual a Sofka.

No jantar, tia Elena abriu um vinho branco e, terminado o salmão defumado, tocou o sininho para avisar à governanta que podia trazer o filé e depois a torta de maçã feita em casa. Conversamos sobre a família Zinovieff.

"Naquela época, éramos refugiados havia bem pouco tempo", disse, lembrando que o dinheiro deles acabou completamente por volta de 1925. "Estávamos paupérrimos, até para conseguir pagar a conta de luz era uma luta. Minha mãe costumava retirar a lâmpada e circular com ela pela casa; quando tínhamos de fazer o dever de casa na sala de jantar, ela levava a lâmpada para lá." Moravam no número 19 da Mornington Avenue, numa casa grande, de tijolos vermelhos e estilo vitoriano, em West Kensington. Era cheia de gente. Embora Olga, a irmã mais velha, já fosse casada, Leo, o primogênito, acabara de voltar do primeiro emprego de engenharia na Irlanda, e Elena e Kyrill ("les petits", como Leo os chamava pejorativamente) continuavam na casa dos pais. Elena trabalhava como modelo na casa de alta-costura Worth, e Kyrill ainda estudava. A mãe sustentava a família dando aulas de russo e alugando quartos para estudantes russos que queriam viver num ambiente russo. Todo cômodo disponível (no final já incluindo a sala de jantar) era destinado a uma população de cerca de seis rapazes do Foreign Office ou das Forças Armadas que adoravam a professora alegre e sorridente.

"Todos achávamos esses hóspedes pagantes uma praga", disse tia Elena, lembrando-se da caótica falta de privacidade, "mas mamãe sempre se mostrava muito animada com os alunos-inquilinos e nunca reclamava. Ela brincava, dizia que estava formando 'futuros espiões'." Provavelmente estava certa: havia sempre um policial plantado no final da rua, ao que tudo indica para monitorar essa incomum mistura de exilados apátridas, diplomatas pretensiosos e jovens oficiais ambiciosos. *Père* Zinovieff não conseguia emprego e, conquanto sua paixão fosse os livros de História, fazia as compras da casa no mercado da North End Road e ajudava no trabalho doméstico. Kyril lembra que até esvaziar os penicos dos hóspedes pagantes ele fazia, e advertia os filhos refugiados: "Nunca, nunca considere um trabalho humilhante demais para você!"

No subsolo, dando para o jardim sinuoso de cerca de 4 mil metros quadrados, ficava a cozinha caótica de Manya, cheia de panelas fervendo e visitas tagarelas tomando chá — a maioria de outros empregados russos como ela. Manya fora "dada" à mãe de Leo por ocasião de seu casamento, quando ambas contavam 20 anos. Décima segunda filha, ilegítima, de uma lavadeira, foi criada numa instituição de caridade de São Petersburgo (fundada pela avó por parte de mãe de Leo), onde aprendeu corte e costura. Pequenina, pia, gárrula e devotada aos Zinovieff, ela deixara a Rússia com eles e, mesmo nem sempre recebendo salário — frequentemente não havia dinheiro suficiente —, nunca aventou a ideia de ir embora. "Sou uma verdadeira proletária!", gostava de dizer depois da revolução que virou a vida de todos de cabeça para baixo. No exílio, Manya abandonou o trabalho de fazer blusas finas de musselina e se transformou

A Esposa

187

numa exímia cozinheira e confidente da família. Da sua cozinha saíam tortas de repolho e ovo, costeletas, molhos de cogumelos e sopas com cheiro da terra natal. Ela alimentou diversas gerações de crianças, e seu legado se infiltrou até na cozinha da minha casa, com meu pai insistindo em que eu acrescentasse quantidades excessivas de manteiga e fizesse a massa do *piróg* "como a de Manya".

A primeira visita de Sofka à Mornington Avenue entrara para o folclore dos Zinovieff, depois de ela ter supostamente se recusado a retirar o casaco no saguão. "Quero retirá-lo no quarto de Leo!" — dizem que foi isso que falou e, em seguida, subiu correndo as escadas. Tenho minhas dúvidas de que tal audácia se deu, de fato, no seu primeiro encontro com a família; ficou, no entanto, claro o sentimento de invasão.

"Meus pais disseram que ela simplesmente o atacou", revelou tia Elena, impiedosamente. Será que foi lá, no quarto de Leo, que Sofka viu que o queria? E como o "atacou"? Imagino-os olhando através da pequena sacada para os plátanos de Londres e para o conjunto de casas de tijolo vermelho da mansão. Será que Leo confidenciou-lhe que queria ser engenheiro civil desde criança em São Petersburgo? Será que lhe contou que chegou à Inglaterra aos 15 anos sem saber nada de inglês, mas fez um curso intensivo com o Sr. Reeve e passou em primeiro lugar para o City and Guides Engineering College? Havia solidez e seriedade por trás do seu jeito risonho e galanteador: ele sabia exatamente quais eram suas ambições, o que era certo e o que era errado, e adotara o sentimento de honra pessoal do pai. Talvez tenha sido lá que se beijaram pela primeira vez — Leo, alto, de olhos azuis e anguloso, curvando-se ligeiramente para abraçar aquela criatura delicada mas impetuosa, misteriosa, alegre e de seios fartos.

Apaixonaram-se. E Sofka se sentia bem em Mornington Avenue: tagarelice russa (todos os Zinovieff exageravam à beça para produzir um efeito cômico ou trágico), a comida com gosto da infância e música clássica no gramofone. Manya, cuja última tarefa do dia consistia em servir o chá da noite com bolo caseiro às 11 horas, entrava em transe sempre que punham para tocar Mozart ou Bach. Havia hóspedes fiéis: a adorada ex-ama de leite de Leo, que o cumulava de atenções como nos velhos tempos; tia Vyeta, que comovia todo o mundo com seu canto: Leo tocava violino e conseguia "arranhar" uma balalaica, e sua mãe era uma talentosa pianista. Sofka discutia literatura com Kyril, e seu futuro sogro falava de São Petersburgo: ele pertencera aos Horse Guards com Petya, e tanto ele quanto o pai haviam sido marechais da nobreza. Era ao mesmo tempo agradável e familiar. Depois da obtusidade de George Sale e seu ostentoso e "brilhante Rolls Royce", e o privilégio e o esnobismo do ambiente dos Douglas-Hamilton, era a sensação de realidade.

Não havia muito dinheiro para jantar fora, mas, para comemorações, Sofka e Leo (e os amigos) preferiam o Hungaria, na Regent Street — um dos restaurantes mais populares da época. O chef italiano que o comandava, Joseph Vecchi, trabalhara no Astoria, em São Petersburgo, antes da Revolução. Vecchi era mestre na seleção de *zakusky* [antepastos russos] para comer com vodca e em dar vida às coisas com sua verve eslava. Ele apresentou aos londrinos o frango *à la Kiev* e o *koulibiac* de salmão e tirou da rua músicos russos sem um tostão furado: Gregory Makaroff fez a carreira no Hungaria, onde foi admirado pelo príncipe de Gales, e a duquesa de York gostava de seu cão de estimação, um fox terrier branco, que sempre o acompanhava no palco. Vecchi conhecera o pai de Sofka nos tempos do Astoria e recebeu com entusiasmo a filha do ex-cliente: ofereceu-lhe desconto e, como fazia com todos os fregueses russos, cumprimentou-a na língua natal, com patronímico e título. Em suas memórias, Vecchi afirmou que "sempre sabia quando uma mulher tinha sangue russo". Além de culta, "o charme da mulher russa nunca deixa de encantar. Ela é 'diferente' e imprevisível". Vecchi acreditava que isso se dava, em parte, por causa do interesse delas pelo modo de vestir, "a menos que se interessem pela Revolução", nesse caso não davam a mínima para a aparência. Imagino que, mais tarde, Sofka viria a concordar com ele e se situar na categoria "revolucionária", mas as provas fotográficas indicam atenção aos detalhes femininos naquele estágio da vida:

A expressão austera de Leo não corresponde ao seu charme inteligente e espirituoso nem à sua natureza afetuosa. Sofka se sentiu em casa no ambiente familiar animado e musical dos Zinovieff, e ela e Leo se apaixonaram logo.

colares, saltos, peles e cabelos brilhantes enrolados em coques no formato de "fones de ouvido". Tia Elena também era louca pelo Hungaria, e foi na pista de dança de lá que o Sr. Worth a descobriu e a chamou à mesa para sondar a perspectiva de admiti-la como modelo. Depois, quando trabalhava para ele, ela ganhava roupas de sua criação para exibir nas idas ao Hungaria, atuando, assim, como modelo vivo para a casa de alta-costura dele.

Desde o início, as pessoas reparavam as diferenças de personalidade do casal: Leo absolutamente não compartilhava o amor pela poesia de Sofka; via a poesia como perda de tempo, enquanto para ela era fundamental à vida. Esses detalhes, todavia, eram insignificantes diante da paixão recém-nascida. Já haviam se tornado amantes e logo decidiram se casar. Mais tarde, ouviram-se rumores de que Leo estava tentando se recuperar do trauma causado pelo recente rompimento com uma ex-namorada, e, talvez por causa de seu sentimento de honra, permaneceu com Sofka. Tenho minhas dúvidas quanto a isso; acho que ambos estavam apaixonados e com o otimismo natural da juventude. Socialmente, o relacionamento deles representava uma excelente união de duas antigas e nobres linhagens russas, e Leo, que dava importância a essas coisas, ficara encantado com as origens da futura noiva. Desconfio que Sofka não estava interessada; decerto sabia que o casamento não lhe traria riqueza nem conforto. Diversas pessoas eram contra o casamento: o avô de Leo escreveu de Roma para dizer que a moça dos Dolgorouki não era confiável e iria difamar a família (pelo visto, o ato de beijar Alexander no jardim maculara sua reputação); e (de acordo com os Zinovieff) até mesmo a mãe de Sofka escrevera avisando que logo eles veriam que tipo de pessoa sua filha realmente era. Será que Sophy poderia ter feito isso? Se fez, quais seriam suas razões? A resposta jamais saberemos, mas, *post factum*, isso definitivamente pôs mais lenha na fogueira do ultraje dos Zinovieff.

Conversando com tia Elena, me dei conta de que Sofka acabou representando tudo que ela (e, por extensão, sua família) não era. Passados os anos, criaram-se arquétipos distintos e fixos. Elena pusera toda a energia para ser boa: esposa fiel, mãe dedicada e católica praticante. Sofka, no outro extremo, não era só "preguiçosa, relaxada e imoral", era "má": adúltera, mãe relapsa, comunista ateia. Embora imagine que, no início, os Zinovieff se deram bem com a noiva de Leo, depois passaram a considerá-la uma maçã podre.

Tornou-se praticamente um credo dos Zinovieff demarcar as divergências, que abrangiam tudo: interesses, conduta moral e até mesmo características físicas. Assim, conquanto Sofka tenha escrito que, quando jovem, saía para dançar e para jogar tênis, tia Elena afirmava que nunca fez nada disso ("ela não pode ter dançado. Era impossível — não era capaz de mover os pés com a rapidez exigida pelo foxtrote e pelo charleston..."). Além disso, tia Elena e tio Kyril disseram que a duquesa de Hamilton não gostava de Sofka e se opusera a seu casamento com Leo, contrariando todas as provas que eu obtivera da intimidade duradoura entre ela e os Douglas-Hamilton (embora, muito provavelmente, as opiniões tenham mudado mais tarde, sobretudo quando Sofka abraçou o comunismo). Deu-me a impressão de que não convinha aos Zinovieff acreditar que Sofka era querida e dotada de virtudes como as deles. Ouvi à beça falarem da "pobre compleição" de Sofka, que ela não era de modo algum "bem proporcionada" — uma das expressões prediletas dos Zinovieff, que aplicavam a todos os membros altos e magros da própria família. Sem dúvida, Sofka foi robusta na meia-idade e enorme na velhice, mas as fotografias que vi da sua juventude mostram seu corpo variando entre bem-dotado, curvilíneo e muito magro, e sempre atraente.

Quando fui embora, saí convencida de que tia Elena era uma das pessoas mais afetuosas e encantadoras que se pode conhecer na vida; tinha, no entanto, uma visão de Sofka crivada de antipatia e até mesmo de aversão. O consequente sentimento de contradição me deixou confusa. Como conciliá-la com a imagem que fazia de Sofka: de uma mulher complicada e falível — quem não é? —, mas fascinante e adorável? E onde eu, uma

Zinovieff, me encaixava naquela família que odiava a minha avó? Às vezes, gostava de ouvir histórias da depravação de Sofka, do seu egoísmo impiedoso ou das suas loucas aventuras extraconjugais; eu conseguia ter ideia do que parecia provável ou possível, bem como entender-lhe os motivos. Havia, contudo, momentos em que, de repente, me sentia ofendida com essas interpretações distorcidas. Depois de todo esse tempo com Sofka na cabeça, eu já tinha uma noção do seu discernimento e estava desenvolvendo minhas lealdades e um relacionamento próprio com ela quando jovem. Tornara-se quase como viver com ela.

★

Após o noivado, a duquesa continuou assumindo o papel de mãe adotiva, dobrando o salário de Sofka e organizando para ela uma cerimônia de casamento da alta sociedade. COROAS E ÍCONES EM NÚPCIAS foi a manchete do *Sunday Times*: *Casamento de Princesa Russa: Cerimônia Pitoresca de Londres*. O bispo russo de Londres realizou o casamento no dia 27 de junho de 1931, na igreja russa St. Philip, na Buckingham Palace Road (posteriormente, destruída na guerra). "A princesa era uma figura impressionante no seu vestido de cetim branco" — um modelo justo, elegante, feito especialmente para ela na casa de alta-costura da tia, em Paris. Ela parece magra nas fotografias, com uma surpreendente fragilidade de porcelana. Imagino que devia estar com um cheiro delicioso da flor de laranjeira nos cabelos, do generoso buquê de lírios, de uma gotinha de Guerlain ou Chanel e de um leve hálito do conhaque que tomou para se sentir confiante. Ducky (como Sofka chamava Leo) simplesmente brilhou de fraque, cartola e polainas branquíssimas. O *Sunday Express* publicou uma foto dos noivos de costas durante a cerimônia, segurando velas, com coroas nupciais de ouro pesadamente ornadas, suspensas sobre a cabeça. Entre os 12 homens convocados para "padrinhos", incluíam-se o tio Kyril ("cansa terrivelmente, você fica com os braços esticados"), três dos filhos Douglas-Hamilton, alguns alunos-inquilinos prediletos de Mornington Avenue e Jock Balfour, amigo de Sophy do Foreign Office. Só havia uma dama de honra — a Pequena Olga —, e quem conduziu a noiva ao altar foi tio Peter, que viera de Paris com a mãe de Sofka.

O casamento de Sofka e Leo realizou-se na igreja russa. Algumas pessoas foram contra a união dos dois desde o início, enquanto outros comentaram as óbvias diferenças de personalidade.

Foi num dia de sol, e as convidadas estavam engrinaldadas com enfeites franzidos, vestidos floridos, peles de raposa e chapéus de aba mole. A duquesa, com um vestido branco plissado, parecia constrangedoramente corcunda e nariguda, como um abutre bonzinho, ao recepcionar os convidados na sua casa londrina de St. Edmund, em Primrose Hill. Os toldos estavam marcados com títulos da nobreza inglesa e russa, inclusive o dos Romanov, salpicados ao fundo. Margaret (que provavelmente ficara desde a manhã preparando coquetéis na sala de visitas da mãe) caiu no colo da grã-duquesa Xenia ao tentar fazer uma mesura. O fotógrafo tirava fotos perto do lago de lírios, um bolo branco em forma de torre foi cortado com uma espada; e os recém-casados partiram para a lua de mel em Guernsey. "A noiva viajou com um vestido de seda azul e branco, sob uma pele azul-escura e com um chapéu justo seguindo o tom", comentou um correspondente do *Times*. A tranquilidade inicial da vida conjugal pareceu promissora. Depois da lua de mel, Sofka e Leo mudaram-se para uma casa alugada próxima à Mornington Avenue, no número 28 da Castletown Road, junto com Chip, o cãozinho preto de Sofka da raça cairn terrier. Para ajudar a complementar o salário de seis libras de Leo, alugaram outra casa na mesma rua em que sublocaram pequenos apartamentos e quartos. Sofka parou de trabalhar para a duquesa e, por um breve período, levou uma vida de relativo ócio, lendo avidamente, traduzindo de vez em quando, almoçando com as amigas e aprendendo a preparar refeições para o marido. Ela admitia que até se casar mal sabia cozinhar um ovo, e só no último minuto antes do casamento foi desesperada fazer uma visita às grandes e bem equipadas cozinhas de Ferne para pegar algumas dicas. Não tardou, no entanto, a gostar de cozinhar, fazendo experimentos com cores, e de oferecer aos amigos jantares que pareciam pinturas surrealistas: purê de batata vermelho para contrastar com coquetéis azuis e coisas do gênero.

Antes das eleições de outubro de 1931, Sofka fez campanha para o Partido Trabalhista, apoiando o candidato para Elephant and Castle. Ela se deu conta de que em Londres também havia o grande abismo entre ricos e pobres que testemunhara em Glasgow. Mais uma vez, ficou deprimida com a injustiça e o sentimento de impotência, mas não o suficiente para se envolver mais profundamente. Seu "ativismo levemente socialista e radical" (como o chamou mais tarde) chocou Leo e deixou os parentes dele ofendidos. Como a maioria dos emigrantes russos, eles julgavam os partidos políticos acima de tudo pela severidade de sua posição na União Soviética; o Partido Trabalhista, definitivamente, não combinava com eles.

A Esposa

195

O primeiro grande golpe veio quando Leo perdeu o emprego. De repente, a crise econômica e o desemprego na burguesia deixaram de ser a questão teórica sobre a qual liam nos jornais. No começo do ano de 1932, o casal se viu caindo com uma rapidez surpreendente para uma pobreza opressiva. Logo ficou evidente que com aquela recessão Leo não teria facilidade em conseguir novo emprego, por isso, mudaram-se para o segundo andar e alugaram o resto da casa. Pararam de fumar, passando por toda a angústia da abstinência e se sentindo pior ainda quando ficavam procurando no chão velhas pontas de cigarro. As refeições decaíram e se transformaram num regime deprimente e insípido, baseado em pão e batatas. Fora um salto brusco passar dos jantares de alta sociedade com os Douglas-Hamilton para ter que pechinchar por sobras de comida ou algo barato nos quiosques de North End Road. De uma hora para outra, estavam "do outro lado". Sofka pôde, então, compreender perfeitamente o que o antigo namorado, George Sale, queria dizer quando falava que seu Rolls-Royce "despertava inveja no coração dos destituídos". Agora, ela via as pessoas ricas andando nos seus carrões e sentia raiva por eles terem tudo aquilo e ela e Leo passarem fome. Isto a fez mudar completamente o modo de pensar sobre a desigualdade social e, enquanto Leo achava, esperançoso, que aquela situação difícil era apenas uma falta de sorte temporária, Sofka já tinha se convencido de que havia algo de errado no sistema.

Para piorar a crise, Sofka ficou grávida. O enjoo matinal se transformou numa náusea constante, e durante meses ela ficou de cama, sentindo-se fraca e mal conseguindo fazer alguma comida parar no estômago. O médico recomendou, inconvenientemente, à mulher gestante que tomasse uma taça de champanhe toda manhã para combater os sintomas, e Leo, sabe-se lá como, apareceu com uma caixa de garrafinhas pequenas. Parece uma má combinação: embriagada e nauseada, macilenta e grávida. E pobre. Muito aos pouquinhos, enquanto a barriga crescia, Sofka começou a melhorar. Leo conseguiu alguns trabalhos como freelance, e Sofka começou a fazer tudo o que podia para pagar as contas, desde tricotar (descobriu que era possível tricotar e ler ao mesmo tempo) até sobrescritar envelopes. Compraram uma máquina de escrever Corona portátil de 1914, e logo Sofka estava ocupada datilografando manuscritos para amigos e conhecidos. Naquele verão, os Douglas-Hamilton mandaram perdiz e tetraz da Escócia — apesar da boa intenção, a carne era enjoativamente pesada e "depois de um tempo, qualquer coisa era melhor do que comer caça dia após dia". Acabaram trocando-a com um açougueiro por carne bovina para ensopado.

Embora Sofka e Leo se sentissem felizes juntos ao longo dessa penúria compartilhada, já divergiam nos valores e nos pontos de vista além da questão política. No período em que passei com tia Elena, ela me contou uma história que ilustrava esse abismo, que ela considerava "horrível" demais para revelar. Tive de suplicar (em parte esperando casos de orgias ou de magia negra) até ela ceder:

> "Um dia, numa fase escaldante do verão de 1932, fui caminhando fazer uma visita a Sofka depois do trabalho. Ela estava grávida e se sentindo muito mal, e fazia um calor imenso. Eu a encontrei completamente nua na cama, lendo um livro, e lhe disse, 'Sofka, não faça isso, é horrível — vou pegar um lençol para você'. Mas ela se recusou a se cobrir, alegando que estava morrendo de calor e esse era o único jeito. Isso me aborreceu muito, mas continuei lá um tempo. Depois Leo chegou e ficou também irritadíssimo: 'O que é isso? Você está maluca?' E foi pegar umas roupas para ela."

O que chocou Elena tanto quanto a primeira visão de uma mulher nua refestelada na cama foi o fato de Sofka não demonstrar a menor vergonha. "Era uma coisa selvagem — meio animalesca", falou. Para uma pessoa como eu, que cresceu em Londres na fase hippie, não havia nada de criminoso naquilo — era só um sinal de que Sofka estava à frente do seu inibido tempo. Compreendi, porém, que para Elena e Leo parecia um comportamento intencional, quase desvairado. "Não ponha isso no seu livro", tia Elena me advertiu. "Peter ficaria chocado."

Peter, meu pai, nasceu em 26 de janeiro de 1933, e deram-lhe o nome de Petya, do avô materno. Sofka temera que seu precário estado de saúde e a má alimentação pudessem vir a afetar o bebê, mas veio ao mundo "um vigoroso menino de três quilos" numa maternidade perto de Castletown Road. Mais tarde, ela descreveu emoções maternais intensas — o "instinto da mãe loba" — e afirmou ter gostado da experiência de ter filho e do "êxtase de dar à luz". "Se dispusesse de uma vida diferente", escreveu, "certamente teria uma dúzia de filhos com muito prazer." Havia certa insinceridade aí, a julgar pelo tempo limitado de dedicação ao filho, e ela admitiu que, ao caminhar de volta para casa com o neném, se sentiu aterrorizada diante da responsabilidade sobre uma criatura tão pequena e indefesa. Evidentemente, foi com alívio que encontrou Maureen, uma jovem babá irlandesa, que recebia casa, comida e cinco xelins por semana para cuidar do recém-nascido enquanto a nova mamãe saía para ganhar algum dinheiro. Leo também estava de novo com emprego fixo, convertendo casas de Pont Street em apartamentos para uma empresa recém-estabelecida e, depois de 12 anos como exilado apátrida, requereu (e depois ganhou) a cidadania britânica. "O requerente aparenta ser homem respeitável", lia-se num dos pareceres policiais escrupulosos e rigorosos. Tudo indicava que eles haviam resistido à pior das tempestades. Só mais tarde ficou claro o quanto a tempestade os aproximou.

O batizado de Peter foi realizado na igreja russa em que seus pais haviam se casado, e a meia dúzia de padrinhos incluía a duquesa de Hamilton e vários amigos daquele círculo (um dos presentes de batizado foi uma conta na Harrods). Como a mãe, o menino era teimosamente voluntarioso, e, à medida que crescia, Sofka se via quase sempre presa numa guerra de vontades: Peter escolhia passar o dia inteiro na sua cabana sem comer em vez de se vestir; ou, quando queria atravessar a rua do Hyde Park Corner no colo, ele permanecia sozinho na calçada em vez de ir andando com a mãe. (Por fim, um policial acabou com o impasse pegando ele mesmo a criança no colo para atravessar a rua.) Peter tinha a testa grande e ligeiramente franzida do pai e os cabelos escuros da mãe, e logo se transformou no queridinho dos avós Zinovieff. Fotografias mostram-no caminhando a passinhos incertos, nu e altivo, no jardim enorme deles, que se tornou seu playground e feudo.

De acordo com os Zinovieff, Sofka já havia começado a ter casos: com os alunos pagantes de Mornington Avenue; com o leiteiro; com "qualquer um que passasse". Tia Elena repetiu para mim o que certamente se tornara máxima da família, que Sofka deve ter herdado certas "necessidades físicas" de Catarina, a Grande, pelo lado Bobrinski. A imperatriz "sequer conseguia escrever uma carta se não houvesse tido relação com um homem", disse minha tia-avó. "Caso contrário, sua cabeça não funcionava direito. Ela escreveu isso nas memórias dela." Sofka, por sua vez, jamais admitiu ter tais "necessidades" e, se é verdade que mais velha se mostrou favorável aos prazeres do sexo fortuito, reconhecia suas limitações em comparação com um amor exclusivo, "uma coisa que se deve valorizar e alimentar". Em seu livro, ela, no entanto, de fato, descreve um caso que teve durante o ano de 1933, acrescentando que "trair o marido ou amante sempre me pareceu perda de dignidade". Se isto não passava de cortina de fumaça para esconder seu desmedido adultério agora é impossível verificar; presumo que suas leviandades conjugais eram menos numerosas do que supunha a família do marido.

A autobiografia de Sofka revela, com certos detalhes, o pano de fundo para o *affaire* (como ela o chamava). Em 1933, ela viajou para Paris pela primeira vez desde que se casou e, "num ataque de insensatez", ligou para Yuri, um homem jovem com quem se deparara dois anos antes. No primeiro encontro, ela havia ido sozinha a Paris para pegar o vestido de noiva e saíra com um grupo de amigos e primos russos. Depois de dançarem na "boate negra" da moda, terminaram no La Coupole, em Montparnasse,

A Esposa

onde começou a conversar com Yuri, a ovelha negra da turma. Ele trabalhara como operário desde os 14 anos para sustentar a mãe e a si mesmo. Alto, magro, com cabelos escuros, olhar penetrante e francês ruim, era extremamente sério, sobretudo em relação à literatura russa. Quando o grupo se despediu nas primeiras horas da madrugada, todos combinaram de se encontrar lá na manhã seguinte, mas Sofka e Yuri continuaram conversando. "O tempo voou", escreveu ela, e, às 10 horas da manhã, quando o resto dos amigos apareceu para o café da manhã, os dois ainda estavam lá. Nada mais aconteceu entre eles, mas, na segunda vez, sentiram uma intimidade imediata e se tornaram amantes. Sofka se arrependeu desse episódio, que considerou "uma das piores coisas que fiz na vida". Não tanto por ser casada, mas porque Yuri era "uma pessoa muito intensa e determinada para não levar a sério alguma coisa". Embora ela não tenha dito o quanto isso afetou o amante, ao que tudo indica, ele ficou arrasado por provocar tal remorso. Ela também não revelou que eles se reaproximaram depois da guerra, em circunstâncias muito diferentes.

Sofka contou para Leo o que acontecera em Paris, mas ele também tinha motivo para se sentir constrangido. Pouco antes, havia reencontrado Oggi, seu ex-amor, agora casada e com filhos e morando na Suíça, e ambos mergulharam num suplício de emoções reacendidas. Oggi (uma russa alta e bem-vestida que dançava maravilhosamente bem) implorou para que os dois se divorciassem e se casassem; Leo, porém, manteve-se fiel ao seu compromisso. Quando Sofka retornou de Paris, encontrou o retrato de Oggi pendurado acima da cama de Leo. Isso, pelo menos, contribuiu para se sentir, de certo modo, absolvida, ainda que ela fosse a única adúltera. Todavia, esses desejos conflitantes, inevitavelmente, criaram um fosso entre Sofka e Leo. Ele começou a se dedicar demais ao trabalho e a passar com frequência as noites com os pais em Mornington Avenue, enquanto ela fez amizade com um grupo de artistas locais e começou a ir a festas não-convencionais de que Leo não gostava.

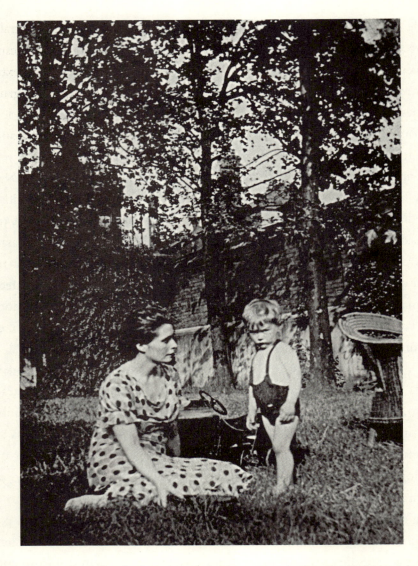

Peter costumava brincar no jardim dos avós em Mornington Avenue. Aqui, Sofka parece estar observando o primeiro filho com imparcial curiosidade, enquanto os traços do garoto já evidenciam sua voluntariosidade.

A Esposa

Durante o dia, enquanto o pequeno Peter ficava com Maureen e visitava os avós, Sofka dava aulas de russo no curso intensivo de Davies — especializado em exames para o Foreign Office. Inscreveu-se, também, como membro da Universal Aunts,[*] cujo lema era: "Qualquer coisa para qualquer pessoa a qualquer momento." As pessoas poderiam ligar para o número 3101, em Knightsbridge, e obter a "eficiência e segurança" de uma dama de companhia, de um carpinteiro, de alguém para levar o cão para caminhar ou ir buscar uma criança numa estação de trem. Sofka se ofereceu para prestar serviços de secretária, e já se tornara perita em reescrever testamentos de senhoras de idade e em organizar festas da alta sociedade no dia em que chegou para um encontro marcado em Cheyne Walk, às 11 horas da manhã. Uma empregada irlandesa conduziu-a através das esplêndidas portas de bronze para um cômodo amplo, de pé-direito alto, que um dia fora o estúdio de Whistler.[**] Estava com decoração nova, um tanto pretensiosa, com mobília pesada de carvalho decapê, bar para coquetéis, galeria de menestréis, piano de cauda, tapeçarias e uma lareira de chamar a atenção. Sofka foi levada a um gabinete, onde um afável rapaz num penhoar de seda a entregou montes de cartas e uma pilha de fotografias assinadas — sua primeira experiência com correspondência de fãs. Horas depois, tendo conseguido terminar todas as respostas, pagaram-lhe cinco xelins e ela foi embora.

Sofka ainda não havia ouvido falar de Laurence Olivier, mas logo simpatizou com ele e a esposa atriz, Jill Esmond. Ficou claro que os Olivier também gostaram dela, e logo ligaram pedindo que ela fosse lá duas vezes por semana; Sofka absolutamente não era uma secretária comum, dada a sua mundanidade cosmopolita, o humor ácido e o amor pela literatura. Olivier, provavelmente, apreciava ainda suas características russas, uma vez que costumara vivenciar os exageros dos russos brancos no Clube Russo

---

[*] Serviço de assistência fundado em 1921, na Inglaterra. *(N. da T.)*

[**] James McNeill Whistler (1834-1903), pintor e água-fortista norte-americano estabelecido na Inglaterra. *(N. da T.)*

de Hollywood, onde ele e Douglas Fairbanks Jr. entornavam copos de vodca ao som de balalaicas e reclamavam das esposas. Embora Sofka tenha acabado se tornando muito íntima de Jill, pergunto-me se ela e Larry (como ele ficou conhecido dali em diante) não perceberam a secreta e altamente sexuada implacabilidade comum aos dois. Nasceram com uma diferença de meses e, surpreendentemente, o casamento de ambas tivera um desenrolar parecidíssimo, culminando em desolação e divórcio.

Após poucas semanas, solicitaram que Sofka ficasse lá toda manhã e, depois, em horário integral, para ajudar a escrever cartas, fazer a contabilidade, selecionar recortes de jornal e cuidar do lêmure de rabo anelado, Tony, que perambulava livremente pela casa e recebia goles de coquetéis. Como patrões, o casal era ótimo: "Dê a ela trinta pratas!", foi a resposta de Jill quando Sofka, timidamente, sugeriu 17 xelins e seis pence por cinco manhãs por semana. E a atmosfera requintada e criativa era estimulante; Olivier estava à beira da fama colossal, mudando de ídolo de matinê para o lendário ator shakespeariano que deu um novo, vigoroso realismo a seus papéis.

Não tardou e Sofka já estava totalmente envolvida na vida teatral: passava horas a fio assistindo a ensaios da Old Vic e nunca perdia uma estreia. A impressionante versatilidade de Olivier ficara evidente para ela quando um dia foi levar umas cartas para ele assinar. Ela chegou durante um ensaio geral de *Noite de reis*, em que ele interpretava Sir Toby Belch. Enquanto assistia de uma poltrona próxima ao palco, "um homem baixo e corpulento com bochechas flácidas apareceu e sentou na fila em frente à minha", escreveu nas memórias. "Não tinha sequer reparado nele até ele se virar para mim e dizer: 'Posso assiná-las agora'. Era Larry." Sofka costumava frequentar festas em Cheyne Walk, nas quais conheceu muitos astros em ascensão ou já consagrados, como Noel Coward, Peggy Ashcroft, John Gielgud, Ralph Richardson e Edith Evans. Ela descreveu essa companhia como ligeiramente mesmerizante, "em que 'querido/a'

A Esposa

era a forma comum de se dirigir aos outros e palavrões passavam despercebidos nas conversas". Considerando os apuros que havia pouco atravessara, "aquilo era como viver num mundo ensolarado de conto de fadas depois de suportar um longo e tenebroso inverno".

Conquanto Sofka e Leo já não estivessem mais tão unidos, não se sentiam exatamente infelizes. E, pelo menos, podiam pagar as contas. Embora Castletown Road estivesse se tornando cada vez mais caída e até mesmo favelizada, os dois voltaram a ter vida noturna intensa em Londres: clubes, danceterias, brincadeiras adultas de caça ao tesouro — quem consegue voltar primeiro com um elmo de polícia e um cinzeiro do hotel Savoy, e coisas assim. E muitas festas. O livro *Vile Bodies*, de Evelyn Waugh, dá o tom: "festas de mascarados, festas selvagens, festas vitorianas, festas gregas, festas do Velho Oeste, festas russas, festas circenses, festas em que a pessoa tinha de ir vestida de outra pessoa, festas de quase nudez em St. John's Wood, festas em apartamentos, em estúdios, em casa, em navios, em hotéis e em boates, em moinhos de vento e em piscinas públicas fechadas..." Sofka menciona com naturalidade festas em que "carícias promíscuas" eram *de rigueur*, e imagino que era ousada o suficiente para seguir a recomendação de Gertrude Stein de que "A gente deve sempre ceder à tentação". Obviamente, o álcool corria solto, e Sofka não só havia adquirido queda para a bebida como fora abençoada com uma cabeça forte e uma poderosa constituição. Raramente, padecia de ressaca e era capaz de acordar de manhã fresquinha e relaxada depois de uma noite de beberronia.

Havia ainda os regulares fins de semana em Ferne com os Douglas-Hamilton. Mais festas. Deixavam Peter brincando com os filhos pequenos de Margaret e Jean, aos cuidados de babás, enquanto os adultos iam andar a cavalo, jogar tênis, preparar martínis secos e visitar Cecil Beaton.* (Sofka

---

* Cecil Walter Hardy Beaton (1904-80). Fotógrafo, articulista, escritor, cenógrafo, figurinista de cinema e teatro, nascido em Wiltshire, Inglaterra. *(N. da T.)*

ficara impressionada com os quartos com camas de quatro colunas e peles de leopardo, e um banheiro coberto de perfis de mãos e autógrafos dos amigos ricos e famosos de Beaton.) Leo tornara-se um dos prediletos da duquesa, e Sofka também reparou numa crescente afeição entre ele e Jean, cujo casamento ia de mal a pior. Olhando em retrospecto, Sofka escreveu (num relato autobiográfico para o Partido Comunista) que uma das principais razões para a "total incompatibilidade de pontos de vista" entre Leo e ela residia no fato de que "ele desejava ardentemente se aproximar cada vez mais dos Hamilton na mesma proporção em que eu tendia a me afastar". Ainda que não passasse de uma análise racional, para ela simbolizava que queriam seguir caminhos diferentes.

★

Não existe registro de quando, exatamente, Sofka conheceu Grey, mas provavelmente, foi no final de 1934, ocasião em que foi mandada pelo curso intensivo de Davies ao apartamento dele, atrás da Harrods. Com 23 anos de idade, ele parecia muito jovem para a professora russa de 27 anos, embora se vestisse muito bem: dava preferência a chapéus-cocos e jaquetões. Uma pessoa lembrou um homem muitíssimo atraente, com aparência de Leslie Howard; as fotografias, no entanto, também revelam um aspecto de garoto perdido, vulnerável, franzino, com olhos castanhos e tristes. Reflexo, talvez, da infância infeliz: o pai era grosseiro e violento, a mãe, amarga, vivia reclamando de tudo, e as coisas só degringolaram depois que Honington Hall, a velha mansão da família em Warwickshire, foi vendida por causa de dificuldades financeiras, e o casal se divorciou. Pelo jeito, não era de esperar que Sonny (como o chamavam) se envolvesse com uma mulher tão claramente incompatível com seu background insular, fechado na tradição de classe, que lhe proporcionou tanto sofrimento.

A Esposa

Parece provável que Grey alimentasse esperança de entrar para o Foreign Office, conquanto não haja registro de ele ter se candidatado a uma vaga. Segundo reza a história da família Skipwith, ele se desviou de uma brilhante carreira diplomática pelo infeliz envolvimento com uma *femme fatale* russa, muito mais velha que ele, casada e devoradora de homens. Todavia, o Foreign Office não fazia restrição a candidatos casados com mulheres divorciadas, e o que deve ter impedido Grey de lá ingressar foi o fato de que abandonara os estudos de História em Cambridge depois de apenas um ano, em 1931, saindo, portanto, sem diploma (não se sabe por quê). Embora parecesse o tipo de aluno assíduo de escola pública que poderia em breve ganhar um cargo na embaixada de alguma colônia, na verdade ele tinha uma personalidade questionadora, cética. Não tardou a revelar-se perspicaz, emotivo e ávido linguista — quando começou a aprender russo, já havia passado períodos fora para aprender alemão, francês e espanhol.

Não foi amor à primeira vista e, ainda que as aulas fossem bastante agradáveis, Sofka estava ocupada com os Olivier, a vida familiar e as festas. Grey foi aos poucos aumentando o número de aulas até que ele e Sofka se encontravam todo dia, e chegou a um ponto em que Sofka se deu conta de que sentia saudades dele quando se separavam. Começaram a ir a festas juntos e a jantar no Hungaria, mas Sofka escreveu nas suas memórias que o relacionamento deles permanecia puramente platônico. Já os amigos dela não pensavam assim, e começara a chamar Grey, de brincadeira, de "Young Woodley", título de uma peça popular nos anos 1920, cujo protagonista, um jovem estudante de escola pública, se apaixona pela esposa do diretor (a família de Grey, depois, passou a usar essa mesma expressão, com desagrado). Nas palavras de Sofka, "Só num dia em que demos de cara num vão de porta e nos vimos nos beijando foi que me dei conta de que a coisa era séria. Naquela noite, contei para o Leo. 'Fique sem vê-lo por seis meses', ele disse, 'e isso vai passar'".

O relacionamento de Sofka com Grey começou como um flerte leviano, só por divertimento, mas se transformou num sentimento que arrebatou os dois. Sofka não hesitou em terminar o casamento por ele, e a família de Grey achou que ele sacrificou uma potencial brilhante carreira diplomática por uma estrangeira mais velha e de má reputação.

A Esposa   **207**

Tenho de admitir que, embora prefira acreditar em Sofka, seus escritos sobre esse período não parecem muito sinceros. O período entre cair nos braços de Grey e a constatação de que havia encontrado o amor da vida dela decerto foi muito maior e arriscado do que sua prosa elegante dá a entender. A afirmação subsequente de que ela e Leo resolveram ter um bebê mesmo sabendo que o casamento estava à beira do fim também não convence. Admitindo-se, porém, que não existe prova irrefutável de que o segundo filho dela era de Grey, talvez não tenha passado de um "descuido" com Leo. Sofka confessou certa vez que tentou abortar numa de suas gravidezes com grandes quantidades de gim e banhos quentes, e desconfio que foi nessa gestação. Quando Sofka foi hospitalizada, no outono de 1935, grávida e com uma seriíssima pielite, a situação já se encontrava aflitivamente caótica. Não tenho certeza se Sofka, realmente, esperou os seis meses combinados (ela disse que esperou), mas ela estava firmemente decidida a deixar Leo para viver com Grey assim que o neném nascesse. Portanto, ainda que Leo a tenha acompanhado no leito da maternidade, foi Grey quem escreveu a Sophy em Paris para informar o estado da filha. A epístola, escrita apressadamente numa agenda às altas horas da noite, em Basil Street, traz à tona uma série de circunstâncias insólitas:

Minha querida Princesa,
Muito obrigado por sua carta e pela atitude extremamente generosa que assumiu em relação a mim. Por favor, não tome nada do que eu venha a dizer como verdade absoluta, mas estou tentando lhe dar a posição segundo as informações que consegui obter. O que quero dizer é que fiquei esperando fora da maternidade até Leo sair depois de falar com o médico e fui jantar com ele essa noite.

... O relato do médico é um pouco mais difícil de entender ao certo. Aparentemente, ele explicou para Leo que, se a criança fosse retirada, meia hora depois, Sofka já estaria perfeitamente bem. Você sabe que isso não é fácil de conseguir nesse país (embora Leo esteja muito apreensivo com isso).

... Ao que tudo indica, o médico quer fazer todo o possível para evitar tirar o bebê por mais uma quinzena para garantir que sobreviva. De todo modo, depois do que soubemos esta noite, parece que existe toda a possibilidade de Sofka se recuperar por completo e a criança nascer normalmente, em dezembro.

Acabou dando tudo certo, e Ian nasceu pouco antes do Natal. Na primeira visita do bebê a Mornington Avenue, Manya exclamou: "Igualzinho ao Grey!" E, por mais que Leo afirmasse categoricamente que o pai era ele, muita gente achou que não era. Uma "faxineira", que limpava tanto a casa de Mornington Avenue quanto a de Castletown Road, encontrou uma carta incriminatória: de Grey para Sofka (ou era de Sofka para Grey? — ninguém lembra ao certo), a missiva indicava que ele se acreditava o pai. Tendo pescado a carta no cesto de lixo, a empregada a entregou aos Zinovieff, provocando ainda mais sofrimento e rancor. No entanto, embora pareça lógico (e foi o que suspeitei inicialmente) que Ian devia ser filho de Grey, não encontrei nas minhas buscas em todos os escritos de Sofka e nas conversas que tive com as pessoas próximas a ela indício algum de que Leo não fosse o pai. Seria possível que o segredo jamais fosse desvendado? Ademais, o prazer que Sofka sentia em chocar os outros e seu amor eterno por Grey indicam um ponto em favor de algo mais próximo da versão oficial dela.

Hesitei antes de tratar da questão da paternidade com meu tio Ian. Soube que, no início da vida adulta, trocou o nome para Fitzlyon (assim como o fez o tio Kyril) — talvez sinal do desejo de se desfazer do passado. Impressionou-me também o fato de ele ter adotado o estilo seguro, convencional, tipicamente inglês, como uma tentativa de se afastar, ao máximo, da vida russa, imprevisível e boêmia, que caracterizou a vida da mãe e do irmão mais velho. Perguntei com toda cautela se alguma vez ele desconfiou ser filho de Grey.

"Claro", respondeu alegre e despreocupadamente. "Depois que saiu o livro da mamãe, um amigo viu a fotografia de Grey e na mesma hora perguntou se ele era o meu pai. Perguntamos à mamãe, e ela disse que não, que Leo era o meu pai." Perguntei se ele alguma vez pensou em fazer um teste de DNA, mas Ian era radicalmente contra: "Agora, tudo o que não quero é cutucar a onça com vara curta."

Os Zinovieff gostavam de citar um ditado sobre os descendentes de Catarina, a Grande, pelo lado (ilegítimo) Bobrinski: "É tradição de pai para filho que o filho nunca é filho de seu pai." Sofka estava apenas cumprindo seu desonroso destino genealógico. Mais chocante ainda, segundo tia Elena, foi o fato de Sofka abandonar o neném de 3 meses em Mornington Avenue para fugir com Grey. A versão de Sofka é diferente: ela escreve que encontrou uma casinha em Pond Place, Chelsea, para ela e as crianças. Uma "babá irlandesa boazinha e jovial" levava os meninos e Chip ao parque toda tarde, e Sofka afirmou que "sempre fez questão de voltar para casa no máximo às 5 horas da tarde para nossa hora de lazer", em que ajudava Peter a aprender a ler com o mesmo livro que a Srta. King a havia ensinado. Tony, o agitado lêmure dos Olivier, depois foi morar com eles, pulando da cortina para a mesa, divertindo as crianças e adotando Sofka como mãe, e a cama dela como ninho.

Leo alugou um amplo quarto com serviços perto de Sloane Square, para onde se mudou, e, apesar da dor da separação, o relacionamento entre ele e Sofka permaneceu amistoso; na primeira semana, jantaram juntos todas as noites e, depois, se encontravam com frequência. A natureza gentil e franca de Leo revelou-se claramente tanto na sua concordância com a separação como numa carta que escreveu para Grey no início de 1936. Ela mostra que, enquanto a família de Leo se roía de indignação com Sofka ("Custou para ele muito caro casar com Sofia Petrovna", Manya, balançando a cabeça, repetiu rancorosamente essa frase pelas décadas seguintes), Leo ficou triste mas calmo.

Caro Grey,

Estava há algum tempo querendo escrever-lhe esta carta...

... Compreendo perfeitamente a força das circunstâncias que levaram as coisas a um ponto crítico e, ainda que você não estivesse lá, o desfecho, creio, teria sido o mesmo...

... Gostaria de lhe garantir, do fundo do coração, que não guardo ressentimento algum, de jeito nenhum, e só me arrependo de, devido ao constrangimento da atual situação, ter por ora perdido você, uma agradável companhia e mais que um simples amigo.

Divórcio e escândalo estavam no ar em 1936-7. O príncipe de Gales envolveu-se com uma norte-americana divorciada, e Olivier se apaixonou por Vivien Leigh, que, como ele, era casada (ele mais tarde estrelou um filme que os jornalistas consideraram "Vagamente picante! Ligeiramente escandaloso!" — *O divórcio de madame X*).

Numa noite no Hungaria (local predileto da Sra. Simpson*), a banda parou de tocar, e Sofka e Grey ouviram o anúncio da morte do rei Jorge V; fazia muito tempo desde o dia em que ele e a rainha Maria "foram recebê-la" na Victoria Station, em 1919. Depois da coroação e da subsequente abdicação, o público ficou fanaticamente dividido quanto a ser certo ou errado o glamouroso novo rei abdicar ao reino por amor; Sofka e Grey estavam entre os muitos que achavam isso um absurdo. Eles também se identificavam com a dor envolvida; a mãe de Grey ficara tão horrorizada com o relacionamento amoroso do filho que se recusou até mesmo a admitir a mulher que arruinara as perspectivas do filho de um brilhante futuro (o fantasma da vovó Olga com a cantora cigana madrasta de Sofka).

Todo o prepóstero palavrório sobre divorciar-se fora havia pouco exposto e ridicularizado num romance popular, *Holy Deadlock* [Santo

---

*Wallis Simpson, a amante divorciada do príncipe de Gales. (*N. da T.*)

impasse], de A. P. Herbert, e Sofka e Grey leram o livro em busca de dicas. Todavia, devem ter dado uma amarga gargalhada ao saber o que se esperava de um casal em vias de se divorciar: "Um de vocês deve cometer relações sexuais — não os dois", explica o advogado do atônito marido que quer o divórcio. "E vocês não devem conversar sobre quem deve fazê-lo: pois seria conluio." O conluio condenaria o casal culpado a permanecer unido no "maculado matrimônio", quando sequer a crueldade persistente não seria razão suficiente para o divórcio. "Como afirma a lei, a única coisa que importa é o ato físico do amor." Embora Leo tenha se oferecido para realizar o cavalheiresco ato e conseguir a "prova" exigida, Sofka recusou-se a permitir essa hipocrisia, já que era ela a "culpada". Mesmo assim, a iniciativa revelou-se tão complicada e ridícula como deu a entender o livro de Herbert, e foram precisas duas tentativas de programar uma visita a um hotel até que fossem "surpreendidos" por um empregado novato, com Sofka como a esposa adúltera e Grey como indecoroso corresponsável no processo de divórcio por infidelidade conjugal.

Sofka estava certa de que Grey era seu futuro e convencida de que uniões infelizes eram piores que o divórcio para todos os envolvidos, mas não apagou seu sentimento de culpa. Ela destruíra seu casamento, e o rompimento fora mais duro do que esperava — o comportamento impecavelmente generoso de Leo deve tê-la deixado mais consciente do quanto o magoara. Não obstante, cartas desse período levam a supor que ele talvez não tenha sido de todo inocente no caso da separação. Pouco antes de concluído o divórcio, Leo mudou-se para uma casa em Markham Square, longe de King's Road. Dela, escreveu carinhosamente para Sofka, "a coisa mais preciosa que possuo", enviando-lhe um anel com sinete de presente e "a última carta em que vou me dirigir a você como minha esposa...": "Tomei você como algo natural, não lhe dei o devido valor e só percebi tarde demais o que ganhara com você. Queridinha, por favor, aceite minhas mais sinceras desculpas e, se puder, perdoe-me por tudo em que falhei e pelo que a magoei, e sei bem que às vezes a magoei demais. Há coisas pelas quais jamais me perdoarei — só Deus sabe!"

Não fica claro por que Leo se desculpava (seria por causa de Oggi, ou uma negligência qualquer?), mas Grey também mencionou à futura sogra que, embora Sofka permanecesse "amicíssima" de Leo, o comportamento dele não fora perfeito: "Não vou me abster de dizer que, como marido, ele é o homem mais 'desgraçadamente' egoísta que conheci na vida. De fato, ele é cem por cento inglês — mas isso logo vai passar junto com todas as consequências e vai nos sobrar o prazer da amizade de um dos homens mais interessantes que se pode conhecer."

Quando Olivier deixou Jill e o filho pequeno, Tarquin, por Vivien Leigh, em 1937, Sofka sofreu uma angústia quase igual à vivida na própria separação. Sentiu como se o mundo que a sustentara e inspirara, durante muito tempo, estivesse desmoronando. Na sua biografia, Olivier escreveu que seu amor por Leigh "às vezes parecia algo próximo a uma doença, mas o remédio era impensável...". Sofka identificou-se completamente com a perturbação emocional do ator.

Ela ficou impressionada com a beleza de tirar o fôlego de Leigh, mas não simpatizou com ela, achou-a petulante e difícil. Embora prosseguisse trabalhando para Olivier, Sofka claramente permaneceu leal a Jill, cuja amizade durou a vida inteira. Depois da separação, nenhum dos dois conseguiu continuar morando na casa onde viveram juntos, em Cheyne Walk, e, quando foram embora, Sofka e Grey se mudaram para lá. Deve ter sido estranho para eles morar no ambiente de astros de cinema e dormir na enorme cama quadrada de mais de dois metros de Jill e Larry. Os Olivier já haviam encomendado na loja de Heal[*] uma réplica desse símbolo de amor conjugal para dar de presente de casamento para Sofka, com roupas de cama e cobertores do tamanho adequado. Grey agora estava trabalhando para a firma Vent-Axia — "os primeiros ventiladores de janela do mundo operados eletricamente". Ele ia para o trabalho num Alfa Romeo ultrapassado e sempre levava Sofka ao Old Vic para os ensaios. Os fãs de Olivier

---

[*] Sir Ambrose Heal (1872-1959), renomado designer de móveis inglês. (*N. da T.*)

A Esposa

213

agora reuniam-se em multidões fora da porta do teatro; aquele foi um dos anos em que o ator esteve no auge, com desempenhos memoráveis em *Hamlet, Noite de reis* e *Henrique V*, o que imbuiu Sofka de uma eterna paixão por Shakespeare. Mais tarde, presa durante a guerra, ela disse que a voz de Olivier declamando Shakespeare foi uma das coisas de que mais sentiu falta.

Pip e Tiny (como Peter e Ian eram conhecidos) mudaram-se para a casa de Leo para passar o verão (a menos que Sofka estivesse mentindo, e eles já se encontrassem lá), e, nessa época, o processo de divórcio foi concluído. Dois dias depois, Sofka se tornou a Sra. Skipwith no cartório de Chelsea, em King's Road. "O Sr. Skipwith, de 25 anos de idade, é filho e herdeiro de Sir Grey Skipwith, baronete", dizia o comunicado da imprensa. "A noiva, de 29 anos, vestia um tailleur de verão de cetim cereja, com blusa branca e chapéu-turbante. Um ramalhete de orquídeas enfeitava seu terninho." O jornalista se surpreendeu de ver apenas duas testemunhas: "'Não sabemos quem vem', disse o Sr. Skipwith. 'Nosso casamento foi preparado de modo tão corrido que não demos aos convidados tempo de responder.'"

Eles partiram às pressas em direção à França para um mês de lua de mel no "Simca bebê" — um conversível branco comicamente pequeno, que compraram de presente de casamento para eles mesmos a fim de substituir o carro esporte caro e moribundo de Grey. A descrição de Sofka daquela viagem tem a aura de um autêntico caso de amor — um período áureo de felicidade e erotismo inequívocos. Em Nice, nadaram juntos grandes distâncias no mar, tomaram sol nus e depois atravessaram de carro a Itália com roupas de banho, parando para queijos e vinhos ao longo do caminho e pegando um bronzeado.

Os recém-casados voltaram pela França, chegando animadíssimos mas sem um tostão furado em Dieppe, onde tiveram de empenhar joias (inclusive o anel de noivado, que fora comprado de um penhorista por três libras) para pagar a conta do hotel e a comida. Retornaram a Cheyne Walk

O Simca bebê era o carro ideal para a lua de mel. Comprado como presente de casamento para eles mesmos, Grey e Sofka foram com ele para o Mediterrâneo, em julho de 1937, para um mês de grande felicidade.

e começaram a procurar casa. Decididos a ir embora de Londres, acabaram encontrando Dean Cottage, em Cookham Dean, uma aldeia próxima a Maidenhead. Sofka escreveu que optaram pela vida rural por ser boa para Peter e Ian, mas, quando se mudaram, "Leo implorou para ficar com os filhos. Ele gostava de tê-los por perto, e isto lhe proporcionava um lar, em vez de viver sozinho em quartos; Peter estava se dando bem na creche, e será que eu não poderia concordar em que eles morassem com ele e passassem as férias e feriados comigo? Obviamente, não pude recusar".

Lançaram dúvidas sobre esse relato, mas depois de tanto tempo é complicado desfazer todos os nós que confundem a atitude de Sofka em relação aos filhos e saber o que realmente aconteceu depois do divórcio. Embora ela tenha declarado que ganhou a custódia dos meninos, tia Elena me disse que isso definitivamente não era verdade ("Ponho a mão no fogo

A Esposa

215

por isso!") e, como Sofka era a parte culpada, as crianças foram automaticamente entregues a Leo. Tio Kyril acrescentou que Leo não permitiria que os filhos ficassem com uma mãe terrível como Sofka e queria protegê-los. A reputação de Sofka de ser uma "mãe ruim" se fixou nela como um cheiro asqueroso. Com efeito, surpreende em suas memórias o pouco espaço dedicado aos filhos; dá-se muito mais detalhes do jeito brincalhão do lêmure dos Olivier, por exemplo. Desconfio, entretanto, que ela imaginava que as pessoas não queriam ler sobre a prole alheia, talvez acreditando na declaração de Disraeli* de que "o autor que fala dos próprios livros é quase tão ruim quanto a mãe que fala dos filhos". Também é verdade que ela não hesitou em deixar os garotos quando algo mais excitante veio à tona.

No entanto, apesar de constatar que a prole não era o pivô de sua vida, não fiquei convencida de que fora assim tão pior que inúmeros pais de sua geração: era comum, para muitos de seus contemporâneos com condições financeiras para isso, viver separados dos filhos, entregues a babás em creches, mandados para passar férias longe dos pais e matriculados, desde cedo, em colégios internos. A própria criação de Sofka se constituíra um exemplo extremo da natural negligência dos pais ricos.

Tentei desenterrar informação sobre quem ganhou a custódia das crianças, secretamente desejando que Sofka não mentira em seu livro; no clima emocional dos nossos dias, o crime de ser uma mãe ruim é visto como especialmente hediondo. Não queria deixar a reputação de Sofka nessa área mais maculada que o necessário — afinal de contas, ela não batia nos filhos nem abusava deles, só via que a vida oferecia muito mais coisas de que se ocupar. No fim, não consegui jogar água fria nas acusações. O Serviço dos Tribunais de Sua Majestade adiantou a cópia de um decreto preliminar, mas, depois de inúmeras cartas e telefonemas para o Registro da Vara de Família, nada se esclareceu — provavelmente, os registros foram

---

* Benjamin Disraeli (1804–1881), político e escritor inglês, primeiro-ministro em 1868 e em 1874–80. (*N. da T.*)

destruídos. Agradou-me, porém, encontrar uma carta de Grey para a mãe de Sofka, escrita antes do divórcio, dando a entender que as crianças eram centrais na vida dele e de Sofka. Por mais que a afirmação possa não passar de mera "maquiagem", não parece mentira: "Sofka quer sinceramente uma coisa na vida: um lar no sentido pleno da palavra — não só um teto para se abrigar da chuva, mas um lugar onde possa se sentir mais ou menos segura e consagrar parte do tempo a criar os filhos." Grey admite que se preocupara com a ideia de assumir Peter, que "tinha horror a tudo o que lembrava autoridade", mas acrescentou que "ele está crescendo e se tornando uma criança realmente adorável e parece me considerar uma parte muito essencial da vida dele (...) Quanto a Ian, não há problema, porque sua vida começou sob minha proteção, tanto de fato quanto como meu afilhado".

★

Dean Cottage criava a impressão de um ninho de amor rural, pousado num amplo jardim em declive, com macieiras, grama rudimentar e uma horta. Ficava "a uma hora de carro de Chelsea", mas Sofka e Grey se satisfaziam com a vida no campo. Em vez das festas londrinas, plantavam tulipas e curtiam pilequinhos de vinho de gengibre tomados no pub local. Grey recebia uma pequena mesada do pai, que complementava com freelances em tradução, copidesque e revisão de provas para várias editoras. Durante o primeiro ano, Sofka continuou trabalhando em casa para Olivier. As crianças, que viviam em Londres sob os cuidados de uma governanta alemã, vinham passar as férias com eles. Meu pai lembrou-se de algumas visitas e concordou em ir comigo ver se a casa ainda existia. Na viagem de Londres até lá, ele me falou sobre as novas descobertas da epigenética: como as experiências físicas e emocionais da vida podem gerar alterações moleculares que, realmente, afetam os genes e passam às gerações seguintes. Uma dieta pobre durante a gravidez pode levar o bebê a desenvolver diabetes na

A Esposa

217

idade adulta, e os filhotes de ratas que não foram lambidos pela mãe sentem mais dificuldade em lidar com o estresse depois que crescem. "Você está, literalmente, carregando os pecados dos seus pais... E mães", disse meu pai, sem entrar em detalhes.

Para minha surpresa, Cookham Dean não fora absorvida por alguma metrópole e se transformara numa espécie de cidade-dormitório; tratava-se de uma aldeia prístina, não corrompida, tão bonitinha e perfeita que parecia paisagem artificial, com chalés renovados, jardins arrumadinhos e montes de carros caros: obviamente, progredira na vida. Encontramos o pub ao lado do parque. Continuava pitoresco, como Sofka o descrevera, com vigas antigas, mesas de madeira polida e uma grande nogueira no jardim. Depois de perguntar às pessoas da aldeia, acabamos achando Dean Cottage, que, agora, dispunha de um vultoso portão elétrico e pertencia a uma repórter de TV que dava a previsão do tempo e se tornara celebridade. Ficamos passeando por ali, espiando o jardim bem cuidado, agora domesticado com um deque e coníferas absurdamente altas para proteger a privacidade do dono da casa. Olhei para a sacada na parte de cima e as janelas do quarto — tudo identificável pelas fotografias antigas, mas com a aparência muito melhorada, a ponto de quase não se reconhecer. Era lá que Sofka e Grey dormiam na enorme cama de Heal dada pelos Olivier. Eles gostavam tanto dali que a ideia deles de um domingo perfeito consistia em levar tudo de que precisariam para lá (comida, bebida, cigarros, livros) e ficar o dia inteiro sem sair dali. Havia tanta sintonia entre os dois que era comum acordarem de manhã e saberem exatamente o que o outro estava pensando: um piquenique; remar no rio de Marlow; uma viagem até o mar no Simca. Foi aí também que se deu a concepção do filho seguinte de Sofka; seis meses depois da mudança, ela estava grávida de novo.

Meu pai tentou descobrir o local em que ficavam as macieiras e o quadrado de madeira com areia para as crianças brincarem. E quanto ao banheiro externo? Ele se lembrava de Grey levando-o e dizendo para ele que só poderia sair quando "nascesse". "Foi a minha primeira lembrança de injustiça", contou-me sorrindo, "porque ele desaparecia na curva, e Grey não acreditava em mim." Nada se compara à capacidade das crianças de estragar a fantasia dos adultos; pobre Grey, tentando ser um padrasto zeloso.

Deve ter sido por volta da época em que Sofka engravidou que o cozinheiro da casa foi embora. Conheceram-no em Nice durante a lua de mel — um gourmet russo, adoentado e dormindo ao relento. Depois de pagarem a passagem dele para a Inglaterra e o ajudarem no tratamento médico, ofereceram-lhe casa e comida em troca de ele preparar refeições maravilhosas. A saída dele surpreende, uma vez que não falava uma palavra de inglês e era uma figura excêntrica e solitária naquela aldeiazinha. Sofka e Grey, por sua vez, haviam criado um mundo só para eles, fechado, com piadas secretas e apelidos — ela era Ducca e ele Puppadog, inspirados no nome de um pub perto de Maidenhead, Dog and Duck.

Não estavam, no entanto, tão encasulados no seu idílio campestre a ponto de não repararem nos acontecimentos do mundo exterior; como muita gente, a preocupação deles crescia. Além do trabalho de tradução, que Sofka e Grey passavam um para o outro para corrigir e fazer o copidesque, começaram a ler grande quantidade de literatura política. Ambos haviam se tornado profundamente antifascistas e estavam assustados com o terreno ganho pelos camisas-negras de Mosley,* que fizeram uma passeata agressiva através do East End londrino. Certa vez, Sofka e Grey saíram de uma festa em Londres em apoio a um amigo judeu que se recusou a permanecer ali após a chegada de um funcionário da embaixada alemã; foi a primeira vez em que as implicações do nazismo os tocou pessoalmente.

Sofka e Grey leram juntos Marx, livros sérios e corajosos sobre capitalismo, materialismo e crítica do imperialismo, e encomendavam tudo o que saía sobre a União Soviética na Times Library. A esquerda estava na moda:

---

* Oswald Mosley (1896-1980), político inglês fundador da British Union of Fascists (BUF), em 1931. *(N. da T.)*

uma geração de escritores mais velhos como Wells, Shaw e Mann endossara o regime soviético; jovens idealistas haviam lutado contra o fascismo na Guerra Civil Espanhola; os intelectuais colaboravam para a *Left Review*; milhares de leitores se inscreveram no Left Book Club;* e a adaptação para o teatro do romance de Walter Greenwood, *Love on the Dole* [Amor no seguro-desemprego], fizera estrondoso sucesso. Até Virginia Woolf escreveu para o *Daily Worker*. Mas Sofka e Grey não ficaram tentados a se tornar comunistas. Isto não só porque lhes preocupavam as notícias vindas da Rússia sobre os Processos de Moscou, execuções em massa, campos de trabalhos forçados e exílios (era difícil saber em que acreditar e o que descartar como propaganda política), como também porque não conheciam nenhum comunista. "Nossa ideia de comunismo", escreveu Sofka, "era de que se tratava de uma organização conspiratória de âmbito mundial para derrubar a autoridade. Uma vez que se ingressava nela, ela passava a reger a sua vida. Como a Máfia, não havia saída... Nunca havíamos conhecido um comunista e achávamos uma pena que uma organização tão assustadora assim tivesse o monopólio de objetivos que pareciam tão sensatos. Eu tinha lido o *Manifesto comunista* e não vira nada com que discordar."

Patrick nasceu "rapida e facilmente", em Dean Cottage, na cama gigantesca, no dia 1º de setembro de 1938. As fotografias mostram a recém-mãe sensualmente desalinhada, com cascatas de cachos de cabelos pretos despenteados ao estilo de Medusa caindo sobre a camisola, e o bebê, mínimo e com cabelos escuros, deitado perto dela sobre lençóis amarrotados. Contrataram uma "enfermeira por um mês" para ajudar (era o que todo o mundo que eles conheciam fazia na época), e Sofka pareceu orgulhosa de, apenas poucos dias depois de parir, ela e Grey viajarem a Reading para ver uma exibição de cavaleiros cossacos. Sofka bateu papo

---

* "Clube do Livro de Esquerda", fundado por Victor Gollancz, Harold Laski e John Strachey, em 1936, no Reino Unido. (*N. da T.*)

com os cavaleiros em russo depois da apresentação e convidou alguns deles a irem a Cookham Dean; ficou, no entanto, quase tão surpresa quanto os aldeãos locais quando apareceram duas vans grandes, das quais saíram 12 cossacos. As fotografias revelam "aquela janotice peculiar dos cossacos" (descrita por Tolstoi): chapéus de pele de astracã, botas altas, calções amarrados abaixo do joelho e túnicas apertadas. Comeram grandes quantidades de *shashlik* [churrasco de cordeiro] no jardim, mastigaram alho e cebolas cruas, beberam garrafas de vodca e deixaram a enfermeira apavorada pegando o bebê nos braços e dançando com ele como guerreiros em mangas de camisa, gritando, sem dúvida, o velho lema: "Todos por um e um por todos!" No final do dia, Sofka estava tão encantada (e/ou bêbada) com aqueles valentões controvertidos e afetuosos que pegou uma barraca e sacos de dormir, despediu-se da enfermeira traumatizada segurando firme o bebê, e ela e Grey partiram com os cossacos para a cidade, onde fariam o próximo show.

Grey adorou ser arrancado da sua criação inglesa, rigorosa e cheia de restrições, para entrar no mundo estrangeiro e desregrado de Sofka. Planejaram uma educação trilíngue para o filho, em russo, francês e inglês, e Grey gostou de Patrick ter sido batizado na Igreja Ortodoxa russa. Como Sofka, Grey não se importava com dinheiro; era muito mais divertido ser extravagante e comprar champanhe e livros, ou sair para jantar no Hungaria, do que ficar economizando e se preocupando, mesmo quando a renda havia minguado temerariamente. Sofka mantinha esse traço e, embora nunca houvesse nadado em dinheiro, sempre acreditava que daria um jeito de alguma forma (e dava), e aconselhava os outros dizendo que dinheiro é para gastar, e não para guardar. Nada mais revelador dessa característica "*carpe diem*" deles do que o fato de, numa viagem a Paris, o casal chegar à conclusão de que na França a vida não só era mais barata como mais agradável e resolver mudar-se para lá. Não dá para saber ao certo o quanto se preocupavam com as coisas práticas ou com as crianças; a prioridade era

A Esposa

agarrar-se a tudo que a vida oferecia. Ninguém conseguia ignorar os sinais da guerra que se aproximava, mas eles transbordavam de planos otimistas.

Menos animados estavam "os pais" (Sophy e Pierre), com quem Sofka e Grey ficaram em Paris durante a Páscoa de 1939. Eles haviam se mudado para um apartamento sombrio perto do rio em Porte St. Cloud — toda a mobília escura, as cortinas empoeiradas e as relíquias do passado de Pierre não foram vendidas. Sophy, agora com 50 anos, vinha trabalhando como secretária nas manhãs e, depois, se recolhia ao quarto, aparecendo, muitas horas mais tarde, no seu penhoar desbotado com o olhar distante, vidrado. Sofka não sabia que a mãe já passara por uma clínica para tratar a dependência de morfina. Só mais tarde descreveu sua insuportável agonia — a garganta queimando e a excruciante sensação de insetos se arrastando pelo corpo — que a levou de volta à misericórdia maravilhosa e alienante das injeções. Enquanto isso, Pierre vivia obcecado com as dificuldades financeiras (ele ficava contando ansioso, quase doentiamente, os cêntimos da carteira) e se refugiara na devoção religiosa e em trabalhos de tradução complicadíssimos, nos quais Sofka e Grey tentavam ajudá-lo.

Apesar dos tormentos dos velhos, Sofka e Grey estavam encantados com Paris. Anos mais tarde, num conto não publicado, Sofka descreveu a cidade como a "quintessência da delicadeza, no colorido, na maneira de encarar a vida, na claridade etérea das avenidas, dos cafés e dos céus. Paris, de todas as cidades, a meretriz amada e imprevisível — bela, medonha, terna e indiferente". Ambos devem ter sentido Paris como um novo começo e, quando deixaram a cidade, haviam encontrado uma casinha com jardim perto do rio, em Sèvres. Fizeram um acordo com os idosos proprietários de pagar um *rente viagère* — uma quantia mensal pelo resto da vida do velho casal, e, depois disso, a casa passaria a pertencer a eles. Planejaram uma viagem de volta em setembro para concluir a parte da documentação e a mudança para outubro. Tudo se insinuava altamente promissor: Sofka

Sentada em frente das tulipas de Cookham Dean, Sofka parece desacostumada a se ver cercada pelos três filhos ao mesmo tempo. Peter (à esquerda) olha desconfiado para o bebê Patrick, enquanto Ian se revela mais receptivo ao meio-irmão novinho.

posteriormente decerto fantasiou muito sobre como teria sido a vida deles se houvessem se mudado. Será que ficariam lá para sempre? Será que continuariam tão felizes? Será que...?

Quando chegou o verão, a guerra já parecia inevitável, o contrato de aluguel de Dean Cottage expirara, e Sofka e Grey decidiram partir em turnê com os cossacos, como empresários dos shows na Inglaterra. Depois de passarem o mês de julho "desmontando" a vida em Cookham Dean e tomando conta dos três meninos, deixaram guardadas umas poucas coisas de mais valor para eles (incluindo livros e "A Cama") na casa de amigos, em Londres, e Peter e Ian voltaram para Leo. Mandaram Patrick para um vilarejo perto de Bracknell, para ficar com a Sra. Butler, uma viúva com seis filhas adultas. A Sra. Butler era a sogra do leiteiro de Cookham

Dean e já havia cuidado de Patrick em várias ocasiões, quando os pais estavam fora. Uma de suas filhas, Phyllis, lembra que Patrick contava 9 meses quando chegou (o que deve ter antecipado sua ida naquele verão). Ela achava Grey "um pai muito bom, dedicado e gentil", mas tinha a impressão de que Sofka era uma mãe descuidada — "meio embromeira, sabe como é? Não muito salutar."

Pouco duvida-se de que o pensamento de Sofka não se voltava para os filhos. Talvez houvesse também o desejo de aproveitar tudo o que pudesse antes do dilúvio que muitos criam estava por vir. Todos se preparavam para começarem as hostilidades. Ainda assim, Sofka e Grey mostram-se alegres nas fotografias daquele verão, espiando, de dentro da tenda branca, para o lado de fora, com Chip, o terrier preto, e o pequenino Simca estacionado próximo. Viajaram todo o caminho até o norte da Escócia e depois voltaram com os cossacos, escolhendo os locais da exibição, estábulos para os cavalos, pôsteres e pontos de venda de ingressos, e consumindo sem parar

Passaram o verão de 1939 viajando em turnê com os cossacos. Sofka e Grey deixaram Dean Cottage e agora seu único lar era uma tenda de lona branca. Chip, o cachorro, está sentado do lado de fora, onde se encontra também o Simca bebê. Todo o mundo estava preocupado com a guerra iminente.

churrasco de cordeiro e vodca. À noite, aninhavam-se na modesta casa de lona (agora não tinham outra), e Sofka lambia as orelhas de Grey — carícia de que ele gostava tanto que ela depois recomendou-a às noras para os momentos de dificuldades conjugais.

Quando a guerra se revelou inevitável, os cossacos arrumaram logo as malas a fim de voltar para casa na França, e Sofka e Grey retornaram a Cookham Dean, onde acamparam debaixo de uma nogueira do jardim do pub. Já lhes haviam provido das regulamentares máscaras de gás de borracha, e acompanhavam as notícias transmitidas pela BBC Home Service, graças a Laurence Olivier, que trouxera para Sofka um presente inusitado de sua recente viagem a Hollywood: um rádio novo, portátil, do tamanho de uma carteira, que funcionava à base de "baterias secas". Ele próprio possuía um desses e ouviu a declaração de guerra num iate longe da costa californiana. Sofka e Grey escutaram o soturno anúncio em Cookham Dean. Estavam no vermelho, sem emprego, nem casa, e a friagem de setembro entrava na tenda.

CAPÍTULO 7

A Prisioneira

*O hoje que parece tão demorado, tão estranho,
tão amargo, logo será um ontem esquecido.*
— Sarojini Naidu

"Fico imaginando, palavra de honra, o que você e eu
Fizemos até nos amar."
A vida não existiu até então, minha adorada...
... Querida, nunca morra nem deixe que nada lhe aconteça, porque sei que eu enlouqueceria. Não falo da boca para fora: compreendi muita coisa durante esse isolamento forçado. Só mesmo a esperança de te ver faz os minutos passarem.

Grey escreveu longas cartas de amor do camarote superlotado de seu patrulheiro. Tendo deixado Sofka num quarto mobiliado na Oakley Street, no Chelsea, apresentou-se como voluntário e partiu para cumprir suas funções na costa sul. As cartas são cheias de palavras carinhosas e íntimas, preocupações com o bebê Patrick (Ba), citações de John Donne e outros poetas prediletos e pequenos desenhos. Às vezes, mostra-se animado a ponto de inserir umas piadinhas e enigmas:

> *Que estranho*
> *Deus*
> *Escolher*
> *Os judeus*

> *Mas não tão estranho*
> *Quanto aqueles que escolhem*
> *Um Deus judeu,*
> *Mas rejeitam os judeus.*

Na maioria das cartas, porém, Grey lamenta a vida que ele e Sofka perderam: "Agora tudo passou — todo o meu lindo mundo de sonhos, e sinto uma vontade doida de gritar, mas não posso porque Hiscock está no quarto. Estou escrevendo enroscado no beliche, tenho de me virar para a parede porque as lágrimas não param de cair e não quero que ele veja. Acho que vou explodir se não gritar e pôr tudo para fora, mas é impossível, aqui, trancado num navio." Ele interrompe para a sentinela e pega a caneta de novo na madrugada desolada e gelada.

> Amada ovelhinha,
> O que há para dizer além de que a amo mais do que as palavras são capazes de exprimir? Por isso, como posso lhe falar sobre esse amor?
> ...Você trouxe poesia para a minha vida... [e] estou encontrando descanso numa nova cama criada por você — que conforto para uma cabeça cansada por nervos estraçalhados.

A Prisioneira 227

Espero, em breve, ouvir notícias suas e receber a cópia de uma foto e do nosso precioso e pequenino Ba, que tanto acrescentou à nossa vida. Ah, eu o amo tanto, e a você — e a você, e a você.

... Sei que, se disser o quanto a amo, você provavelmente vai chorar — embora você prefira ser amada a qualquer coisa — e, agora, só posso amá-la dizendo que a amo. Será que, depois, vai haver vida suficiente para a gente compensar tudo isso e fazer todas as coisas que a gente quer fazer?

Segunda-feira, 1h20

Ainda a amo — isto a deixa feliz? Hoje, troquei sentinelas e, por isso, consegui dormir o dobro do tempo. Sinto muita preguiça depois dos recentes esforços. Queridíssima, realmente, detesto o trabalho noturno — Puppadoguinhos foram feitos para ficar quentinhos numa cama gostosa e confortável ao lado da Duccalinha mais adorável, fofinha e aconchegante do mundo. E as Duccalinhas?

"Ducca" estava profundamente deprimida e sem esperanças. O plano de se mudar para Paris com Grey e Patrick obviamente fora por água abaixo, e se revelava cada vez mais difícil conseguir trabalhos de tradução suficientes. Apesar das senhas de racionamento, das cortinas de blecaute, das máscaras antigás, não havia guerra de fato. Patrick continuava no campo com a Sra. Butler, e a vida escorregara para um limbo nervoso, inquietante. Como se não bastassem essas preocupações, ficou impossível mandar dinheiro para a mãe em Paris, e Sofka decidiu ir até lá para dar uma ajuda. Embora não se tratasse de tarefa simples, o velho amigo de Sophy do Foreign Office, Jock Balfour, resolveu a questão da papelada e localizou um navio de transporte de tropas.

Quando entrou março, Ducca e Puppadog estavam juntos de novo em Oakley Street. Grey fora aceito pela Força Aérea Britânica para treinamento, depois de chegar à conclusão que, definitivamente, não conseguia suportar a nauseabunda claustrofobia dos patrulheiros, e não demorou muito até Sofka vê-lo partir na estação chuvosa. Ela encontrava-se tão mergulhada na depressão que mal conseguia sair da cama, e admitiu tomar vinho tinto de manhã para aliviar o sofrimento. Mais uma vez, a vida lhe mostrava que não era dona do próprio destino.

Obrigando-se a reagir, Sofka dedicou algumas semanas a aprender tcheco, obteve aprovação nos exames do Foreign Office para tradutores e recebeu uma promessa de trabalho nos meses seguintes. Leo (que propositalmente fora morar perto, em Markham Square, com Peter e Ian) pelo visto concordou em que ela pegasse os três meninos e fosse viver em algum lugar "no meio do mato", fora da área de risco, até a guerra terminar. Nesse ínterim, segundo as memórias de Sofka, sua mãe escreveu pedindo auxílio financeiro. Por isso, tendo Leo se disposto a encontrar um chalé para ela enquanto estivesse fora, Sofka mais uma vez embarcou num navio de tropas com destino à França, no final de abril. Essa versão dos acontecimentos possivelmente é verídica; todavia, parece improvável que Sophy tenha sido o motivo da partida de Sofka. Os selos do passaporte revelam que Sofka já permanecera na França por quase quatro meses (do início de dezembro até o fim de março), e decerto era cedo demais para outro pedido de ajuda, sobretudo considerando-se as circunstâncias arriscadas. Desconfio que a mãe não passou de desculpa; Paris oferecia um meio de fuga. O grupo de amigos e admiradores russos a distraía da preocupação desgastante em relação a Grey e da árida solidão das longas noites no quarto alugado em Londres. Conquanto eu tenha entendido, com base nas histórias de família, que Sofka deixou Patrick com a sogra do leiteiro para dar um pulo em Paris, o fato é que, quando ela foi lá pela segunda vez, ele já morava havia quase um ano com a Sra. Butler. Poucas mães viajariam para o exterior nesse estágio da guerra, mas, levando-se em conta seu estado de espírito e personalidade, a perspectiva de maternidade rural de tempo integral com três filhos pequenos, com racionamento, tensão e noites insones, dificilmente lhe apeteceria. Ela não escolheu ir para Paris para ser apanhada, mas

A Prisioneira   229

sem dúvida se arriscou. Em tempos de crise, Sofka sempre se mudou; fugir se tornara quase instintivo.

Retornei ao diário de guerra de Sofka, com uma visão bem diferente depois de tanto esquadrinhar sua vida. Já conseguia estabelecer ligações e nutria certa desconfiança em relação aos muitos admiradores, posto que as menções no diário variam de esposa solitária e lamentável a vampe e devoradora de homens:

9 de setembro
Tô saindo com Kolia. Está sendo um perfeito amigão. Bek vejo todo dia, assim como Misha e a Fera. Eles, disputando meus favores, olham-se ferozmente e rosnam educadamente. Muito divertido.

6 de novembro
Acrescentei mais uma espécie à minha coleção de animais selvagens — Michel Kychenkov, do Consulado Russo. Além de me alimentar nobremente duas vezes, presenteou-me com uma amostra (ilegal) de sabonete e um frasco de Chanel nº 5, isso para não falar no despertador... Quanto ao mais, tenho ido de casa ao pub com Kolia, Misha, Bek e Yuri.

Yuri aparece em todas as páginas; leva Sofka para sair, ajuda-a a conseguir comida e lhe proporciona sustento diário — o mesmo homem que ela deixou arrasado com o *affaire* deles nos primeiros anos do casamento com Leo. Agora descrevia-o com o termo de Casanova, *cavaliere servante*, dando a entender a devoção dele e a falta de devoção dela, e evidentemente gostava da atenção e carinho que ele lhe dedicava. A "Fera" a provia de entrecôte, melão e outras iguarias raras na Paris ocupada, e encontrei alusões a ele em cartas posteriores à guerra como um amante eventual; foi impossível descobrir sua verdadeira identidade. Percebi-me torcendo para que não houvesse algum elemento sexual nessas amizades e buscando provas disso; queria invalidar a teoria do tio Kyril de que Sofka pulou a cerca até mesmo enquanto esteve casada com Grey. Não consegui, entretanto, chegar a uma conclusão depois de todos esses anos. Talvez Sofka *fosse* capaz de separar sexo das emoções do amor, como insinuou tio Kyril: "Como os homens." O que ficou claro é que tanto ela quanto Grey sentiam uma saudade desesperada um do outro. Já não me perturbava a insinuação de tio Kyril sobre Grey ter ingressado na Força Aérea Britânica como forma de suicídio, por causa da profunda infelicidade no casamento. Tampouco a história de tia Elena se revelava plausível — que Sofka fora para a França a fim de ser mandada para um campo de internamento, que "eram lugares muito bons — tudo de graça e com comida".

No número 2 do Boulevard de la République, Sofka passou várias das longas noites com toque de recolher jogando cartas com as únicas pessoas que permaneciam no prédio — os Roche, uma família russo-judaica que morava no quinto andar. Antes da guerra, não houvera contato nenhum entre eles e os Volkonski — "os dois mundos, mesmo na emigração, eram muito distantes". Porém, por intermédio dos Roche, Sofka tomou conhecimento dos assustadores decretos que se emitiam continuamente contra os judeus; é improvável que tenham sobrevivido à guerra, e ela nunca mais os mencionou.

Permaneceu um mistério sobre essa época. Um documentário para a televisão de Granada, de 1974, que desenterrei dos arquivos, entrevista Sofka, aos 67 anos de idade, sobre sua vida. Ela declara que a última vez em que viu Grey foi durante a primeira licença dele na Força Aérea Britânica, quando ele conseguiu ir a Paris. "Foi incrível", disse. "Tivemos muito mais liberdade e facilidade [do que na Inglaterra] — a gente saía para dançar. Ele ficou lá cinco ou seis dias. Nosso último regalo." Não há alusão a esse encontro final nas suas memórias nem no diário, que começou no dia 19 de maio. Será que Grey obteve licença tão pouco

A Prisioneira

231

tempo depois de entrar para o treinamento da força aérea, em abril? Ou será que não passou de um sonho, de um mero desejo?

★

Representou uma linha divisória na vida de Sofka o momento em que um gendarme francês bateu à porta de manhã cedinho, em 9 de dezembro de 1940; na ocasião, porém, ela ainda não tinha noção disso. Na verdade, a ordem de levar coisas para 24 horas acendeu nela uma centelha de esperança. Quem sabe logo voltaria e ainda poderia realizar a planejada fuga? Na delegacia local, puseram-na numa sala grande, que foi aos poucos se enchendo de mulheres. Enquanto os funcionários inspecionavam, assinavam e carimbavam os documentos delas, ficou claro que todas as detentas portavam passaporte inglês. No fim da tarde, entraram alguns soldados alemães, apressados e ruidosos, e conduziram as mulheres perplexas, com suas malinhas para pernoite, para fora, para o ar gelado, e as mandaram subir em caminhões abertos. Sofka agradeceu aos céus por seu casaco de peles. Passaram por prédios destruídos por bombardeio e cobertos de neve e atravessaram a cidade que escurecia, em direção à Gare de l'Est. Ninguém explicou o que estava acontecendo nem aonde as levavam no período em que algumas centenas de mulheres de todas as idades ficaram trancadas em vagões de terceira classe e com assentos de madeira, num trem bem grande. Uma estava doente, outra rezava, algumas choravam e muitas ofereciam teorias improvisadas e rebuscadas sobre seu possível destino. Um bebê pranteava. Por fim, o trem partiu na direção leste, parando toda hora e perdendo tempo. Deram-lhes comida: pão preto com latas de uma carne sinistra, com péssimo cheiro, que as pessoas chamavam de "macaco" e jogavam fora pelas janelas, com asco. Levaram três dias até chegar a Besançon.

Assim que pôs o pé fora do trem, na plataforma coberta de neve, Sofka ouviu chamarem seu nome com o "ó" longo da entonação russa:

"So-ofka!" Era Ellinka Bobrinski, sua prima de 21 anos. Como muitas outras detentas, nunca fora à Inglaterra, mas tinha uma ligação burocrática tênue com o país. Tendo nascido em Malta, partindo da Crimeia a caminho do exílio, em 1919, Ellinka conseguiu um passaporte inglês, que agora era uma baita pedra no seu caminho. Sofka gostou de ver a jovem parenta, mas o que mais tarde lembrou como particularmente significativo foi o fato de Ellinka haver trazido consigo *Guerra e paz*, que ela poderia trocar pelo seu *Os irmãos Karamazov*, que pôs correndo na mala. Tolstoi e Dostoievski eram melhores companhias do que quase todas as demais. No entanto, esses não devem ter sido seus primeiros pensamentos, quando os impacientes soldados alemães obrigavam as mulheres a marchar, tremendo e desorientadas, através das ruas cheias de neve até o quartel da cidade, construído por Vauban no século XVII, agora rebatizado Frontstalag 142.

Os portões fecharam atrás delas, e ordenaram à multidão inteiramente feminina que encontrasse lugares dentro dos sólidos prédios de três andares diante delas. Sofka e Ellinka saíram correndo para inspecionar os quartos grandes, com chão de pedra e pé-direito alto, em busca de camas de canto. Muitas já estavam ocupadas, mas elas acabaram localizando duas no último andar e sentaram nelas, enquanto esperavam ocuparem o resto dos quarenta colchões de palha. Paulatinamente, o dormitório nº 29 encheu-se de uma bizarra coleção de mulheres, que incluía uma frágil senhora inglesa com a filha, uma governanta meio-russa e um ruidoso e robusto grupo de vendedoras de peixe de meia-idade da Bretanha, que desfrutaram efêmeros casamentos com soldados britânicos durante a Primeira Guerra Mundial.

Como cada uma das 4 mil mulheres da caserna, Sofka recebeu um casaco do exército francês azul-claro (tamanho masculino), tamancos de madeira (os sapatos parisienses não eram propícios para andar na neve), tíquetes de refeição, um prato de estanho e talheres. Os casacos longos e ásperos raramente eram retirados, servindo de cobertor extra na cama, e os tamancos estrepitavam subindo e descendo as escadas de pedra, onde ventava à beça, desde a manhã até a noite. A ração consistia num pão de forma por semana — chato, cinza, com data de validade vencida e em geral repleto de mofo verde. Comê-lo dava violentas cólicas estomacais, mas as internas aprenderam a fatiá-lo e secar pedaços na estufa do dormitório para torná-lo mais digerível. Havia uma porção diária de uma sopa horrorosa, quase sempre feita de beterraba de forragem, que se pegava nos imensos caldeirões de ferro das cozinhas. Uma prisioneira viu ratos "grandes como coelhos" abrindo sacas de legumes desidratados e carcaças de cavalo jogadas na sujeira. Não havia banheiros — apenas uma ampla e gelada cuba que as internas podiam usar para se lavar na água gélida, supervisionadas pelos guardas. Compreensivelmente, poucas se aproveitavam dessa oportunidade, portanto o fedor de corpos aglomerados e não lavados logo tomou conta dos dormitórios. As visitas ao banheiro eram ainda mais ameaçadoras; com só um buraco aberto por cada grupo de seiscentas pessoas, havia sempre fila na neve enlameada para os cubículos externos, sem teto e com um cheiro horrível. Quando a disenteria irrompeu, metade da população caiu de cama com tenebrosas diarreias e vômitos. Correram boatos de que algumas centenas de mulheres morreram.

A privacidade foi uma das primeiras vítimas da vida nesses campos — disponível somente enquanto dormiam e, talvez, quando mergulhavam nos livros (não faltou oportunidade para ruminar a antiga exigência de Sophy de comparar e contrastar Tolstoi e Dostoievski). Algumas pessoas se refugiaram na cama, chorando e gemendo, e os quartéis superlotados, a comida repugnante, a falta de saneamento e a população de insetos que se arrastavam parede abaixo toda noite estarreciam todo o mundo. No quarto de Sofka, houve quem jurasse poder reconhecer indivíduos nos regulares visitantes de seis pernas, e chamaram o maior de todos de Billy. A maioria das mulheres só dispunha das roupas com que saíram de casa e, quando as lavavam, tinham de esperar na cama até secarem em cordas em volta do dormitório. Talvez o espírito independente de Sofka tenha levado suas colegas de quarto a elegê-la *chef de chambre*, responsável por combustível e racionamento. Ela atribuiu a escolha à sua tendência a ignorar as constantes discussões, mas sua autoridade natural certamente contou ponto — desde a adolescência, nos seus tempos de mandona do grupo de jovens russos de Roma, ela se dera conta de que, se alguém liderava, os outros seguiam. Suas 39 companheiras devem ter sentido que fizeram boa escolha quando ela se mostrou perspicaz o bastante para embolsar cartões extras de porção de carvão numa visita ao escritório do comandante. A estufa ineficaz e fumacenta do dormitório precisava de toda a ajuda que se pudesse conseguir.

A reclamação mais pungente de Sofka em relação à vida no campo de prisioneiros dizia respeito à falta de banheiros; quando descobriu que os soldados franceses periodicamente tomavam banhos de chuveiro quentes, lutou com toda a pertinácia até estenderem a prerrogativa às internas. Coube a ela evitar a consequente corrida descontrolada das mulheres para se lavar, pegando lápis e papel para impor uma lista e uma escala, o que lhe rendeu o cargo privilegiado de "chefe do banho". Nunca esqueceu o sentimento de "felicidade infinita" provocado pela água fumegante; tomar banho sempre fora uma das grandes prioridades de sua vida. (Tratava-se, também, do prazer predileto de Sophy — ela igualmente sofrera horrores com a falta de banho nos tempos difíceis da Rússia bolchevique —, e essa predileção evidentemente se transmitiu através de gerações; o fraco de meu pai por essências de banho e sua satisfação por ser fervido vivo só se comparam aos meus e aos de minha filha mais velha.)

Embora Sofka possa ter parecido pragmática e realista, ela também estava atormentada e com medo. Fingir-se de forte era uma questão de orgulho — um ponto de honra equivalente a não chorar na frente dos adultos quando era criança. Os poemas refletem seu desespero privado.

A Prisioneira **235**

... E o tempo todo
As vozes, as vozes nos encurralam...
... E nos meus lábios um sorriso,
Um sorriso insípido, totalmente sem sentido, para esconder
O terror dentro de mim...

Ao longo dos meses seguintes, as coisas foram, aos poucos, melhorando: construíram-se banheiros internos e beliches de madeira, e a população se reduziu à metade: 2 mil mulheres. Soltaram as idosas, as mães com filho pequeno e as doentes, e algumas prisioneiras fugiram — os guardas do Exército Francês, em sua maioria negros, condescendentemente, limparam as latas de lixo que as levariam para fora dali. Certa vez, numa tentativa que acabou frustrada, Sofka ajudou uma espanhola a pular a parede e, depois, distraiu os guardas. O melhor de tudo era o bendito dia em que chegavam as remessas da Cruz Vermelha. As prisioneiras ficavam entusiasmadas como crianças no Natal, abrindo as robustas caixas de papelão com interior azul-claro e se deparando com latas de Klim (leite em pó canadense), queijo, geleia, ovos desidratados, cigarros, sabão, as ubíquas "bolachas de campanha" e, até mesmo, iguarias como salmão e chocolate. Posteriormente, chegaram alguns livros e roupas. As pessoas corriam de cama em cama, comparando e trocando coisas, e rindo de alegria. Só as freiras ficavam quietas — consagradas ao silêncio, dormiam em dormitórios separados e se exercitavam do lado de fora, em círculos de mulheres com véus e caladas.

Em maio, informaram às 2 mil internas que iriam embora de Besançon. Correram rumores de que reclamações da Cruz Vermelha e ameaças de retaliação inglesa em relação às internas alemãs provocaria uma mudança favorável. Numa ditosa madrugada de verão, mandaram todas as internas se despir e desinfetar as roupas. Dispararam tiros de pólvora seca para persuadir as mais teimosas ou pudicas que, inicialmente, se recusaram a acatar a ordem. Muitas horas mais tarde, conduziram-nas para um trem

— um grupo estranho de mulheres com roupas já todas num tom surrado de "cinza Vauban", vestindo casacos do exército pesados, sufocantes, e carregando conjuntos de latas, potes, tamancos e outras ninharias fornecidas às prisioneiras e colecionadas ao longo de seis meses. Levaram duas noites para cobrir os 240 quilômetros em direção ao norte, mascando "bolachas de campanha" secas, cantando, tirando cochilos e especulando sobre o destino seguinte.

★

O balneário de Vittel fora famoso antes da guerra como uma estação de veraneio exclusiva para os ricos com problema de saúde. Consideravam suas águas terapêuticas para doenças renais, artrite e obesidade; e dispunha de um cassino e um teatro que atraíam visitantes ilustres e ricos, entre eles playboys, atrizes, dançarinos, e até mesmo membros da realeza estrangeira, além dos debilitados e doentes. Era bem o tipo de lugar que vovó Olga adoraria, e, compreensivelmente, M. Raspail, o gerente francês do hotel, ficou horrorizado com o que parecia uma invasão de doidas. Os alemães, no entanto, se aproveitaram da "photo opportunity". Assim que as mulheres entraram no campo, os fotógrafos já estavam prontos para disparar suas máquinas e produzir provas para os jornais das "internas inglesas chegando ao Grand Hotel". Delimitados por três cercas de arame farpado, os prédios do velho balneário, com canteiros de flores, lago e quadras de tênis, agora, compreendiam um campo "modelo" — uma réplica altamente conveniente para as acusações de crueldade nazista e indecência em outros campos. Pouco suspeitava-se que, mais tarde, ele serviria de vanguarda pitoresca para atividades mais sinistras envolvendo detentos judeus.

A melhor amiga de Sofka, em Vittel, era Madeleine White, sempre identificada como Coelha. Embora tivessem temperamentos e personalidades totalmente diferentes (Coelha é meticulosa, organizada, controlada, confiável, quieta, e frágil e pequena como um pardal), elas permaneceram muitíssimo íntimas, visitando-se e escrevendo, constantemente, por cinco décadas, até o falecimento de Sofka. A partir daí, Coelha e eu passamos a nos corresponder com regularidade.

"Para ela, eu sempre fui 'Coelha'", confidenciou-me, "com longas orelhas e sem nariz, que corria para um buraco de coelho quando as coisas não aconteciam conforme o esperado: ela então me chamava de 'Coelha estúpida' ou 'Coelha Ensopada'." A essa altura ela já havia prometido me levar para ver o local onde as duas ficaram presas, e fui a Paris encontrar-me com ela. Visitei Coelha em seu apartamento, no décimo andar de um amplo grupo de prédios dos anos 1960, no *quinzième arrondissement*. Apesar de seus 80 e alguns anos, parece muito com a mulher das fotografias dos anos 1940: um figura pequena, com jeito de menina, rosto redondo, olhos de gato e cabelos curtos e arrumadinhos, antes escuros, agora grisalhos. Veste-se como uma estudante obediente: pulôver com gola em "v" cinza (cerzido com esmero), saia de lã cinza, grossas meias-calças cinza e sóbrios sapatos de cadarço. Nada de frivolidade, joias nem maquiagem; talvez por haver muito mais coisas trágicas e importantes com que se preocupar. Interessa-se pelos acontecimentos do mundo, pela juventude da França e ainda dá aulas gratuitas para jovens imigrantes.

O semblante sério só se iluminou quando falamos de Sofka. "Éramos muito felizes juntas, muito próximas. Durante a guerra, líamos tudo juntas, da Bíblia a Lenin — tudo o que se possa imaginar. Ela me ensinou *tudo* — havia conhecido diversos países, outros estilos de vida... era uma mulher espetacular. E você sabe que tinha uma memória tão perfeita que era capaz de ficar horas recitando poesia. Chegava a temer ler má poesia no caso de, sem querer, aprendê-la de cor." Enquanto conversávamos, reparei certas expressões que Sofka costumava fazer, em especial, um sorriso só com os lábios, breve, quase uma careta, quando contava algo desagradável, que às vezes se estendia e se transformava numa risada irônica, ligeira, tipo metralhadora. Viam-se fileiras e mais fileiras de livros sobre o Holocausto:

o marido, um cientista francês, é sobrevivente de Auschwitz, e ela dedicou anos trabalhando para uma revista judaica sobre o Holocausto. "Está tudo no passado", respondeu, quando lhe perguntei sobre o custo emocional da experiência por que passara.

Carregando nossas mochilas de pernoite (a dela com um coelhinho preto desenhado na etiqueta), Coelha e eu pegamos o metrô para a Gare de l'Est. Ela me mostrou as placas ornamentais dedicadas aos judeus e aos outros dali retirados e levados para os campos nazistas: 77 mil judeus franceses foram deportados para a morte, com a cooperação voluntária dos oficiais franceses. Onze mil eram crianças. No bar da estação, comprei biscoitos e água em garrafa.

"Não compre Vittel", Coelha brincou, com amargura. "Dizem que faz os dentes apodrecer!"

A viagem de trem tranquila e rápida em direção ao leste ecoou todas aquelas partidas terríveis dos tempos da guerra, e esses pensamentos assustadores, talvez, tenham sido a causa do meu enjoo. Fiquei sentada bem quietinha, ouvindo o inglês baixo, enxuto, perfeito de Coelha, com só uma levíssima entonação francesa, enquanto ela me contava sua história. A mãe órfã, criada por freiras católicas, recebera alimentação tão precária que mal cresceu além da infância. O pai, um inglês antipático, deu no pé pouco depois de casar, deixando a filha à mercê da implicância dos colegas de escola, que a chamavam de "bastarda". Eram muito pobres. E, depois, em fevereiro de 1941, foram internadas em Besançon por terem documentos ingleses. Foi depois da transferência para Vittel que Coelha conheceu Sofka.

O campo de Vittel abrigava uma bizarra mistura de pessoas — 48 nacionalidades diferentes de todas as idades, de recém-nascidos a gente com 60 anos. Havia freiras de diversas ordens, dançarinas (incluindo várias "Bluebell Girls", que depois fugiram), artistas, escritores, músicos, professores, governantas, estudantes e enfermeiras. Havia expatriados em busca de prazer e quacres; católicos e cientistas cristãos; e judeus que não foram direto para os campos de concentração por uma razão qualquer. Havia um grupo de anciãos que ficava sob os cuidados das freiras e sabia construir todos os tipos de panelas, frigideiras e jarros a partir de latas vazias da Cruz Vermelha, pondo alças, tampas e bicos. Apesar da idade, eram visitantes entusiastas de uma cafetina da Bolonha, que era acompanhada de duas das suas garotas. "*Vite! Vite!*", apressava a velha alcoviteira quando um fazedor de caçarola idoso deixava o bordel improvisado. "Vá e tente encontrar outro cliente!" Posteriormente, chegaram mais homens, entre eles jóqueis e cavalariços das pistas de corrida, e no fim havia até aposentos para casais, depois que levaram para lá alguns maridos que se encontravam no campo de internamento masculino de Saint-Denis, reunindo uns poucos afortunados casais.

As instalações do hotel não estavam em bom estado (incluíam-se, entre os antigos ocupantes, soldados italianos, que encheram o local de pichações); no entanto, depois da experiência de Besançon, parecia maravilhoso. "Eu dividia o quarto com minha mãe e outra amiga", disse Coelha. "Havia camas de verdade, com lençóis e travesseiros decentes, e, embora a água fosse escassa, dispúnhamos até de um banheiro. Descobrimos uns armários de pano e os desfizemos, pois quase não tínhamos roupas — nem mesmo roupas de baixo. Uma idosa russa, Mme. Barto, era excelente costureira e fez para a gente calcinhas e até sutiãs com lençóis velhos."

No início, Sofka dividira os aposentos com Ellinka e outra russa, mas odiava aquela intimidade forçada; paradoxalmente, sentia maior dificuldade em tolerar duas companheiras de quarto do que 39 e seu grande sonho era ter um cômodo só para ela. Procurou por toda a parte, nos diferentes prédios do hotel, até conseguir, à força, subir uma escada espiral de acesso bloqueado que dava para o sótão, onde encontrou uma pequena água-furtada. Havia uma única janela redonda, alguma mobília quebrada e nada de calefação, mas estava vazio — uma toquinha onde poderia ficar sozinha e lamber as feridas em paz.

"Não conseguíamos suportar todas as 'pessoas boazinhas' do campo", disse Coelha. "Eram umas inglesas terríveis, críticas demais, que reclamavam de tudo. Estavam sempre formando comitês e correndo de um lado para o outro com jeito de mandonas." Quando as remessas da Cruz Vermelha se tornaram regulares (depois de uma demora de alguns meses), a sobrevivência não estava mais sob ameaça; portanto, revelou-se vital preencher o enorme tempo vago que as internas precisavam enfrentar dia após dia. "O tédio é um tormento do inferno que Dante esqueceu", escreveu Albert Speer, no seu relato da prisão de Spandau. Muito mais tarde, Sofka citou o ex-nazista numa carta, explicando para um amigo como isso se aplica ao tormento do prisioneiro: "Progressivamente", escreveu, "o mundo exterior desaparece... E tudo se fecha num minúsculo microcosmo."

Certas mulheres simplesmente ficavam esperando anos a fio, tricotando, tomando café falso, cozinhando em pequenos fogões e fofocando; a maioria, porém, corria atrás de atividades para combater o fastio e o pessimismo. Formaram uma biblioteca, e qualquer pessoa capaz de ensinar alguma coisa o fazia, desde culinária, dança, bridge, ginástica e jardinagem até pintura, línguas, música e literatura. Nos domingos, exibiam filmes alemães no cassino, embora Sofka e outras internas boicotassem películas com forte propaganda nazista, como a versão para o cinema profundamente antissemítica de *Jud Süss*, realizada em 1940 sob a supervisão de Goebbels. Sofka criou um clube de dramaturgia e deu palestras sobre poesia russa. Não tardou a ser requisitada pelo teatro do cassino, e ao longo dos anos seguintes utilizou a experiência adquirida trabalhando para Laurence Olivier no Old Vic. Recrutou as detentas para atuar em várias peças de Shakespeare (*Noite de reis, Hamlet, Júlio César*) e Tchekhov (*O pedido de casamento*), para dramatizar os poemas infantis de A. A. Milne[*] e *Ali Babá*, em que Sofka, pintada de preto e vestida com pele de leopardo, fazia o

---

[*]Alan Alexander Milne (1882-1956), poeta e dramaturgo inglês. (*N. da T.*)

papel do eunuco-chefe. Ainda existem fotografias do elenco oficial, que dão a impressão de criatividade divertida e disciplinada; nada revelam do tormento subjacente dos prisioneiros.

"Fui Ofélia em *Hamlet*", disse Coelha, rindo. "'Vai para o teu convento!' Mas, na verdade, conheci Sofka antes disso, quando pus um aviso no quadro pedindo a uma intelectual que me ajudasse nas lições de literatura inglesa da universidade. Estava com 19 anos e precisava me preparar para as provas, e falaram-me de 'uma senhora russa que sabe tudo sobre Shakespeare e poetas e escreve poesia'. Imediatamente ficamos amigas íntimas. Depois, comecei a aprender russo também. Ela me ensinou tudo sobre vida e literatura. Era completamente diferente das mulheres inglesas que choraram e se encheram de desânimo e indignação quando os alemães as prenderam. Eu havia passado por um monte de coisas desagradáveis — pouco antes de ser internada, meu noivo se matara porque nossas famílias eram contra o casamento. Eu era muito tímida — fugia das pessoas. Mas Sofka ajudou-me a superar essa tragédia. Ela nunca se cansava, e eu podia trabalhar com os livros das 8 da manhã até as 8 da noite."

Foi numa manhã luminosa e gelada que Coelha e eu chegamos a Vittel. Todo o lugar era agora um complexo do Clube Méditerranée, com campos de golfe, piscinas e uma banda de jazz tocando num café ao ar livre. Havia diversas famílias francesas de aparência salutar e empregados educados, que nos diziam sorrindo *"Bonjour, mesdames"* enquanto passeávamos pelo terreno. Formávamos um par improvável. Às vezes, perguntava-me se Coelha me considerava burguesa, termo que usava para criticar ou condenar inúmeras coisas, desde nosso confortável hotel às "pessoas boazinhas" do campo.

Caminhamos pela estrada, passando pelo cassino e atravessando os jardins. Se as moradoras colhessem flores, um crepitante sistema de altofalantes vomitava o temível castigo. Depois, as internas alemãs (portadoras de passaporte inglês), que trabalhavam para o comandante, iriam aparecer

Coelha tinha apenas 19 anos quando conheceu Sofka, em Vittel. A colega de campo mais velha tornou-se sua mentora e continuou sendo sua melhor amiga durante décadas: "Sofka me ensinou tudo."

de repente no quarto da acusada para fazer inspeção. Dentro do saguão do Grand Hotel, Coelha lembrou-se das colunas de mármore, do chão de mosaico e dos espelhos de seu tempo, embora se encontrassem em bem pior estado na época. Era aqui que se distribuía a correspondência e as prisioneiras se reuniam para jogar xadrez. Havia algumas lojinhas em que as internas podiam comprar sapatos de madeira, agulhas, linha, vestidos fora

de moda dos anos 1920, broches e caixas com a inscrição SOUVENIR DE VIT-
TEL. Usava-se um quadro de avisos para permutas, com cigarros servindo
de moeda e o número do quarto de identificação: *Ofereço sardinhas por 15
cigarros, carne bovina conservada em salmoura por 20 cigarros. Ou: Quero um par
de sapatos, tamanho 37, 320 cigarros.*

Permitiam-se às internas duas cartas por mês, e chamavam-nas
pelo nome em ordem alfabética. Era extremamente excitante receber
notícias do mundo exterior, mesmo se já tinham sido lidas por outras. As
cartas de Grey para Sofka chegavam no papel regulamentar de Correio
de Prisioneiro de Guerra, para a Prisioneira de Guerra número G.H.30,
Mme. Skipwith. As instruções determinavam: "Escreva com muita clareza dentro das linhas para evitar demora na censura", e, na frente, vinha
carimbado APROVADA.

> Minha menina queridíssima,
>
> ... Como estão progredindo os cabelos brancos? Mas não deixe
> nada te preocupar porque estou bem seguro e certo de que é só
> questão de esperar. Estou te amando mais por tudo.
>
> Te adoro.
>
> Puppa

Evidentemente, Grey não estava seguro coisa nenhuma. Ser artilheiro era, sem sombra de dúvida, perigosíssimo; a torre de tiro do artilheiro da cauda, absurdamente pequena e isolada, era o primeiro lugar
que o inimigo atacava. Um artilheiro da Força Aérea Britânica escreveu
nas suas memórias que viu pessoas "jogando água numa torre de tiro
para retirar todos os pedaços de carne e osso" depois que o avião danifi-
cado conseguiu aterrissar. Fico me perguntando: será que Grey sonhava
em voltar para os patrulheiros apinhados?

Coelha contou-me como se sentiu ao retornar a esse lugar, 60 anos
depois. Imaginava que provocaria fortíssimas emoções. "Agora é tudo his-

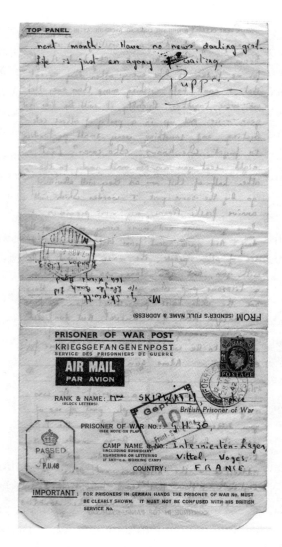

As cartas de Grey para Sofka tinham de ser escritas em papel especial do Correio de Prisioneiros de Guerra e passavam pelo crivo de um censor, mas eram tão excitantes para ela como qualquer carta de amor. Os dois morriam de saudades um do outro, e, agora, Sofka estava terrivelmente preocupada, pois Grey atuava como artilheiro na Força Aérea Britânica.

tória", ela disse, talvez não querendo chafurdar em sentimentalismo nem fazer um discurso breve e convenientemente comovente. Sentamo-nos, e mentalmente transformei os jogadores de golfe vestidos com pulôveres em tom pastel em inglesas dos anos 1940 e os recepcionistas uniformizados em guardas nazistas. Perguntei à Coelha como passavam os dias.

"Costumava me levantar às 7 horas, mais ou menos", respondeu, "e descer ao porão para pegar água quente numa lata da Cruz Vermelha, para tomar chá e comer 'bolachas de campanha' com minha mãe. Lia um pouco de Shakespeare e depois pegava mais água e levava para o quarto de Sofka. Se tinha ficado jogando cartas — em geral, Preferência* — com outros russos até meia-noite, eu a encontraria dormindo profundamente. Você sabe como ela era. Eu costumava pôr nossa vassoura em algum lugar do quarto dela, já que ela não se importa. E depois, quando conseguiu uma estufa, eu levava, numa caixa vazia da Cruz Vermelha, folhas secas e madeira para o depósito secreto do lado do corredor." Sofka, vestida com sua camisola de algodão grosso marrom (obra de Mme. Barto, feita com forro de casaco do exército), bebia chá na cama enquanto conversava com Coelha. No primeiro inverno, fez um frio medonho no quarto, pois não havia calefação, mas, segundo Coelha, Sofka não reclamava: "Ela usava o casaco de peles o dia inteiro e se cobria com ele para dormir. Às vezes, a gente ficava sentada com ele por cima, lendo juntas."

"A única coisa com que ela se importa era não tomar banho", disse Coelha. "Em geral, ela se lavava numa tina de água quente, que a gente levava lá para cima, mas uma viúva russa idosa, chamada Sra. Hicks, nos deixava usar o banheiro dela quando havia água quente. Ela gritava lá de baixo da escada: "*Goriachaya voda!* Água quente!", e a gente deixava tudo de lado e descia correndo as escadas. Eu tomava banho primeiro e, em seguida, Sofka, que ficava lá séculos, de molho. Às vezes, eu lavava o cabelo dela e depois lavávamos nossas roupas."

---

*Jogo de cartas popular na Rússia. (*N. da T.*)

Havia tarefas matinais — as jovens tinham de se revezar para descascar batatas —, mas, uma vez cumpridas, Coelha e Sofka se punham a estudar. "A gente estudava inglês a manhã inteira", prosseguiu Coelha. "Acontece que, à medida que se aproximava a hora do almoço, minha mãe começava a se aborrecer, por isso eu ia almoçar com ela. Ia até a cozinha pegar aquela sopa horrorosa, que dificilmente dava para comer, e ainda podia nos deixar doentes. Tinha ossos e carne velha, e você via coisas nadando nela — uma rolha ou, uma vez, um rato —, portanto, quase não comemos durante meses. Passado um tempo, plantamos coisas como alfaces e rabanetes, uma lojinha vendia algumas hortaliças, e começaram a mandar a provisão da Cruz Vermelha de novo. Aí as pessoas preparavam todo tipo de comida." Mme. Barto fora exímia cozinheira; fazia bolo no aniversário das pessoas (com "biscoitos de campanha" moídos, ovo desidratado e cacau) e *tyanushki*, um tipo de calda de chocolate russa, em que substituía-se o leite condensado por nata. Algumas internas, como a Srta. Bayliss, junto com amigas, acumulavam e escondiam comida para criar banquetes. Ela escreveu nas suas memórias, não publicadas, o cardápio do Natal de 1941, com as amigas íntimas, que anunciava orgulhosamente: "*Soupe à la Vittel, Saumon à sauce blanche, Cornbeef de l'espoir, Tarte de la victoire, café de triomphe, cigarettes de rêve et de l'oubli.*"

"De tarde, subia de novo para o quarto de Sofka para estudar russo", disse Coelha, apontando para o lado de fora da janela para mostrar aonde iam no verão ler Tolstoi, Lermontov e Dostoievski. "A gente botava um tapetinho debaixo das árvores, e as 'pessoas boazinhas' não tiravam o olho da gente", contou contente. "Como não eram intelectuais, não entendiam por que a gente lia o tempo todo. Achavam que a gente devia estar jogando tênis. As inglesas condenavam Sofka porque ela fazia o que queria. Passava o dia na cama se sentisse vontade ou ficava acordada até tarde jogando cartas com as russas, e não participava dos comitês nem das aulas de ginástica delas. Depois, passaram a desconfiar que ela ajudava as prisioneiras a fugir."

A Prisioneira

247

Embora a vida em Vittel fosse repleta de tragédia, também havia lá algo de inerentemente cômico. A guerra e as famílias separadas constituíam o pano de fundo, mas os dramas femininos cotidianos em geral não passavam de tempestade em copo d'água e preocupações banais. Uma postura corajosa, determinada, empenhada em melhorar e em que se afetava felicidade fazia as pessoas seguir em frente. Mesmo quando os guardas mataram os cães de estimação, gerando imenso clamor e consternação, algumas mulheres ainda conseguiram criar gatinhos perdidos, uma tinha um coelho na coleira, outra uma galinha no quarto, e três irmãs escocesas contrabandeavam filhotes de cachorro no banheiro. Quando os Estados Unidos entraram na guerra, em dezembro de 1941, um grupo de mulheres norte-americanas, elegantes e vestidas com chapéus, ingressaram no campo, supostamente transferidas do cárcere temporário no zoológico de Paris. Recebiam mantimentos superiores da Cruz Vermelha (inclusive os apresuntados da marca Spam, altamente cobiçados), e as intelectuais se reuniam em torno de Sylvia Beach, a fundadora da famosa livraria de Paris, Shakespeare & Co. Foi nessa ocasião que surgiu um elemento de competição, uma vez que as internas mais ricas, finamente trajadas, conseguiam que lhes mandassem dinheiro e bens. Havia um estranho contraste entre as que se vestiam com andrajos cinza e remendados e roupas de baixo feitas de lençóis roubados e as que usavam joias e vestidos mídi elegantes, de tecido nobre e florido, nas festas de bridge.

Um filme inglês sobre Vittel, de 1944, revela um pouco dessas contradições. Quando Sofka viu *Two Thousand Women* [Duas mil mulheres] depois da guerra, ficou horrorizada com a irrealidade dos penteados perfeitos e dos luxuosos quartos de hotel, mas, apesar dos cachos platinados e dos négligés de cetim das atrizes (e da função intrínseca do filme de levantar o moral), o ambiente pesado e repleto de brigas, conluios, camaradagem, enganação e boatos foi bem retratado. Naturalmente, o filme não mostrou muitos aspectos da vida no campo de prisioneiros. Um deles diz respeito à grande quantidade de casos amorosos entre as mulheres. Algumas das internas já eram lésbicas assumidas; a tolerância parisiense ao amor sáfico havia muito proporcionara um refúgio para inúmeras mulheres de países mais moralistas, como a Inglaterra e os Estados Unidos. Conheciam-se vários casais estabelecidos no campo: uma inglesa robusta, apelidada de "Monsieur Huntley-Walker" (cabelo cortado ao estilo dos desportistas e com um chicote na mão), se apaixonou pela feminina lady Bradley; a agressiva Srta. Ehe fez violentas cenas de ciúmes por causa da magnífica e enigmática Bébé; e "os Abibes" formavam um par discreto, que apreciava música e preferia viver no canto delas, mas eram muito amadas.

Sofka, nas suas memórias, deixou escapar que "era óbvio que a proximidade de um confinamento de anos propiciaria o lesbianismo. Até eu o experimentei, por pouco tempo, mas, sendo definitivamente 'hetero', nunca mais me senti tentada a repeti-lo!" Toquei no assunto com Coelha, secretamente desconfiando de que fora ela a amante de Sofka; a intensidade da afeição dela saltava aos olhos. Ela, no entanto, deixou claro que detestava lésbicas e não tinha nenhuma pista sobre o deslize da mentora: "Você encontrava aquelas damas, sobretudo a medonha Monsieur Huntley-Walker, esperando no corredor escuro. 'Vem, vamos te dar cigarros ou bolinhos...', diziam. Eu dava um chute bem forte na coxa delas, e elas entendiam perfeitamente."

Um tempo depois, em outra viagem a Paris, travei contato com outras ex-internas e descobri mais coisas. Embora Shula fosse agora uma octogenária, ainda dotava-se da energia viçosa e cativante que a fez atrair tantas mulheres no campo quando era uma judia francesa de 17 anos, bonita, vivaz e com passaporte inglês. Ela se lembrava com clareza de quando conheceu Sofka, algumas semanas depois de chegarem a Besançon, Shula ainda em estado de choque. Como muitas mulheres, parou de menstruar por causa da má alimentação e estava preocupada com a mãe, que ficara escondida, e o pai, que terminou em Auschwitz. Era véspera do ano-novo, 1940, e Shula se encontrava no pequeno dormitório que compartilhava com um grupo de moças. Logo depois da meia-noite,

Sofka irrompeu. "Estava completamente nua", disse Shula, rindo. "Com os longos cabelos escuros soltos, recitava Pushkin em russo. Trazia uma taça de vinho na mão! Não faço ideia de como conseguiu o vinho e a taça, mas era uma bacante. Tinha uma personalidade naturalmente rebelde e pagã." Shula, uma artista iniciante, pegou correndo as tintas para fazer uma aquarela da extraordinária visita que apresentou o ano de 1941 de forma tão memorável.

Essa pândega eslava desenfreada parecia bem diferente da provedora autoritária e eficiente de banhos e vales de carvão. Perguntei a Shula sobre a amante de Sofka, e ela admitiu que muitas outras internas de Vittel acreditavam que Sofka e Coelha eram um casal.

"Coelhinha", sorriu Shula. "Ela era tão bonita quando jovem — muito graciosa, esbelta e curvilínea, como uma escultura de madeira. Mas extremamente puritana e ascética; como uma freira. De fato, era discípula de Sofka. Se Sofka teve um caso, foi com Stanley. Eram amigas antes mesmo de Coelha entrar em cena — em Besançon." Shula trouxera fotografias, e uma delas mostrava Sofka deitada, entrelaçada com um grupo de seis mulheres risonhas escarrapachadas na cama (nenhum sinal de Coelha). Deitada com a perna nua no ar, encostada pesadamente numa Sofka radiante, vê-se Stanley. "Stanley era professora de ginástica", explicou Shula. "Era uma garota inglesa boa e saudável, com aparência de menino — um pouco como um escoteiro — e um belo sorriso. Tinha cabelos curtos castanho-claros e pernas sensacionais — sempre usava shorts. Stanley adorava Sofka e a seguia aonde quer que ela fosse."

Os fantásticos olhos azul-amarronzados de Shula brilhavam ousadamente enquanto ela me mostrava os esboços e pinturas da vida no campo que trouxera de sua casa na Normandia (havia vários de Sofka, incluindo aquele primeiro nu, em negrito preto e amarelo). Ela levara uma vida de artista, casando-se com Morley, o prisioneiro de guerra inglês que, em 1944, foi mandado para Vittel para dar aulas de arte.

Shula tinha apenas 17 anos quando conheceu Sofka, à meia-noite da véspera do ano-novo, em 1940. Rapidamente pegou suas aquarelas e pintou esse retrato de Sofka, que entrara nua no quarto, bebendo vinho e recitando Pushkin em russo.

Sofka parece feliz, deitada entre os membros de *la Petite Famille*. Escarrapachada acima dela, vê-se Stanley, uma professora de ginástica com quem estava tendo um caso. Shula está segurando o pé de Stanley, e Lopi (uma comunista dedicada conhecida como a "Maravilha das Maravilhas"), lendo um livro. O jarro grande esmaltado era o "bule de chá" delas.

Mais tarde, relendo as memórias de Sofka, desencavei uma alusão breve e evasiva a Stanley: "Stanley era professora de educação física, e muito rápido conseguiu que nós e a maioria dos membros mais jovens do campo fizéssemos exercícios matinais, além de formar times de vôlei e netball e organizar torneios de tênis e de pingue-pongue. Dotada de extrema energia e um sorriso radiante, logo transformou-se em objeto de veneração para as mocinhas, que viam nela uma heroína." Não há indício nenhum de relacionamento sexual, mas é difícil imaginar Sofka praticando exercícios matinais voluntariamente, sem outra motivação.

Havia certa animosidade entre Coelha e Stanley — fato que fortaleceu minha convicção: "Stanley ficava aborrecida comigo porque eu não fazia ginástica. Ela dizia que eu era uma maldita estrangeira", disse Coelha, tentando desacreditar a teoria do namoro de Sofka com Stanley.

"De todo modo, se ela teve alguma coisa com Sofka, não pode ter durado muito, porque ela e eu trabalhávamos de oito a dez horas por dia, e eu a acordava às 8 horas da manhã, levando o chá para ela." Ocorreu que Stanley foi expulsa de Vittel poucos meses depois da chegada delas, ao que tudo indica por haver reclamado para os inspetores da Cruz Vermelha que os alemães estavam roubando cigarros das remessas destinadas às prisioneiras. Mandaram-na para outro campo, Libenau, e, embora as jovens de Vittel pedissem o retorno da professora de ginástica, ninguém ouviu mais falar dela. A partida de Stanley leva-me a concluir que o envolvimento com Sofka provavelmente se deu no verão de 1941. Tratou-se, portanto, de um caso inequívoco de infidelidade a Grey, se bem que desconfio que Sofka absolutamente não interpretou o episódio dessa maneira...

Não conseguia entender por que Coelha tentava esconder de mim a informação que eu obtivera, pois ficara claro que me adotara de coração como homônima e herdeira espiritual de Sofka e se revelara extremamente generosa comigo. Ela me escreveu, ligou, cedeu documentos originais e inclusive me deu um belo binóculo de teatro de marfim, ainda no estojo com forro de seda de São Petersburgo, que herdara da velha Mme. Barto. No entanto, como "discípula", achei que Coelha estava tentando endireitar as preciosas relíquias de Sofka para exibição pública. Subconsciente ou deliberadamente, queria que sua versão sobre Sofka prevalecesse. Só após dois anos de conversas, Coelha me contou algo menos simpático sobre o comportamento de Sofka no campo.

"Ela pegava as coisas — livros, objetos — que queria", admitiu. "Em geral das mulheres russas mais velhas, que não se davam conta do que havia acontecido. Nunca falei nada com ela." Coelha não comentou esse lado antissocial e inescrupuloso com a mestra culta e inspiradora. Mesmo assim, mais uma vez fiquei intrigada me perguntando como pode essa aluna inocente, tímida e seriíssima tornar-se a maior aliada de uma mulher mais velha, desinibida, gregária e dotada de uma sexualidade tão conspícua.

Conquanto a amizade entre Sofka e Coelha parecesse exclusiva, não era. Ambas pertenciam a *la Petite Famille*, uma família substituta politicamente motivada, em que Sofka era a mais velha, mas não necessariamente a líder dos cerca de oito e poucos membros (embora eu suspeite que foi ela quem teve a ideia de usar nomes de animais como apelidos: ela era Cadela, Shula, Leoa, Morley, Caracol). As duas inglesas, Frida (Stewart, posteriormente Knight) e Lopey (Penelope Brierly), já eram membros do Partido — as primeiras comunistas que Sofka conhecera. Lopey era extremamente inteligente, viajara e estudara em Oxford, e os membros mais jovens da Família a chamavam de "a Maravilha das Maravilhas".

Também conhecida como "Família Gato", os membros miavam para se identificar quando batiam à porta uma das outras. As discussões noturnas sobre o tema proibido do marxismo "finalmente pareciam responder às perguntas sobre desigualdade que tanto me atormentaram durante a vida inteira", escreveu Sofka. "Sentia que aqui havia uma ideologia capaz de proporcionar uma existência equitativa para a humanidade." Foi nesse período que Sofka ingressou no secreto Partido Comunista, junto com Coelha. Como prisioneiras, nada tinham a perder além das grades, e essas crenças e o compromisso recém-assumido ajudavam a preencher o vazio deixado pela ausência do lar, do marido, dos filhos, da fé e do futuro. Mas não se tratava de capricho passageiro. Sofka nunca abandonou a inspiração encontrada nessas conversas escondidas, femininas. Mesmo mais tarde, quando muitas de suas companheiras, decepcionadas, abandonaram o Partido Comunista, ela retrucava que, assim como Torquemada não representava o verdadeiro conceito do cristianismo, não se podia dizer que o mau procedimento de Stalin depreciava a ideia básica do socialismo.

A "Pequena Família" estabelecia vínculos com a Resistência em grande medida por intermédio dos homens que costumavam entrar no campo para executar serviços de bombeiro, eletricista e de manutenção em geral; muito da resistência cotidiana se realizava por pessoas comuns, camuflada por tarefas corriqueiras. Esses aldeões sussurravam notícias, forneciam alicates para cortar arame e outras ferramentas úteis e transmitiam mensagens ou, às vezes internas, para algum "*passeur*" local, que cruzava a fronteira e as entregava aos Aliados. Como membro do Partido, Sofka pagava a taxa de filiação por meio da Resistência: parou, portanto, de fumar para poder doar os cigarros para contribuir para a causa. E colaborou também com comida das remessas da Cruz Vermelha. Ela, Coelha e Lopey constituíram uma "célula" comunista. Mais experiente nessas questões, era Lopey quem ouvia as notícias da BBC num rádio escondido e depois contava para as outras duas.

Várias internas de Vittel conseguiram fugir, e dois membros da Família de Sofka valeram-se dos ensaios de *Ali Babá* para permanecer no cassino durante a noite e se libertar. Frida levou consigo uma mensagem secreta para De Gaulle, enrolada dentro de um cigarro, e voltou para Londres, onde trabalhou para os Franceses Livres. Coelha e Sofka se encarregaram de fazer com que o quarto das fugitivas parecesse normal e não deixar as correspondências e as mensagens ficarem empilhadas debaixo da porta; assim, só depois de muitas semanas, deram-se conta de que faltavam duas mulheres. A Família agora era conhecida como as "más internas", e passaram a mantê-las encarceradas durante a noite como castigo pela suspeita de envolvimento na fuga das colegas. Sofka sustentava que descartava a ideia de fuga por temer uma possível retaliação alemã contra a mãe e o padrasto; para quem não tinha parentes, a questão era outra.

Entre as histórias que tanto Sofka como Coelha gostavam de contar estava o plano secreto com o alicate. A ferramenta era ótima para cortar as cercas do campo, mas tinha de ficar guardada em algum lugar. O distante quarto no sótão de Sofka era o melhor local, e ela a punha debaixo do colchão. Coelha se encontrava na água-furtada de Sofka quando ouviram o som incomum mas inequívoco dos passos pesados dos guardas alemães subindo a escada espiral. Talvez alguém dera um aviso; como certas internas recebiam privilégios se auxiliassem o *Kommandantur*, a espionagem era comum. Corriam rumores por toda parte que Sofka tinha inclinações comunistas e ajudava nas fugas, e suas afirmações de que, como russa branca, naturalmente sentia antipatia pelo socialismo, não convencia as autoridades. Coelha sorriu ao lembrar-se da cabeça fria e excelente atuação de Sofka nos angustiantes minutos que se seguiram. As duas mulheres puseram-se a correr pelo quarto tentando achar um esconderijo melhor, e, tão logo os guardas chegaram à porta, Sofka pegou o alicate e depositou-o sobre a cadeira, sentou em cima e abriu um livro: "Pode entrar!" Conquanto ainda contasse 30 e poucos anos, Sofka era capaz de agir como uma soberba mulher experiente quando se tratava de algo importante para ela. Os nazistas reviraram toda a cama, fizeram uma busca minuciosa entre os livros e as roupas e confiscaram o queimador elétrico tão útil para fazer chá. Sofka permaneceu sentada, fazendo comentários solícitos — "Vocês se esqueceram de olhar em cima do armário" —, até eles saírem aborrecidos, com os habituais passos pesados.

"Os alemães eram estúpidos", Coelha falou com alegria.

Se a aparência de Sofka mostrava que ela estava lidando de modo positivo com o encarceramento, os poemas da época revelam o quanto lhe foi duro:

> *Ah, que o mundo se despedace*
> *E se transforme em átomos,*
> *Queime e mate,*
> *Que os rios de sangue e homens virem barro —*
> *Que me importa…*
> *Quando todos os meus nervos gritam de dor,*
> *Quando todo pensamento que se contorce dentro da minha cabeça,*
> *Quando toda oração*
> *Lançada para cima, movida pelo desespero,*

Pede para que chegue o fim
E que esse fim
Não seja, para você e para mim, amor,
Tarde demais.

Mas o fim chegou tarde demais.

★

Foi no início de junho de 1942 que Sofka ouviu passos de duas mulheres subindo as escadas que davam no seu quarto. Estava sozinha; Coelha partira para Paris algemada, acompanhada de um guarda alemão, para prestar os exames para a universidade. Antes de baterem, murmuraram algo; Sofka abriu a porta e viu duas internas — membros do comitê designado pelos alemães. Uma segurava uma notificação da Cruz Vermelha. Será que alguma vez imaginara esse momento? O tempo retardou ou acelerou e desapareceu? As palavras diziam que fora anunciado o desaparecimento do Oficial de Aviação Grey Skipwith depois das operações de 30 de maio.

As memórias de Sofka são estranhamente confusas quanto ao que se seguiu. Ela descreve um período desagradável de espera e de tentar "ir levando" até vir a confirmação da morte de Grey, em setembro; a notícia chegou com horrível sincronicidade com o único dia em que a mãe a visitou. Embora Sofka acreditasse que foi então que entrou em colapso, tanto Shula quanto Coelha se lembram de que a derrocada de Sofka começou logo que soube do desaparecimento de Grey, o que parece mais provável; o "morto em ação" era uma formalidade desagradável, mas esperada. Uma longa carta cheia de divagações escrita para Coelha, em Paris, no mês de junho (bem como a confirmação do Ministério da Aeronáutica de que o falecimento de Grey se dera no dia 26 de junho), de certa forma, confirma a versão delas. Sofka descreve sua letargia depois que o médico receitou remédios para dormir (e óleo de fígado de bacalhau): o sono se tornou realidade "enquanto este lado não passa de pesadelo". Sofka imaginou Grey ferido dentro de um avião caindo, rodopiando no ar. "Coelha, não é justo", escreveu. "Tem que haver um limite para o sofrimento... O destino é o jogador mais desonesto do jogo da vida!"

Quando Coelha voltou, encontrou Sofka num estado medonho. Incapaz de disfarçar a dor, não saiu mais da cama — virar as costas para o mundo era a única maneira de se esquivar da desgraça; dessa vez, não havia lugar para onde fugir. Chegou a um ponto em que decidiu morrer. "É razoavelmente fácil nos primeiros estágios", Sofka escreveu na autobiografia. "Você de certo modo se retira da vida, perde todo o interesse, não quer comer nem dormir, nem mesmo ler. Você está indo embora." Coelha levava-lhe chá e a sopa da mãe, mas em vão.

Deve ter sido nessa época que chegaram as duas últimas cartas de Grey, enviadas imediatamente antes do voo final. Havia também um presentinho vindo do além-túmulo para a prisioneira Ducca de Puppadog — um broche no formato de cabeça de cachorro. Grey citou o poema "The Oblation" [*A oblação*] de Swinburne, que terminava com os versos:

> *É meu o coração a teus pés,*
> *Este aqui, que precisa te amar para viver.*

O poema acabou se tornando o predileto de Coelha. Quando a visitei em Paris, ela me mostrou a tradução que fez dele para o francês, revista e aperfeiçoada 16 vezes; a vida de Sofka tornara-se sua vida.

Depois de mais ou menos uma semana, o Dr. Levy internou Sofka no hospital do campo. O médico, um prisioneiro de guerra franco-judeu de constituição delicada, dotava-se de caráter excepcional e inteligência benevolente e sutil, e era exatamente disso que ela precisava. Ele se sentava ao lado dela e conversava gentilmente, contando sobre sua vida: como judeu, vivia sob constante ameaça (só não foi deportado por sua formação médica) e morria de medo em relação à esposa e ao filho, que estavam escondidos. Sofka já sabia que ele apoiava a Resistência, mas não falaram sobre essas coisas; até então, *la Petite Famille* deliberadamente evitara contato com ele. Aos poucos, Sofka foi se dando conta de que não iria morrer. Começou a comer. Depois de várias semanas, retornou ao quarto no sótão e passou a ir ao hospital diariamente para um copo de leite. As outras internas ficaram surpresas em ver a mulher risonha e ativa que conheciam se transformar numa criatura pálida, magra e apática, mas foi nessa época que Coelha conseguiu arrastar Sofka de volta para a vida. Com incansável energia, continuou com os estudos de gramática russa e literatura o dia inteiro, até as duas não aguentarem mais de exaustão. À noite, a mais jovem tentava acalmar a mais velha, quando o zumbido dos aviões dos Aliados voando deixava Sofka maluca. "Estávamos na linha direta dos bombardeiros ingleses para a Alemanha", explicou Coelha. "A maioria das pessoas ficava feliz em ouvi-los — nós sabíamos que também estavam bombardeando linhas ferroviárias na França. Sofka, no entanto, ficava enlouquecida com aquele barulho — chorando debaixo dos lençóis, incapaz de dormir a noite inteira. Sentia-me impotente."

Um dia, encontraram uma tartaruga no parque. "Ela disse 'Iúfi'", contou Coelha, "e Sofka gostou dela. Pegamos o bicho e o guardamos no quarto de Sofka."

Embora Sofka tivesse voltado a jogar cartas com as ruidosas senhoras russas depois de alguns meses, ela sabia que nada jamais seria o mesmo. Ela nunca entrava em detalhes sobre o fim de Grey (talvez sofresse demais tentando imaginá-lo), mas seus poemas e cartas mostram que se tratou do nadir da sua existência; a consternação durou anos. Até mesmo depois de velha, fechava a cara quando se falava em enviuvar e logo mudava de assunto. À medida que me aprofundei na história, senti-me extremamente compungida com aquela catástrofe. Cheguei a ter o tipo de sonho que, suponho, ela teve, o sonho do feliz reencontro do casal depois da guerra, só para acordar com o sabor amargo da desolação. Como reação, procurei conhecer melhor a vida e a morte de Grey na Força Aérea Britânica e, com o auxílio do meu tio Patrick (como parente próximo), escrevi para os arquivos de lá, telefonei para as associações de esquadrões, obtive os registros operacionais dele e soube como foram suas últimas horas de vida. A correspondência com um senhor encantador, contemporâneo do esquadrão de Grey, chamado de "Bluey" Mottershead, revelou que todo tipo de gente continuava de luto pelos homens mortos na noite de 30-31 de maio de 1942. Tratou-se do plano ousado de Harris em realizar "o maior ataque de bombardeio da história" — o primeiro "ataque de mil bombardeiros". Arrancaram tripulantes principiantes do curso de treinamento e os empurraram para dentro de aviões de aspecto frágil, cobertos de tecido, para completar a grande quantidade de contingente exigida para essa "corrente de bombardeiros", destinada a devastar cidades alemãs.

Numa noite clara de primavera, sob a lua cheia, o avião de Grey decolou de Driffield, Yorkshire, às 23h37, reunindo-se a um imenso enxame de mil aviões em direção a Colônia. Grey estava alistado como artilheiro de frente, junto com quatro outros membros da tripulação sob o comando do capitão O'Brien. O avião "atingiu seu objetivo", soltando a carga mortal e observando a cidade alemã em chamas, com luzes vermelhas e a artilharia antiaérea brilhando no sinuoso Reno, armas varrendo o céu e aeroplanos explodindo. É horrível pensar no medo cruel que Grey provavelmente sentiu na torre de tiro minúscula; só espero que tudo tenha acontecido muito rápido depois da colisão. Estavam voltando para casa quando se deu o desastre, em Meiderich, fora de Duisburg. Seu corpo foi resgatado junto com o do resto da tripulação, e acabaram enterrados no Reichswald Forest Cemetery, em Düsseldorf. Sofka nunca foi lá; túmulos não significavam nada para ela. O Mark II Wellington de Grey foi um dos 41 aviões que caíram naquela noite. Considerou-se a baixa de 3,9% "alta, mas aceitável"; Churchill dissera que estava preparado para perder cem aeronaves. Os amores da vida de outras pessoas não têm importância.

Após a morte de Grey, tiraram Patrick dos Butler. A filha da senhora Butler, Phyllis, contou-me que "um dia, no chalé, chegou um táxi com uma pessoa que se intitulava lady Skipwith. Tinha uma voz extremamente severa e se achava o máximo. Superesnobe, disse, 'Quero Patrick. Ele não tem nada o que fazer aqui.' Ela o agarrou debaixo do braço, levou Patrick para dentro do táxi, ele chorando, gritando e arranhando como um tigre. Ele tinha um temperamento terrível — gritava até o rosto ficar roxo." A mãe de Grey sequer disse obrigada às pessoas que foram a família de Patrick durante quase três anos.

Estranhei o fato de Patrick nunca ter ficado com o avô, Sir Grey, durante nem depois da guerra. As memórias de Sofka registram que o sogro lhe escrevera afetuosamente após o falecimento de Grey, prometendo continuar a enviar a mesada de Patrick. No entanto, a partir do momento em que sua odiada ex-esposa pegou Patrick, ele cortou totalmente o contato com o neto, bem como a ajuda financeira, aparentemente, por acreditar que Sofka concordara em deixar o filho com a sogra. Essa teoria não pareceu muito razoável, acima de tudo por causa da ausência de Sofka, em Vittel. Escrevi para o meio-irmão de Grey, Egerton (filho do segundo casamento de Sir Grey), para ver o que ele sabia. Ele me respondeu explicando que seu pai jamais aceitara Patrick como neto. Isso foi uma surpresa e tanto para mim, mas Egie (como ele assinava as cartas) remontou a história à sua mãe (madrasta de Grey). Ela afirmava que Grey lhe fizera uma confissão terrível e sigilosa pouco antes de morrer: "Quando eu tiver partido, por favor, diga a meu pai que meu casamento acabou." Patrick não era seu filho, Grey supostamente anunciou. Ele e Sofka estavam separados na ocasião da concepção de Patrick, que ocorreu "quando Sofka estava com os Expertos Cossacos". Tudo isso parecia absurdo: as provas deixam poucas dúvidas sobre o amor de Grey pelo filho e pela esposa e sobre a cronologia dos encontros com os cossacos (que começaram quando Patrick era recém-nascido). Essas histórias me intrigaram muito, porém, e aceitei agradecida o convite de Egie para passar um tempinho em Dorset.

A Old Rectory é cercada de jardins bem cuidados e era repleta de relíquias e memorabilia dos Skipwith, transmitidos de baronete a baronete, mas não a Patrick. Retratos de membros da família Skipwith, ostentando orgulhosamente perucas, babados e paletós vermelhos, nos olhavam das paredes, acompanhados de spaniels similares àqueles que circulavam pela casa. Egie mostrou-me o álbum de caça do pai, que continha listas imensas do que Sir Grey havia capturado ao longo dos anos na Escócia, na Irlanda e no Egito. As fotos revelam um homem de aspecto rabugento, vestido de tweed e com um tetraz morto. O apontamento de 1940-41 reclama da falta de batedores: "A guerra continua se alastrando... e isto está arruinando aquela que poderia ser a melhor estação de caça de muitos anos." Sentada ao lado da lareira (mobília georgiana elegante, chintz confortável, pot-pourri), eu ouvia as histórias de Egie. "Sofka era vista como uma corruptora", disse-me, e dava para imaginar como essa estrangeira não convencional, sem dinheiro e com um sex appeal tão conspícuo deve ter parecido terrivelmente perigosa para os Skipwith.

A mãe de Egie uma vez visitou Sofka e Grey em Londres e, ao voltar, contou que Sofka gostava de se vestir de preto "porque a sujeira não aparece". Havia ainda um "inquilino chinês, de quem Sofka tivera um filho". Essa última história me fez rir, mas também fiquei chocada com o fato de os falsos boatos sobre Patrick terem predominado por mais de meio século. Meu palpite era que tudo se resumia ao apego da mãe de Egie aos títulos: casara-se com um homem grosseiro, muito mais velho e divorciado, com a dignidade de baronete; deve ter ficado furiosa ao pensar que o título se desviaria para um garotinho russo imundo, e não para seu filho mais velho. Era fácil, então, depois da morte de Grey, fazer circular algumas histórias para envenenar a mente de um velho...

Pensando bem, a vida da pessoa consiste em tantas narrativas diferentes quanto o número de testemunhas. Não se trata apenas dos dois casais de sogros de Sofka que não gostavam dela, mas até mesmo os parentes e amigos mais íntimos criaram as próprias narrativas. E, para Sofka em si, já era bem difícil fazer um apanhado honesto da sua história, e isso parece se aplicar especialmente à questão dos filhos. Talvez se sentisse culpada, embora jamais o tenha expressado. A favor dela existe o fato de que, enquanto na prisão, efetivamente escreveu para eles (Grey mencionou que eles receberam as cartas dela), tricotou brinquedos de lã para Patrick, e contou para Coelha sobre pesadelos em que "as crianças eram bombardeadas". Também acreditava que a prole pelo menos estava segura, alimentada e bem cuidada — muito mais do que muitas crianças da Europa podiam desfrutar. Talvez, fora sorte sua não saber como a guerra deixara os três filhos traumatizados.

A avó mal-humorada de Patrick não tardou a passá-lo adiante para uns primos distantes da Cornualha. Eles se lembram de um garotinho perturbado, que gritava e chorava e não conseguia se adaptar. Peter e Ian também foram removidos dos perigos de Londres e entregues ao Convento da Visitação de Bridport, em Dorset. Leo ingressara no exército, e seus pais mudaram-se para Guildford; ninguém, porém, soube me explicar por que escolheram freiras católicas como guardiãs de dois meninos russos ortodoxos de 7 e 4 anos de idade. Talvez fosse barato, e as freiras demonstravam benevolência; a realidade se parecia mais com um campo de prisioneiros. Retirava-se o nome dos garotos, que passavam a ser conhecidos por um número — Peter era número nove. Nas refeições, sentavam-se em ordem numérica e, no silêncio compulsório, ouviam-se barulhos de crianças mastigando e engasgando ao tentarem empurrar para dentro do mingau encaroçado do café da manhã e uma nauseante dobradinha no almoço. A crueldade aparentemente ilimitada das freiras incluía bater em Peter todo dia e deixá-lo trancado no dormitório de cima durante os ataques aéreos. Ele entendia que se tratava de castigo por não ser católico. Quando os irmãos Zinovieff foram tirados de lá, em 1944, Ian se encontrava tão desnutrido que estava perigosamente abaixo do peso para a idade; Peter saiu com cicatrizes psicológicas que o perseguiram pelo resto da vida.

A Prisioneira

***

O ano de 1943 começava quando chegaram cerca de 280 prisioneiros incomuns em Vittel, em dois grupos. Sofka reparou de cara que essas pessoas pareciam especialmente angustiadas e magras. Foram todas acomodadas no Hôtel Providence, no lado mais afastado do campo, cujo acesso se dava apenas através de uma ponte provisória de madeira, idêntica à erguida pelos nazistas no gueto de Varsóvia. A ponte só pode ter sido uma lembrança pavorosa: o gueto agora estava completamente destruído, e essas internas eram as últimas remanescentes traumatizadas da população daquele local antes superlotado, que por sorte, determinação, influência ou "aparência ariana", haviam escapado das rondas.

Sofka e Coelha assumiram a causa dessas judias polonesas ao perceberem a extrema precariedade da situação delas. Logo começaram a lhes ensinar inglês e francês, para o caso de conseguirem fugir. As recém-chegadas eram muito diferentes das "pessoas boazinhas" resmungonas e das russas dadas a jogar cartas. Algumas das mulheres vieram vestidas com peles de raposa e chapéus de veludo, mas choravam muito. Mais ou menos metade do grupo constituía-se de crianças estranhamente quietas, e emaciadas de dar dó. Faziam desenhos de fuzilamentos e dos nazistas jogando pessoas de edifícios altos. Os rapazes entravam e saíam furtivamente das aulas, em geral pelas janelas, sempre desconfiados, olhando em volta.

"Pela primeira vez, ouvimos os nomes terríveis: Auschwitz, Belsen, Dachau... a Solução Final", escreveu Sofka. "Ouvimos falar de mortes por tortura, por inanição, dos açoitamentos, das humilhações." Havia um bebê que, segundo contaram, escapara milagrosamente da morte em Treblinka. Puseram a mãe dele e um monte de deportados num trem e os enviaram direto para uma câmara de gás, mas alguns ainda não haviam morrido quando os jogaram numa cova e a cobriram de terra. Alguém empurrara o bebê para a superfície, e um camponês polonês, que estava passando por ali, ouviu o choro. Como ainda trazia a etiqueta de viagem em volta do pescoço, foi mandado de volta para seu endereço em Varsóvia. Por uma razão qualquer, o neném foi parar em Vittel.

Entre os judeus do Hôtel Providence, encontrava-se o famoso poeta que escrevia em iídiche e em hebraico, Itzhak Katzenelson, cuja esposa e os dois filhos mais moços já haviam sido assassinados pelos nazistas em Treblinka. Quando chegou a Vittel com o filho que sobrara, Zvi, ficou perplexo com o conforto e a aparente normalidade. Era como um sonho, pacífico e maravilhoso, azedado pelas dúvidas e pelo pavor. Ao ouvir uma jovem garota judia tocando violino alto do lado de fora da janela dele, Katzenelson escreveu furibundo em seu diário: "Se os assassinos da minha mulher e dos meus filhos não me matarem, esse violino vai me matar." Ao longo dos meses que se seguiram, extravasou a angústia e a raiva num poema épico, *The Song of the Murdered Jewish People* [Balada dos judeus assassinados] (entre outros). Ele enrolou seus escritos dentro de garrafas que enterrou debaixo das árvores de Vittel. O poema tornou-se um dos mais venerados de Sofka, que não cansou de copiá-lo e distribuí-lo.

> *Eles não existem mais.*
> *Não pergunte nada, em lugar nenhum do mundo.*
> *Está tudo vazio*
> *Eles não existem mais.*

Sofka ficava cada vez mais no outro lado do campo, dando aulas, consolo e tentando ajudar. "Eu nunca sabia onde ela estava", disse Coelha. "Ela voltava tarde, sem ter comido coisa alguma. Tinha medo de que ela ficasse presa lá depois do toque de recolher." Sofka estava desesperada para encontrar uma maneira de ajudar essas pessoas apavoradas, muitas das quais possuíam documentos duvidosos para países da América Latina ou estavam esperando certificados de organizações sionistas para viajar para a Palestina. Valendo-se de seus contatos na Resistência, copiou o nome de todos eles em papéis de cigarro, adquirindo novas habilidades com uma pena e uma lente de aumento. Depois enrolava os papéis e os enfiava em tubos de pasta de dentes ou em cápsulas (que poderiam ser engolidas, se necessário) e os entregava a um *passeur*.

Coelha me mostrou o Hôtel Providence e as placas ornamentais dos hóspedes que conhecera. Explicou onde a detestada ponte de madeira cruzava a estrada, deu-me artigos relacionados ao tema e o poema de Katzenelson. Mas não me falou do Queridinho. Só mais tarde esse nome apareceu, quando li todas as cartas que Sofka escrevera para Jack no final dos anos 1950. Ela expunha suas maiores ansiedades — contava que agora associava amar alguém ao "medo da perda". Era como os cães de Pavlov, disse.

> Quando chegava uma carta, ela deixava a pessoa arrasada, soluçando; quando não chegava, a pessoa entrava em pânico, e era dificílimo conseguir se controlar. Depois, "Desaparecido" — três meses para o pânico pintar e bordar com você. O "Morto em ação" quando não havia mais razão nenhuma para viver, e cheguei muito perto de conseguir morrer. Um ano mais tarde, veio Izio — um tipo bem diferente de afeição, o apego de duas pessoas perdidas — e de novo com medo dos campos de extermínio, o medo que novamente se transformou em pânico incontrolável e terminou com a morte em mim (como eu queria) de qualquer sentimento.

Quem era Izio? Por que ninguém me falou dele? Liguei para Shula, e, em seguida, para Coelha na França. Shula, a princípio, pareceu meio perplexa, mas acabou entendendo a quem me referia. "Sempre o chamamos de 'Queridinho'", disse. "Era um homem muito bonito, de mais ou menos 30 anos, com uns olhos azuis lindos — olhos muito, muito tristes — e cabelos escuros. Tinha jeito de menino e era afetuoso, mas se via tristeza pelo seu corpo inteiro: perdera tudo à exceção da filhinha, Visia." Escarafunchei os escritos de Sofka e acabei localizando umas alusões breves, áridas no livro dela. Ele era de Lodz. Percorrera a pé todo o caminho para Varsóvia com a mãe, a filha de 4 anos e a esposa, que faleceu durante a viagem. Como em muitas famílias desfeitas, levaram com eles outra mulher para ocupar o lugar da esposa morta, protegidos por vistos hondurenhos. O único comentário sobre o *affair*: "Nos sábados e domingos, passavam filmes no cassino, aonde costuma ir com Izidor Skossowski." Nem uma palavra a mais.

Embora Coelha não tenha explicado por que resolvera excluir Queridinho da biografia de Sofka, admitiu que os dois foram inseparáveis: "Agarraram-se um ao outro." Imaginei-os agarrando-se literalmente: uma expressão física das coisas horríveis que sofreram; fazer amor como desafio à morte. "Acho que ele havia estudado arquitetura", disse Coelha. "Era muito generoso e meigo. Oferecia-se para fazer chá, era prestativo. Ele e Sofka nunca se faziam perguntas — apenas aceitavam o que o outro sofrera. E ele era bom pai. Sempre gostou da filha acima de todas as coisas. Ele deixava de se encontrar com Sofka se não houvesse alguém que Visia conhecesse para cuidar dela, mas, às vezes, eu ficava tomando conta dela." O casal se falava numa mistura de línguas, já que Sofka aprendera polonês e ensinou a ele inglês. Saíam para fazer longas caminhadas no parque, onde os internos ingleses os olhavam com desaprovação.

Depois da nossa conversa, Coelha me recomendou um livro, sem dizer por quê — *The Case of Hotel Polski* [O caso do hotel Polski], de Abraham Shulman. Imaginei que seria mais uma angustiante ladainha sobre as mortes e a destruição do Holocausto — o tipo de coisa que Sofka costumava me dar para ler desde que eu era pequena —, mas na verdade ele revelava alguns detalhes incríveis sobre Queridinho e seus conterrâneos poloneses em Vittel. Em 1943, o gueto de Varsóvia estava em ruínas, e declarou-se oficialmente que a cidade era *judenrein* — livre de judeus. Alguns judeus, entretanto, haviam sobrevivido, em esconderijos, disfarçados de gentios, ou porque eram ricos, influentes, ou convincentes o bastante.

A Prisioneira

O irmão de Queridinho, Lolek, foi pivô de uma história estranha que transformou o modesto Hotel Polski na sede das esperanças remanescentes desses últimos judeus. Lolek e os amigos eram conhecidos colaboradores da Gestapo, mas, aparentemente, também estavam instituindo um sistema para ajudar os judeus a sair da cidade. Houve quem acusasse Lolek de tomar ouro, diamantes e dinheiro em espécie em troca de falsas *promesas* do Chile, da Venezuela, do Paraguai e de Honduras, como parte de uma armadilha da Gestapo para "pegar" judeus ricos. Outros disseram que ele ajudou a salvar vidas judaicas organizando os trens para Vittel. Afinal, ele mandou embora num deles o próprio irmão, a mãe e uma sobrinha. Do primeiro embarque para Vittel, chegaram cartas falando da vida em hotéis confortáveis num famoso balneário europeu, em que a freiras davam aulas às crianças. Para essas pessoas exaustas, em pânico, passando fome, que tiveram de rastejar dentro de esgotos e ver horrores inimagináveis, pareceu o paraíso. Um desses sobreviventes, Adolf Ruknicki, posteriormente, escreveu um relato fictício: "As pessoas estavam sendo queimadas vivas... e havia Vittel. Vivíamos constantemente na expectativa da morte... e havia Vittel. Vivíamos eternamente com medo de extorsão, de senhorias suspeitas... E havia Vittel."

Entre as crianças polonesas que chegaram a Vittel por meio do Hotel Polski, estava Stephan Schorr-Kon, cuja mãe e avó causaram ótima impressão em Sofka. A avó dele, Tamara Schorr, era viúva do rabino superior de Varsóvia, e a filha, Felicja Kon, era surpreendentemente alta, elegante e culta (Coelha descreveu-a como muito bonita e distinta — "um pouco como Sofka"). Stephan veio a ver Sofka de novo mais de quarenta anos mais tarde, depois que fiquei amiga dele e de sua jovem família, quando eu ainda estudava na Universidade de Cambridge. Foi pouco antes disso que sua história veio à tona, a estranha coincidência se revelou, e o pus em contato com Sofka. Para Stephan, encontrar Sofka era uma oportunidade fantástica de saber mais sobre os horríveis episódios que sua mãe guardou para si mesma, mantendo silêncio e se recusando a falar deles até o dia de sua morte (décadas mais tarde, depois de uma vida bem-sucedida em Nova York). Sofka descreveu como a corajosa dignidade e o cabelo alvo e lanuginoso da avó dele lembravam a própria avó, Olga. Ela recordou que dava chocolate a Stephan, então com 5 anos, e ao irmão, ambos muito loquazes e vestidos com casaquinhos de pele de carneiro. Ela não falou a Stephan, quando adulto, sobre Queridinho. Talvez sua dor pessoal parecesse insignificante comparada ao horror inconcebivelmente imenso a que foi exposto.

Quando chegaram trens com janelas tapadas com tábuas a Vittel, em abril de 1944, a maioria dos detentos nem reparou. Os poloneses do Hôtel Providence, porém, entenderam na mesma hora o significado daquilo. Felicja, a mãe de Stephan, estava preparada; uma morte rápida era preferível à deportação, e ela cuidadosamente fizera um estoque de cápsulas de cianureto. Fico imaginando o que Felicja disse antes de ajudar a mãe a tomar o veneno; pior ainda é imaginar a revulsão decorrente do fato de o cianureto, como muitas coisas durante a guerra, acabar por se revelar falso, de qualidade inferior. Mme. Schorr padeceu dores terríveis, mas não morreu. Desesperada, Felicja largou a sua cápsula e, tendo testemunhado a morte da mãe, abriu a janela do quinto andar e pulou. Coelha estava do lado de fora e viu Felicja cair ao chão. Dezesseis outros tentaram cometer suicídio, cortando os pulsos ou bebendo corrosivo. Três pessoas morreram, mas, surpreendentemente, Felicja não foi uma delas. Como havia chovido, a terra estava macia, e ela sequer se feriu muito. O Dr. Levy aplicou uma bandagem nela e sussurrou algum conselho sobre como agir. Em seguida, informou aos alemães que ela estava completamente paralítica e não podia ser removida.

Por mero acaso, Queridinho não foi levado, mas agora todo o mundo estava aterrorizado. Quem sabe o que as crianças — Stephan, Visia e dúzias de outras — entendiam? Elas já sabiam mais do que deviam. A Resistência local se ofereceu para levar 12 crianças polonesas para algum lugar onde ficariam a salvo, mas foi uma decisão dificílima para os pais.

A Prisioneira 269

Se fossem pegas fora do campo, certamente acabariam mortas. E quem sabe não haveria outra deportação? Será que iriam para a América Latina ou para a Palestina? Queridinho não se sentiu capaz de enfrentar a separação de Visia. (Apenas um homem, o professor Eck, mandou embora a filha de 11 anos e, milagrosamente, encontrou-a mais tarde, uma vez que ele mesmo conseguiu fugir de um trem. Ambos foram parar em Israel.) Sofka redobrou esforços para alertar o mundo sobre as atrocidades. Escreveu diversas cartas para o velho amigo da mãe do Foreign Office, Jock Balfour, na esperança de que, como a ajudara a chegar à França, poderia socorrer essas pessoas desesperadas. Valeu-se de todos os argumentos, enfatizando que se tratava de "uma questão da maior importância": "Eles são testemunhas oculares de todos os inacreditáveis horrores perpetrados contra a raça deles. A vidas deles é importante tanto do ponto de vista documental quanto do humanitário. O perigo que correm é mais que real, e não tenho como sublinhar a contento a necessidade de uma ação rápida. Os nervos deles estão a ponto de explodir." O anel de sinete que Leo dera a Sofka antes de ela se casar com Grey serviu para pagar a dois *passeurs*, que levaram as cartas para a Suíça e, depois, para outros endereços, como a Cruz Vermelha e o Conselho Judaico de Londres.

Quando chegou, passado um mês, o segundo trem sem janelas, ninguém teve dúvida. Aliás, à exceção das "pessoas boazinhas", que preferiam acreditar nas histórias cômodas que o Comandante fazia circular, segundo as quais estavam meramente transferindo os judeus. "Não há motivo nenhum para preocupação." Sofka encontrou Visia e a levou correndo para o hospital, que já servia de um discreto refúgio para Stephan e o irmão. Ela disse para Queridinho que, "caso aconteça alguma coisa", ela cuidaria da filha dele. A noite passou. Alguém dormiu? Na manhã seguinte, o lado mais distante do campo que abrigava os poloneses apareceu fechado. Chegaram ameaçadores oficiais da SS, com seus passos pesados — bem diferente dos guardas alemães, em sua maioria mais velhos, que, às vezes, trocavam palavras gentis ou um cigarro com os internos. Sofka ficou sentada esperando num banco perto da residência do comandante — Coelha me mostrou o curioso e belo chalé, ainda ostentando a inadequada tabuleta LES FEES — As Fadas. Era maio e o parque estava mais lindo do que nunca; mil tons de verde e lilases desabrochando. De repente, Queridinho apareceu na frente de Sofka. Havia pedido aos guardas para ir ao banheiro e, por milagre, simplesmente, foi embora dali. Sofka implorou-lhe que subisse à água-furtada, onde ele poderia ficar num depósito secreto até conseguirem ajudá-lo a fugir. Alguns de seus compatriotas já tinham encontrado esconderijos nos porões do cassino. Ainda restava uma última chance de vida... Tratava-se, todavia, de uma opção nada invejável: que tipo de vida poderia levar se deixasse a filha e a mãe fadadas à própria sorte?

Antes de ir, Queridinho deu a Sofka uma lista assinada por cinquenta judeus, assegurando que seu irmão Lolek os ajudara a fugir dos nazistas. Queridinho não queria morrer com um irmão lembrado como colaborador; qualquer que tenha sido a intenção de Lolek, o fato era que, sem sombra de dúvida, aqueles a quem "ajudara" no Hotel Polski estavam agora perdidos. Despediram-se em frente de Les Fées, e Sofka ficou olhando-o caminhar de volta para a ponte de madeira, passando pelos canteiros do hotel ainda bem cuidados.

Depois que ele se foi, Sofka e Coelha correram para o hospital em busca de Visia e chegaram a tempo de ver a menina sendo levada para um furgão à espera. Junto dela estavam aqueles que tinham acabado de tentar se matar; dessa vez, não houve clemência nem mesmo para eles — macas transportavam as pessoas com pulsos enfaixados para dentro dos trens sem aberturas. Sofka descreveu esse momento nas suas memórias e, apesar de não admitir seu amor por Queridinho, lembrou que perdera qualquer lampejo de esperança:

"Tudo havia terminado. Madeleine [Coelha] e eu nos sentimos esvaziadas de todo pensamento e sentimento, despidas de toda energia. Nossos esforços não deram em nada."

Levou um tempo para a dor dilacerante de Sofka se transformar em raiva do Holocausto e da falta de reação dos aliados. Passaram-se anos até ela saber os detalhes de como Queridinho e os outros morreram, embora os rumores de Auschwitz retornassem rapidamente por informação confidencial da Resistência. Trinta e cinco pessoas esquivaram-se da deportação: dois homens fugiram e chegaram à Suíça; Stephan, o irmão e a mãe Felicja permaneceram no hospital com alguns outros gravemente doentes; e vários deles se esconderam em volta dos prédios do campo até os norte-americanos libertarem Vittel, cerca de quatro meses depois. Um homem sobreviveu no banheiro da Srta. Tilney, uma solteirona de idade, inglesa e protestante, praticante e devota, que era tão chata que ele quase resolveu desistir da vida.

Durante o verão, Sofka e Coelha se revezavam deixando homens assustados passar noites no quarto delas e levavam latas de comida para outros nos locais mais recônditos do cassino. Conseguiram também tirar de lá um bebê, por meio de contrabando. O garotinho nascera pouco antes da segunda deportação e ficou esquecido após banirem a mãe. O Dr. Levy deu-lhe um sedativo, envolveu-o em cobertores, o pôs dentro de uma caixa da Cruz Vermelha e o entregou para Sofka e Coelha.

"A gente costumava ajudar as pessoas a atravessar a cerca", explicou Coelha, levando-me para ver o local em que cortavam o arame farpado de antemão e depois o colocavam no lugar, mas solto. "A gente os escondia na lojinha, que vendia cadernos, fósforos, linha e, às vezes, algumas hortaliças." Coelha e eu caminhamos através da galeria ensombreada em que os turistas do Club Med estavam bebericando a água curativa de Vittel direto da fonte, e fomos adiante até o lugar em que ficara a loja. "A gente esperava até mais ou menos 4 da manhã, que era a hora do vagonete passar. Eu sabia exatamente quando os guardas já haviam feito a ronda." Elas também sabiam que o comandante, o capitão Landhauser, e seus oficiais saíam à noite para caçar e executar sabotadores. A coisa era séria.

Não havia mais o arame farpado e era um dia claro de primavera, mas ambas ficamos olhando para aquela área miserável em que se reuniam no escuro, escutando os sons, torcendo para o bebê não acordar, o coração batendo forte, uma árvore farfalhando... Como, das duas, era a menor, foi Coelha que se espremeu para atravessar o buraco na cerca e entregou o embrulho precioso a uma mulher da aldeia. Mantiveram o órfão ali perto até depois da guerra, quando o mandaram para um *kibutz* em Israel. "Nunca descobrimos em que lugar, mas sentimos que havíamos feito alguma coisa", disse Coelha.

Como viúva de guerra e com filhos, já haviam oferecido repatriação a Sofka no final de 1943, mas ela declinara a oportunidade de voltar para junto dos filhos. "O partido achava que eu devia ficar e prosseguir com a tarefa de tentar salvar os poloneses", Sofka escreveu mais tarde. Ao que tudo indica, acima do dever e dos princípios, o amor e a esperança que compartilhava com Queridinho também pesaram na decisão de permanecer lá. Agora, com tudo perdido, ela e Coelha se inscreveram na lista de repatriação. Corriam boatos sobre os sucessos dos aliados: os desembarques na Normandia; pesados bombardeios na Alemanha; forças soviéticas forçando os nazistas a recuar. Em meados de julho, os alto-falantes do campo ecoaram pelas terras, quentes a ponto de assar, anunciando novecentos nomes de pessoas autorizadas a voltar para casa. Sofka partiria primeiro e, uma semana depois, Coelha e o resto da Pequena Família, e elas começaram a fazer as malas: permitia-se levar quarenta quilos, mas nenhum papel; haveria vistoria corporal para garantir isso. Esconderam os nomes e os endereços de parentes dos poloneses dentro da bainha dos casacos e de potes de pó compacto e os entregaram para outras internas, menos suspeitas (elas já estavam marcadas — deixaram Sofka confinada no seu prédio por um mês depois da segunda deportação, por "se intrometer" em coisas que não lhe diziam respeito).

Foi um viagem de trem demorada, quente e desconfortável, cheia de curvas, paradas, voltando atrás pela França e levando três semanas para

A Prisioneira

chegar a Lisboa. Passaram por Lyon, onde a estação fora toda destruída por bombas: viam-se locomotivas caídas dentro de crateras como se fossem de brinquedo; e prisioneiros de guerra russos emaciados cavavam e consertavam os trilhos, observados por nazistas segurando chicotes. Certa vez, quando a Resistência achou que o trem sem marca continha tropas alemãs, pararam imediatamente antes de explosivos atingirem os trilhos. Depois, sofreram um ataque de aviões combatentes dos Estados Unidos. Todo o mundo correu para se esconder numa vala e, em seguida, voltaram para ajudar a apagar o fogo dos vagões traseiros. Em outros momentos, quando o trem, em um calor sufocante, ficava parado, os passageiros saíam para dar um volta e deitar em campos próximos, até o apito tocar para retornarem. Numa ocasião, em Camargue, Sofka e Della, sua companheira de viagem turca, estavam descansando debaixo de umas amendoeiras quando vários cavaleiros se aproximaram galopando. Ao saberem quem elas eram, os homens as convidaram para se unir à Resistência; as mulheres poderiam ajudar e, assim, chegar em casa antes, argumentaram, uma vez que a guerra continuava. Sofka se sentiu muito tentada a aceitar. Não fosse pelos filhos, disse mais tarde, não teria hesitado.

O aspecto mais desconcertante da viagem foi a atenção dada a Sofka e a Della pelos oficiais da Gestapo: eles transferiram as duas mulheres para vagões de primeira classe, reservaram a melhor comida disponível no restaurante para elas e forneceram livros e revistas para a viagem. Nenhuma das duas entendeu aquilo, mas também não recusaram os bem-vindos privilégios. Se as companheiras de prisão delas já não viam Sofka com bons olhos (consideravam-na criadora de problemas no campo), agora, convenceram-se de que tinham duas colaboradoras no meio delas. Passaram a lançar-lhes olhares hostis e cortaram relações com elas. Acabaram desvendando o enigma quando os nazistas convidaram Sofka e Della para tomar café e conhaque com eles. A Rádio Berlim estava precisando de gente para ajudar no programa de propaganda, e perguntaram se as mulheres não gostariam de colaborar (nenhuma das duas tinha, na época, conhecimento das notórias transmissões de P. G. Wodehouse, prisioneiro de guerra, em Berlim). A Gestapo assumia que, como russa branca, Sofka devia apoiar a causa alemã, oposta à soviética, e nem ela nem Della (por ser turca) se sentiam obrigadas a manter-se leais à Inglaterra. De fato, disseram os oficiais, os alemães passavam por uma má fase na guerra, mas, sem dúvida, as coisas terminariam a favor deles. Como se tratava de um acordo de troca de prisioneiros — elas faziam parte de um grupo que estava sendo trocado por alemães presos na África do Sul —, Sofka e Della precisariam prosseguir para Lisboa para completar o número correto de detentas, mas, depois, seriam transferidas direto para Berlim.

As mulheres saíram para discutir a questão. Apesar das ameaças das companheiras de as delatarem para as autoridades britânicas, decidiram entrar no jogo dos alemães; talvez, pudessem descobrir alguma informação útil para elas mesmas transmitirem às autoridades. Com champanhe de comemoração, Sofka e Della concordaram em ir para Lisboa primeiro, de lá para Madri, e depois pegariam um avião para Berlim. Deram-lhes o número da rua e a senha para entrar, e fizeram um brinde a Hitler ("e à sua maldição", Sofka lembrou de ter acrescentado em pensamento). No dia seguinte, quando os alemães deixaram o trem numa estação pouco antes da fronteira espanhola, Sofka sentiu um alívio imenso; morrera de medo que o plano saísse feio pela culatra e ela fosse parar na Alemanha.

Uma vez na Espanha, o trem acelerou em direção a Portugal, com a carga de mulheres acaloradas e sujas. Estavam cansadas e com os tornozelos inchados de passar semanas sentadas e imóveis, mas, mesmo assim, era impossível não sentir brotar uma ansiosa empolgação. Três anos depois de os nazistas terem chegado à França, e a subsequente prisão delas, ninguém conseguia mais imaginar como era a vida em liberdade.

CAPÍTULO 8

A Comunista

*Homens razoáveis se adaptam ao mundo. Por isso
todo progresso depende de homens não razoáveis.*
– George Bernard Shaw

Não era incomum ver estrangeiros sujos e perplexos chegarem a Lisboa, no verão de 1944. Como um oásis neutro dentro de uma Europa brutalizada, ferida de guerra, sentia-se nas suas ruas quentíssimas o alvoroço de refugiados, exilados, membros da realeza de outras nações, espiões e todo tipo de gente, provenientes tanto dos países Aliados quanto dos países do Eixo. Judeus e outras pessoas vulneráveis fugindo da França de Vichy costumavam ir direto para a capital portuguesa, de onde continuavam viagem para os Estados Unidos, em barcos, ou ficavam ali esperando, sem recursos, pela família, por vistos, por dinheiro ou pela paz. Sofka e as companheiras saíram do trem cautelosamente, por causa das pernas doendo de tão inchadas e da exaustão. Lá, na plataforma, oficiais da embaixada britânica as aguardavam e, seguindo as instruções de Jack Balfour, o amigo do Foreign Office, pegaram Sofka e sua amiga Della e as puseram num carro.

Instalada num hotel elegante, o primeiro ato de liberdade de Sofka foi refugiar-se num banho, deixando a água operar a mágica de limpar e aliviar a sujeira acumulada no corpo durante três semanas, os membros doloridos, o medo e a tensão da expectativa. As duas mulheres fizeram uma visita ao cabeleireiro (que ficou abismado com o estado de imundície dos cabelos delas) e saíram para jantar. Após trinta meses de internamento, acharam a movimentada cidade opressivamente barulhenta e populosa, mas também empolgante. Saboreando o primeiro peixe que comiam desde 1941, Sofka e Della devoraram lagosta, e cada uma se serviu duas vezes de linguado num restaurante. Era uma maneira deliciosa de demonstrar o repúdio pelo pão alemão mofado e pelas modestas porções das latas da Cruz Vermelha.

Os dez dias em Lisboa permitiram-lhes sentir o gosto de liberdade, mas de jeito nenhum ter a sensação de volta ao lar. O pessoal da embaixada que fazia os relatos de missão registrou as mensagens de Sofka dos grupos da resistência local de Vittel e adorou saber o endereço da Gestapo em Lisboa e a senha para entrar. Numa noite, Sofka encontrou um dos oficiais alemães do trem numa boate, e ele lançou um olhar feroz e maligno para ela e Della, porque riram das broncas que ele deu por não terem aparecido conforme prometido. Ela passava os dias escrevendo um monte de cartas, mas também visitou a embaixada dos Estados Unidos e a legação polonesa, para avisar da recente deportação dos poloneses de Vittel. Não há registro da dor pessoal pela perda de Queridinho, mas, certamente, ainda era forte.

No início de agosto, levaram as mulheres de Vittel para um barco sueco com destino à Inglaterra, onde se reuniram com as internas que vieram no segundo trem, entre elas, Coelha e os membros remanescentes da Pequena Família. Sofka sentiu um alívio enorme em revê-las; não havia ninguém com quem tivesse mais intimidade do que Coelha, e as outras já eram como uma família de verdade. Demorou cinco dias a viagem até Liverpool, onde os oficiais da Imigração as cumprimentaram com um insulto pungente que Sofka nunca esqueceu: "Bom, acabou aquela história de ser preguiçosa e levar a vida na flauta. Já que decidiram voltar, vão ter de trabalhar." A Cruz Vermelha distribuiu capas de chuva e trinta xelins para cada mulher, e, quando provaram que tinham para onde ir, seguiram direções diferentes — Coelha foi para a casa de uma tia num balneário, Leamington, e Sofka pegou o trem para Londres.

Sofka chegou na hora do blecaute; a guerra estava longe de terminar. Esse foi o "verão dos 'besouros zumbidores'", em que milhares de londrinos morreram pelas "bombas voadoras" V-1, e muitos mais haviam abandonado a cidade. As sirenes tocavam, e multidões iam dormir nas estações subterrâneas, onde passavam a noite inteira. Quando chegou à casa de uns amigos, puseram-na para dormir no porão. É quando o sinistro zumbido áspero do motor parar que você tem de se preocupar, explicaram. Aí, você tem 15 segundos para torcer para ele cair em outro lugar.

Nos dias que se seguiram, Sofka tentou organizar certos detalhes práticos: banco; tíquetes de refeição; roupas novas da Peter Jones.* Embora não tenha esperado uma acolhida calorosa da mãe de Grey, em Park Lane, mesmo assim ficou abismada com os comentários antissemitas e as reclamações sobre o pão branco comum de lady Skipwith. Mais do que nunca, deu-se conta do abismo entre aqueles que haviam experimentado os horrores e humilhações da ocupação nazista e os que só conheciam o que ela descreveu como o medo mais físico e objetivo dos bombardeios.

---

* Loja de departamentos de Londres. (*N. da T.*)

A desorientação de Sofka por estar de volta à Inglaterra não se restringia à confusão do animal enjaulado que é solto. Esforçou-se para se adaptar, visitando amigos e indo tomar uns drinques no antigo antro predileto, o Jack's Club, mas percebeu que estava retornando a uma vida que perdera o próprio cerne. Não tinha família a quem recorrer, lar nem trabalho; sem Grey, Londres era triste e desoladora. As emoções feridas, melindráveis se manifestavam no corpo: os dentes balançavam na gengiva, sentia-se exausta, e a pele supersensível: um aperto de mão mais vigoroso era capaz de deixá-la com manchas roxas. Depois de um amigo emprestar-lhe um apartamento em Fulham Road, saiu em busca das pessoas que estavam cuidando dos pertences dela e de Grey — a mobília (inclusive a cama enorme), livros e cartas. Em vez da casa deles, encontrou uma fenda na rua — agora, uma visão comum em toda a cidade de Londres. Segundo afirmou, não sofreu muito; alguns preciosos álbuns de fotografias ainda estavam no pub de Cookham Dean, e, se a vida ensinara-lhe alguma coisa, foi que os bens materiais eram seu elemento menos importante. Pelo menos, teve um começo limpo, raciocinou.

O mundo de repente pareceu mais brilhante quando Laurence Olivier convidou-a para assumir o cargo de secretária da reagrupada companhia de teatro Old Vic. Ao receber o telegrama, foi direto para o último local em que se reuniam, o New Theatre, na St. Martin's Lane. Entrar lá no meio de um ensaio de *Peer Gynt* foi um momento emocionante. No palco com Ralph Richardson, estava Olivier, falando com a voz inesquecível em que Sofka pensava com frequência em Vittel. Depois, tomou um táxi com Vivien e Larry para um almoço de comemoração no Claridge's, onde beberam à beça e serviram-se à vontade no bufê chiquérrimo, desprezando o racionamento. O glamouroso par de atores não perdera nada da velha petulância espirituosa, urbana e sensual — pareciam iguaizinhos ao que eram antes —, enquanto Sofka sentia que saíra do túnel mais longo e escuro do mundo uma pessoa diferente. Era difícil até mesmo começar a contar para eles o que havia experimentado.

Depois de uma semana mais ou menos, Sofka tirou dois dias de folga no trabalho e viajou à Cornualha para ver o filho mais moço. Patrick estava morando com uns primos da família Skipwith, que a convidaram para ficar lá. Não há indícios de que queria se reunir com os filhos e ficar perto deles, só fica claro que ela desejava se certificar da segurança deles. Sofka descreveu a "sensação extraordinária" de encontrar "o filho de 6 anos, que ela vira pela última vez como um bebê de 18 meses". Diferentemente do pai, Grey, que permaneceria pelo resto da vida um jovem de 31 anos, Patrick dera um salto, invisível, no tempo e passara a uma idade completamente diferente. O que Sofka não mencionou nas suas memórias foi o choque e a dor de reconhecer algo de Grey em Patrick. Somente num poema confessou que sentiu o mero fato de ver o sorriso do garotinho e seu jeito familiar de virar a cabeça como "socos surdos na ferida semicurada".

Sofka surpreendeu os anfitriões partindo de volta para Londres, no dia seguinte, sem sequer considerar a possibilidade de levar o filho com ela. Uma das filhas pequenas da casa, Tina, lembrou que todos os adultos censuraram essa "aventureira russa", que, na opinião deles, "arrebatara o pobre Grey". Ao levar o chá matinal para Sofka no quarto dela, Tina achou-a "muito exótica". Ainda estava na cama, "com quilômetros de cabelos escuros derramados por toda parte".

No fim de semana seguinte foi a vez de Peter e Ian, e Sofka pegou um trem para Guildford, onde eles estavam morando com os avós Zinovieff. "Com 8 anos, encontrei minha mãe na estação de Guildford", Ian contou-me. Ele lembrou ter sido levado a pé para a estação por Manya, a cozinheira russa, e ter ficado esperando na grade. Se foi desconcertante ver uma mãe desconhecida, deve ter sido igualmente embaraçoso ver dois garotos grandes, estranhos e desconfiados, que eram os próprios filhos. Manya trazia na mão uma carta escrita em russo pelos avós para "Sofia Petrovna"; Sofka não era bem-vinda na casa, informavam, e, nas próximas visitas, ela teria de combinar antes para não dar de cara na porta deles.

"Sofka não foi recebida pela minha família", tio Kyril contara-me uma vez, exprimindo a rejeição na maneira deles. Os sentimentos de mágoa e ofensa dos Zinovieff não permitiam nenhum tipo de conciliação. Não se sabe ao certo quando descobriram a fé recém-adotada dela no comunismo, mas isso seguramente selou seu destino. "Se agora vê-se como um fenômeno histórico, na época, era traição", explicou tio Kyril.

Peter lembrou que, para um garoto de 12 anos, era, na verdade, empolgante ter uma mãe tão desprezada. "O ódio de meus avós fazia com que me passasse a ideia de uma pessoa fascinante, e recordo-me de ter ficado entusiasmadíssimo quando ela veio nos visitar", disse. "Ela costumava nos levar para passeios de trem, ônibus ou remando no rio. Ela levava comida para o piquenique, e às vezes a gente saía para procurar cogumelos nas florestas de Guildford. Uma vez, encontramos uma bomba voadora que não explodiu e fomos avisar a polícia, e outra vez apagamos um incêndio na linha do trem. Depois da vida encasulada com meus avós e os maus-tratos no convento, ela era uma diversão e tanto. Toda lembrança dela é boa; são as coisas que não fez..."

Piqueniques dominicais, pelo visto não muito frequentes, eram o tipo de atitude maternal que Sofka conseguia assumir e a convinha, e ela ficou abalada quando, em dezembro, os primos Skipwith pediram-lhe para levar Patrick de volta. Conquanto os Skipwith neguem essa versão, não dá para acreditar que ela quisesse ficar com ele nesse estágio — seu estilo de vida de jeito nenhum podia acolher facilmente uma criança. As várias horas que passava na Old Vic em geral começavam de manhã cedo, ajudando Olivier nas suas falas, entravam pela tarde nos ensaios e não raro incluíam representações noturnas (os shows continuaram durante os bombardeios). E, naturalmente, havia a rodada subsequente de festas e drinques. "Era possível se surpreender em muitas camas com companheiros imprevisíveis", confessou Sofka. Ela não era a única a ver no álcool e nos encontros fortuitos uma resposta para a guerra aparentemente infinita, com a ameaça diária de bombas e perdas. Seu coração era agora "uma cuia vazia", escreveu em um dos diversos poemas que expressavam a saudade louca que continuava sentindo de Grey; nada parecia capaz de substituí-lo. Sexo constituía-se em uma distração prazerosa, mas ela não queria nem era capaz de dar amor.

Ela alugara cômodos insalubres, térreos e mobiliados, na Sydney Street, em Chelsea, numa área muito danificada pela guerra e, por isso, abandonada por grande parte dos antigos moradores, que ainda não haviam voltado. A casa ao lado não existia mais (o vizinho acordara deitado na cama, no jardim), e a de Sofka não tinha telhado.

O Natal estava próximo, havia anos não se viam dias de inverno tão frios, quando Sofka pegou Patrick na seção de brinquedos da Harrods. Ele se lembrou de ter se agarrado na saia de alguém com medo... Tratava-se da saia da babá dos Skipwith, que o trouxera para Londres e viu Sofka segurar no colo o garoto em prantos e ir embora. "Lembro-me de estar sendo levado", disse Patrick. "Eu estava morrendo de medo e berrando a plenos pulmões."

"O pobre Patrick não gostou de voltar para a mãe", escreveu Sofka, admitindo que a primeira reação dela também foi um pedido de ajuda movido a pânico. Só havia uma pessoa em quem podia confiar de verdade — Coelha —, e a moça de 23 anos deixou a tia e foi correndo para Londres. Agora eram uma estranha familiazinha, no apartamento malvedado, congelante.

"Sofka não era boa dona de casa", reconheceu Coelha, como sempre tentando suavizar a declaração. "'A vida é curta demais para perder tempo com limpeza', ela costumava dizer. Ela adiava a lavagem de roupa até não ter mais o que vestir. Por isso, eu fazia toda a limpeza e a parte de lavanderia. A gente estava na maior penúria, mas o açougueiro nos dava ossos, e, com eles, a gente fazia sopa na lareira, numa panela grande. A gente surrupiava carvão e madeira de um lugar perto do rio."

Durante a noite, Sofka e Coelha se revezavam para acompanhar Patrick até o abrigo contra ataques aéreos, quando as sirenes disparavam, enquanto a outra ficava dormindo, cansada demais para se preocupar. De dia, os novos mísseis V-2, assassinos e silenciosos, caíam sem aviso da estratosfera. "Um dia", disse Coelha, "Sofka e eu estávamos na Woolworths,* em King's Road, quando uma bomba V-2 explodiu. Nunca a vimos, mas fomos suspensas e lançadas em direções diferentes. Por sorte, não nos machucamos."

Depois do Natal, a proprietária, que não gostava de criança, expulsou a tríade. Mandaram Patrick para uma escola preparatória em regime de internato semanal, e Sofka alugou um apartamento no número 20 da Oakley Street — exatamente a rua onde morara com Grey. Deve ter causado uma saudade terrível ver lugares aonde iam juntos, percorrer os antigos caminhos — ao longo do Aterro, com seus plátanos descascados, e passando por Cheyne Walk, onde ficaram na casa dos Olivier. O novo apartamento de Sofka pertencia a um companheiro comunista que, recentemente, conhecera na seção de Chelsea. Tempos depois, ela se lembrou, achando graça, de uma vez em que, andando na rua, disfarçadamente, aproximou-se de uma pessoa vendendo *Russia Today*, e sussurrou-lhe que queria fazer contato com o Partido. Tendo experimentado todo o perigo e sigilo das suas diligências em Vittel, ficou surpresa em ver como era fácil e simples se afiliar. Não havia momento melhor para apoiar as políticas da União Soviética: tio Joe** estava na moda e os russos eram aliados, que vinham vencendo as tropas de Hitler com tremenda bravura. A Rússia também estava sofrendo baixas terríveis; quando a guerra terminou, 25 milhões de pessoas haviam morrido, dos quais 19 milhões eram civis. O Partido, rapidamente, absorveu Sofka, que logo passou a vender o *Daily Workers* e fazer propaganda dos soldados russos na rua, nos fins de semana. Junto com uma galeria de artistas, jornalistas, escritores, médicos e o "trabalhador" avul-

---

* Cadeia de lojas varejistas britânicas. (*N. da T.*)
** Apelido dado a Stalin pelo presidente norte-americano Franklin Delano Roosevelt. (*N. da T.*)

A Comunista

283

so, que constituíam a ala excêntrica, "intelectual" de Chelsea, ela também debatia veementemente o futuro do mundo. Nas manhãs de domingo, ia à embaixada russa para assistir a cópias arranhadas de antigos filmes russos.

Quando se declarou o fim da guerra, em 8 de maio de 1945, houve dança e comemoração nas ruas; porém, na opinião de muitos, como na de Sofka, o fim da guerra viera "tarde demais". Com quem ela iria agora compartilhar a alegria e a liberdade? Ela, no entanto, sabia como se ocupar e manter as aparências; as pessoas não viam sua dor interior. Duas semanas depois do *"VE Day"* [Dia da Vitória na Europa], a companhia Old Vic foi indicada para participar da ENSA, Entertainments National Service Association* (conhecida por alguns dos homens e mulheres das Forças Armadas que viram as apresentações espalhadas por todo o mundo pelo acrônimo Every Night Something Awful [Toda Noite uma Coisa Horrível]). Deram-lhes uniformes e, no dia 25 de maio, liderados por Olivier e Richardson, partiram para uma turnê de vitória pela Europa, com duração de sete semanas, para encenar *O homem e as armas*, de Shaw, e *Ricardo III*. A mais estranha de todas foi a visita a Hamburgo — uma pavorosa coleção de ruínas e entulho cobrindo centenas de milhares de cadáveres. Pior foi Belsen. Embora não tenham permitido à companhia entrar no campo de concentração devido a uma epidemia de tifo, Sofka descreveu sua visão do local: as cabanas; os crematórios; os internos esqueléticos que ainda não tinham ido embora. Só se passara um ano desde que Queridinho e os poloneses haviam morrido num lugar como aquele, o que levou Sofka a experimentar em seguida o que chamou de "porre de lágrimas". Todo o mundo estava pegando pesado na bebida para combater a depressão do ambiente, mas, mesmo com o companheirismo da equipe teatral e as festas constantes (em geral, em elegantes vilas de ex-nazistas), era uma angústia terrível confrontar o legado medonho da guerra.

---

* Organização fundada em 1939 com o propósito de promover entretenimento para o pessoal das Forças Armadas. (*N. da T.*)

A parte mais feliz da viagem foi sem dúvida Paris, onde a Old Vic se apresentou na Comédie Française. Sofka ficou hospedada no seu antigo quarto, que permanecera trancado desde a prisão, em dezembro de 1940 — surpreendentemente, a polícia havia guardado a chave. No dia 14 de julho, o primeiro Dia da Bastilha depois da libertação da França, Sofka finalmente comemorou o fim da guerra com alguns de seus velhos amigos, entre eles Nikolai, que planejara sua fuga, e o primo Yuri, seu velho *cavaliere servante*. Dançaram e cantaram nas ruas no meio da multidão, durante toda a noite de verão — uma epifania, em que Sofka se sentiu verdadeiramente otimista em relação ao futuro de um mundo socialista, que iria emergir das cinzas. "Éramos ainda jovens o bastante para nos envolvermos com a construção de um universo", escreveu. "O vinho que parávamos para tomar nos cafés que continuavam abertos, à noite, as exageradas esperanças dos bêbados, tudo se combinava para despertar em nós uma exaltação embriagada, que jamais experimentara antes."

★

Sofka confessou que, como muita gente na ocasião, não dera muita importância ao fato de que duas remotas cidades do Japão haviam se reduzido a vapor nocivo. Os nomes "Hiroshima" e "Nagasaki" não diziam grandes coisas, e a destruição delas, pelo menos, pusera um fim à guerra. A vida em Londres não era mais perigosa, mas também não era fácil, sobretudo porque Coelha agora retornara à França. Sofka estava penando para cuidar de Patrick, ao mesmo tempo que trabalhava duro e tentava reconstruir a vida pessoal. Patrick lembrou-se de encontrar homens diferentes em Oakley Street cada vez que voltava para casa da escola. E descobriu, debaixo da cama da mãe, o balão de borracha cor-de-rosa de aspecto horrível, que ele achava que devia ter alguma coisa a ver com sexo, embora nada entendesse de duchas vaginais. Fiquei curiosa de saber

A Comunista285

quem eram esses copiosos amantes, e perguntei a Coelha se lembrava de algum deles; ela disse que não sabia, mas "quem quer que fossem, eram comunistas". Não me contou, porém, sobre os diafragmas, cobiçadíssimos na época. Sofka, certamente, tinha o seu, e a própria Coelha organizou viagens a fim de levar mulheres francesas para se consultarem com um amigo médico de Sofka, uma vez que esses artefatos contraceptivos não se vendiam na França.

Mais uma vez, foi Shula, a mesma pessoa que me contou pela primeira vez sobre Queridinho e sobre o caso de lesbianismo de Sofka, que deixou escapar que Sofka havia vivido com alguém depois da guerra. Estávamos sentadas no apartamento de Coelha.

"David. David Rocheman", disse Shula. "Era oficial do exército britânico. Muito bonito: robusto, louro e de olhos azuis. Moraram juntos um tempão." Mal pude acreditar no que ouvia. Por que ninguém mencionara esse homem?

Nessa hora, Coelha se intrometeu na conversa. "Foi um escândalo, porque ele era irmão de Raymonde — um dos membros da nossa *Petite Famille* de Vittel. Era muito mais novo que Sofka."

"E o que aconteceu com ele?", perguntei.

"Ainda está vivo", respondeu Shula, lançando um olhar de relance, ansioso, para Coelha.

"Onde ele está?" Eu estava tentando manter a calma.

"Aqui em Paris", disse Shula.

Senti-me nervosa quando toquei a campainha de David Rocheman em Boulogne-Billancourt, mas bastou a porta abrir para eu ver que não havia necessidade. Aos 80 e poucos anos, David parecia bem mais jovem e ainda superatraente, de chamar a atenção com seus olhos inteligentes, curiosos. Quando entrei no apartamento moderno, arejado, ele me apresentou à esposa, Marjorie. Ambos revelaram um afetuoso interesse em conhecer a neta de Sofka, e falaram com a dicção cuidadosa e cortês de quem teme (sem motivo) que seu inglês, outrora perfeito, pudesse ter enferrujado.

"Vivi com Sofka por três anos, desde o final de 1945", disse David, explicando que a conheceu por intermédio da irmã dele, que estava morando perto, em Chelsea. Tanto David quanto a irmã nasceram na Inglaterra, mas foram criados na França pelos pais judeus. Depois da ocupação da França pelos nazistas, David fugiu para a Inglaterra, enquanto sua irmã foi presa, o pai deportado, e a mãe ficou num esconderijo. Embora contasse apenas 16 anos, ingressou no exército britânico aos 18 e logo se tornou oficial.

"Com 22 anos conheci Sofka", David falou. "E ela tinha 38. Apesar de ter mentido e dito 37! As pessoas olhavam de modo esquisito para a gente quando a gente saía junto, por causa da diferença de idade, mas eu não ligava. A gente se interessava pelas mesmas coisas — Shakespeare, teatro... e ela me pôs para ler. Estava sempre fantástica. Ela se vestia bem, ainda que não seguisse a moda. E era muito empolgante estar com uma mulher mais velha. Pedi-a em casamento, mas ela me disse para deixar de ser bobo — 'Você vai conhecer alguém da sua idade', falou. Em minha opinião, não era bobagem coisa nenhuma; eu estava apaixonado por ela. E ela me amava. A lembrança que guardo de nós é de duas pessoas completamente sintonizadas."

Após a guerra, David foi ser instrutor em Sandhurst e, depois, arrumou um emprego de bancário no centro de Londres. Todo dia, Sofka saía para a Old Vic, e ele pegava o ônibus número 11 para o trabalho. Naturalmente, não demorou até Sofka levá-lo a uma "reunião". "Eu não me interessava por política", disse David. "Eu não costumava tomar partido por temperamento, mas logo entrei para o Partido Comunista. Cheguei a fazer discursos em King's Road, embora só estivessem ouvindo três companheiros do Partido e um policial que quis saber meu nome. Nas manhãs de domingo, a gente ia vender o *Daily Workers* em World's End.*"

---

* Nome de uma região suburbana de Londres, localizada no distrito de Enfield, cuja tradução literal é "Fim do Mundo". (*N. da T.*)

A Comunista

287

Eu já havia conversado com um número suficiente de antigos comunistas e amigos de Sofka para saber que pertencer ao Partido, nessa época, quase equivalia a aderir a uma religião. Conquanto Sofka, secretamente, permanecesse cética em relação a alguns aspectos do comunismo, seria difícil viver com um "incrédulo". "Tudo se baseava em fé", falou um ex-membro do Partido. "Como havia um enorme *élan* em torno do Comunismo, naquele tempo, pertencer a ele dava uma sensação muito empolgante, inebriante de unicidade, de todos acreditando na mesma coisa. Você era uma criatura política. Você estava ao lado dos anjos, sem acreditar em anjos."

"Aonde quer que você fosse no mundo, se encontrasse outro membro do Partido Comunista, confiariam um no outro plenamente", disse um velho camarada. "Ele fazia parte da sua família." Sofka entregara-se de corpo e alma a essa família; ela, na verdade, não possuía outra, e o Partido ficou maravilhado em tê-la como membro. "A liderança se exibia com ela", lembrou um amigo e colega. "'Camarada Sofka — nossa princesa comunista!', diziam."

Por muitos anos, a crença de Sofka no socialismo constituiu-se o elemento mais significativo de sua vida. Depositou toda a sua obsessão em promover o único sistema político que parecia atender não só à sua antiga preocupação com a injustiça social, como também à dor que sofrera durante a guerra. Ela enfrentava a desolação pessoal provocada pela morte de Grey, e depois de Queridinho, com a luta para mudar o mundo; o comunismo trouxe conforto com a promessa de um futuro melhor.

Em 1947, Sofka e David começaram a fazer uma revista com dois amigos, o jornalista e escritor Maurice Rosenbaum e a esposa Eve, que moravam nas redondezas. David procurou no meio dos seus papéis até encontrar um exemplar da publicação mensal deles, *Front Page* [Primeira Página]. A capa, nas cores ousadas preto e vermelho, consistia numa colcha de retalhos de páginas de jornal; dentro, tomavam-se todos os pontos de vista de jornais nacionais e internacionais a fim de oferecer a "história completa" sobre os assuntos estrangeiros (com inclinação para a esquerda, naturalmente). No entanto, nessa ocasião, o comunismo e a União Soviética estavam saindo de moda de novo. Quem patrocinaria uma aventura dessas quando uma cortina de ferro "estava descendo sobre o velho continente" (segundo as palavras de Churchill), e o receio de uma guerra fria ainda pairava no ar? "Só conseguimos duas tiragens antes de o dinheiro acabar. Foi um fracasso retumbante", admitiu David, sorrindo.

Eu havia prestado atenção numa ligeira referência a essa publicação de vida curta nas memórias de Sofka, mas nada dava a entender que David fora mais do que um conhecido. Perguntei-me por que deixara essas lacunas; pudicícia, certamente, não fora o motivo. Mais tarde, depois de conversas com outras pessoas, fiquei com a impressão de que provavelmente os sentimentos de Sofka pelo jovem rapaz não fossem tão profundos quanto os dele por ela. Quando David acabou se apaixonando por uma moça da sua idade — Marjo — Sofka não demonstrou muita dor. "Ela disse, 'C'est magnifique, Marjo!'", contou Marjo, explicando que já conhecia um pouco Sofka de antes, pois também ficara interna em Vittel. "Sofka era uma pessoa que dominava os problemas. Era muito, muito forte."

Entre os papéis, David encontrou ainda seu antigo passaporte de 1946. Vestido com o uniforme do exército, apresentava a bela aparência de astro de cinema, de um David Niven jovem e gaulês. Uma das sobrancelhas ligeiramente arqueada proporcionava-lhe um olhar ao mesmo tempo excêntrico e cômico. Quase dava para ver por que Sofka o havia conquistado. Todavia, sem considerar que deve ter sido pelo menos uma distração sensual, David compartilhava mais coisas com Sofka. Graças à irmã, ele automaticamente se tornou membro honorário da *Petite Famille* e, como judeu, naturalmente despertava o interesse dela — ela também fez um grande número de amigos judeus depois da guerra. Num ambiente em que ainda não se discutia amplamente o Holocausto, David representava um vínculo direto com as experiências de guerra de Sofka. O pai dele (além do avô e tios), como Queridinho, tinha morrido assassinado em Auschwitz, e a família deles perdeu tudo, inclusive a casa. Como judeu, ainda, David presumivelmente sentia o mesmo que Sofka: eram forasteiros, intrusos; nenhum dos dois podia realmente pertencer a Londres. Talvez, para ela, ele também lembrasse Grey, que tinha mais ou menos a mesma idade quando se conheceram, uma década antes; David era outro homem honrado, sensível, inteligente e mais novo que a adorava, mas tanto tempo depois que parecia que se passara uma vida inteira.

Perguntei a David sobre os filhos de Sofka; soava estranho demais o fato de nenhum deles ter se dado conta de que a mãe estava vivendo com ele.

"Peter e Ian não iam muito a Londres, e, quando vinham, eu saía do caminho", explicou David. Quanto a Patrick, "ele parecia uma criança que queria o afeto da mãe, mas não conseguia o que desejava. Ela amava os filhos, mas eles eram um inconveniente." Isso os três filhos confirmaram. Peter e Ian lembram-se de não gostarem das poucas visitas ao apartamento sombrio, com aspecto de caverna de Oakley Street, onde viam largadas pilhas de roupas e louça suja. Preferiam as incursões ao Soho, onde aprenderam a comer com pauzinhos em cafés chineses baratos, ou as excursões ao teatro e, depois, ao sujo e enfumaçado Jack's Club.

Embora Patrick estivesse mais por perto, segundo suas recordações, mal via a mãe. "Na verdade, sentia medo dela", admitiu. "Era muito prática, mas nada carinhosa. Ensinou-me latim. E *Histórias bem assim*, de Kipling, era minha bíblia. Mas não me dava abraços. Ela e meu pai me queriam — eu era o queridinho deles... mas ela me deixou na Inglaterra e depois ficou sem me ver por mais quatro anos. Aí, já era tarde demais. Ela nunca falou sobre meu pai, e eu nunca perguntei." Patrick passou grande parte do tempo com uma família irlandesa, os Devlin, cujo jardim dava fundos para o banheiro externo do número 20 de Oakley Street. Sofka ficou contente de Patrick estar sendo cuidado por esses vizinhos operários, comunistas, com um monte de filhos; as lembranças de Patrick, no entanto, soam quase

Ninguém da família de Sofka soube que ela vivera três anos com David Rocheman em Londres, depois da guerra. Ele era 16 anos mais novo que ela, mas lembrava que eram "completamente sintonizados". Quando o conheci em Paris, ele me revelou que a pediu em casamento, e ela lhe disse para deixar de ser bobo.

A Comunista   **291**

como as de um órfão: perambular pelas ruas; brincar no entulho das ruínas de Chelsea deixadas pelas Blitzen; comer pão, margarina e açúcar da gorda Sra. Devlin; e levar surra de cabo de vassoura, como os outros filhos dela.

Patrick deve ter sentido um contraste enorme quando, em 1947, de uma hora para outra, arrumaram-no, puseram-no num carro com motorista junto com a mãe e transportaram-no para um estúdio cinematográfico. Vivien Leigh estava atuando no papel-título de *Ana Karenina*, e Alexander Korda não conseguira encontrar um menino para representar o filho dela, Sergei. Olivier sugeriu o filho de Sofka, com seus cabelos escuros, olhos expressivos e a beleza russa que Grey tanto apreciara; Patrick revelou-se perfeito para o papel. A expressão de criança temerosa e extremamente desejosa do amor materno era super-realista, enquanto Vivien Leigh cobria-o com todo cuidado na cama, em frente às câmeras. Sofka viu a questão em termos mais práticos; os dez guinéus por dia, acrescidos da remuneração de dama de companhia, eram exatamente o que precisava para comprar roupas e material escolar para Patrick, uma vez que o dinheiro andava muito escasso. Só com o auxílio do Fundo Beneficente da Força Aérea Britânica ela conseguia pagar os estudos de Patrick, já que não podia contar com a compaixão do avô Skipwith, que nunca voltara atrás, a despeito dos pedidos de Sofka para que ajudasse na educação do herdeiro.

As "Sopas de Sábado de Sofka" começaram como um meio barato de produzir comida nutritiva no final da guerra, e progrediram quando alguns amigos vieram compartilhá-la, trazendo o próprio pão, pratos e colheres. Por fim, tornou-se uma conhecida instituição de Chelsea, em que escritores, poetas, atores, jornalistas, médicos, divorciados, comunistas, homossexuais e boêmios de todos os matizes regularmente desciam as decadentes escadas externas para o porão abarrotado e deselegante, e se serviam do que houvesse no caldeirão de Sofka. Entre as visitas da animada corte, incluíam-se Dylan Thomas e a esposa Caitlin, cuja casa ficava pouco depois de dobrar a esquina, e a atriz Peggy Ashcroft. Um companheiro comunista habitué lembrou que "a única coisa que o povo que frequentava as Sopas de Sábado de Sofka tinha em comum era o interesse por arte e tudo o que exigisse pôr o cérebro para trabalhar. Ninguém era conservador, embora muitos deles não se interessassem por política. E todos admiravam e adoravam Sofka. Ela era uma mulher muito bonita, ainda que não se portasse como se fosse. Levava a vida de modo meio irresponsável, despreocupado".

Sofka divertia-se contando que volta e meia oferecia aos inocentes convidados *pot-au-feu* [cozido francês] feito com carne de cavalo, dado que podia comprar grandes quantidades por preços módicos, e ela não tinha nada contra a ideia, pois vivera na França. No entanto, a comida não importava muito, era mero acessório para beber e conversar, conversar, conversar. Às vezes, ouviam música ou acabavam dançando ou, nas palavras de Sofka, "dando uns amassos". Buscavam cerveja em baldes no pub Pier, na esquina de Oakley Street com o Aterro, e, em certas ocasiões, o grupo inteiro atravessava a pé a ponte para Battersea, onde os pubs ficavam abertos mais meia hora. O jantar era sempre à meia-noite, e a maioria dos convidados se sentava no chão ou em almofadas.

"Sofka tinha uma 'alma aberta como uma camisa' — *dusha na raspashku*", disse um amigo russo de Sofka dos tempos de Chelsea. "Dispunha de uma força física enorme", outro amigo contou. "Disputava queda de braço com homens e se revelava mais forte que muitos deles. E era divertidíssima. Muito empolgante."

"Tinha o temperamento do russo", lembrou a irmã de David, Raymonde. "Eu admirava demais aquilo. Podia beber bastante e não ficava bêbada. Era uma sibarita — adorava comida, vinho e todo esse tipo de coisa. E era fascinante, inteligente, poética, extraordinária..."

Todo o mundo recordava Sofka como uma pessoa feliz — "a vida e a alma da festa", que, em geral, era ela. Agora, eu havia descoberto que ela ainda estava vivendo com um homem jovem, bonito e encantador, que a

A Comunista   **293**

tratava com muito carinho. Parecem tempos maravilhosos: trabalho interessante, engajamento político e efervescência sexual. E, mesmo assim, não se sentia feliz. Seus poemas mostram que ela ainda padecia uma falta desesperadora de Grey:

> *Acordei e encontrei o quarto escuro e solitário,*
> *E a vida tão vazia como o cômodo vazio,*
> *Sem a sua voz...*

Em cartas posteriores, admitiu que havia desistido de encontrar um novo amor. Não se importava a mínima que a considerassem uma traidora da classe e fosse rejeitada pelos ex-amigos e parentes por causa do comunismo, mas sentia um vazio que nem todo o barulho e movimento do mundo eram capazes de preencher. E ninguém (nem mesmo David) podia imaginar isso.

★

Foi enquanto refletia sobre esses elementos ocultos da vida de Sofka que me perguntei sobre os serviços secretos britânicos. Se estava triste quando parecia feliz, vivia com um homem quando, ao que tudo indica, dispunha de dúzias de diferentes amantes passageiros, e achava que jamais amaria de novo quando a acreditavam apaixonada, por que não haveria outros segredos? Sobretudo os do tipo que devem manter-se escondidos em estabelecimentos oficiais em que se consideram os comunistas inimigos do povo. Em 1946, Sofka desistira de trabalhar para a Old Vic por se sentir incapaz de harmonizar todas as suas atividades e exausta demais para tentar. Continuou como leitora de Olivier, voltou a atuar como freelance para a Universal Aunts (como "secretária-datilógrafa-viajante") e se entregou com mais afinco ao Partido. Logo assumiu o cargo de secretária da ala de Chelsea e trabalhou tanto no Departamento de Governo Local quanto no

Departamento de Propaganda. Deu aulas de russo, traduziu documentos do Partido escritos em russo e foi secretária da Sociedade para Amizade Britânico-Soviética. Sempre suspeitou que estava sendo vigiada, e foi com isso em mente que escrevi para a seção de informação do MI5 [*Military Intelligence, Section 5* — serviço interno de inteligência britânico] e perguntei se tinham registros de Sofka Skipwith.

Só depois da segunda solicitação recebi resposta, num papel marrom-acinzentado, com o endereço de uma caixa postal e um brasão com os dizeres REGNUM DEFENDE. *Havia* registros, soube. Alguns deles (de até cinquenta anos antes) logo estariam disponíveis por conta da Lei de Liberdade de Informação, mas "pode ser possível você ver os documentos antes da liberação, sob certas condições". Depois de uma incrível ligação telefônica com toques de filme de suspense, em que a recepcionista afirmava não existir a tal pessoa com o nome assinado na carta, puseram-me em contato com uma voz masculina cortês. Ele me instruiu para estar na "imponente porta de entrada", em Millbank, numa determinada data e hora. No dia, cheguei um pouco cedo e tirei algumas fotografias do lado de fora, até uma dupla de policiais muito amigáveis me advertirem para não fazê-lo. Depois de explicar que tinha um encontro marcado lá dentro, um deles acrescentou, "Bem, eles vão ficar olhando a senhora por meio de câmeras! Tem um homem lá com chicote e chibata!"

Depois de deixar a câmera e o celular no balcão da entrada, entregaram-me um crachá de segurança, e uma mulher gentil me conduziu ao quinto andar. Senti um medo estranho ao entrar numa sala pequena e sem janela, onde um homem alto, sorridente, de cabelo louro-avermelhado e camisa cor-de-rosa, que me pareceu sexagenário, apresentou-se para mim. Disse-me o nome verdadeiro, diferente daquele com que assinou as cartas, e dei uma olhada em volta da sala anônima, sem vista e à prova de som, perguntando-me se havia câmeras escondidas. O Sr. Sutcliffe falou de comunistas e de espionagem depois da guerra.

A Comunista

"O Partido Comunista foi usado como fachada para os agentes soviéticos desde o início", contou, "ainda que o número de pessoas que estávamos empregando mal desse para formar um time num campo de rúgbi. Mas elas sabiam que os quartéis-generais do PC monitoravam-nas por meio de aparelhos de escuta clandestinos — Blunt[*] informou-as desde 1941." Senti certa dificuldade de me concentrar. Meu olhar continuava vagando na direção da mesa baixinha, sobre a qual dois arquivos beges gordos jaziam esperando, tentadores como um tesouro. DOSSIÊ 93749/ V2 SKIPWITH, SRA., SOPHIE. O Sr. Sutcliffe explicou que ficaria ali sentado enquanto eu olhava o dossiê. Tinha um livro para ler (sobre espiões, naturalmente) e trouxe para nós canecas de Nescafé e biscoitos de chocolate.

Havia grande quantidade de papéis: recortes de jornal, relatórios policiais, "telessondagens" (registros de escuta telefônica), fotografias de cartas de Sofka (com os envelopes), e páginas e mais páginas de "extratos" — excertos de fofoca, rumor, impressões e informações. Alguns desses extratos levavam o rótulo de SUPERCONFIDENCIAL, outros estavam rasgados e amarelados, remendados com fita adesiva, e muitos apresentavam, em algum lugar das margens, marcas escritas com caneta esferográfica ou lápis verde remetendo a arquivos de outras pessoas. Várias páginas haviam sido removidas por questões de segurança, possivelmente, por causa das referências à embaixada soviética, e algumas censuradas com adesivos brancos. Os montes de papel eram ao mesmo tempo fascinantes e repulsivos; era como testemunhar os segredos sórdidos de outra pessoa sem tentar evitá-los; eu estava espiando um voyeur pelo buraco da fechadura. O registro de abertura consistia numa fotografia glamourosa estampada no *Evening Standard*, de 1931, da princesa Sophie Dolgorouki posando com peles de raposa e um par de cães, num local que devia ser a sala de visitas da duquesa de Hamilton. Dei uma folheada ao acaso, e

---

[*]Anthony Frederick Blunt (1907-1983), historiador de arte e espião britânico. (*N. da T.*)

meu olho foi capturado pelos comentários absurdamente contrastantes durante meados dos anos 1940.

Relatório da polícia metropolitana: "Nascida em 1907, altura 1,63 metro [na verdade media 1,70 metro], corpo mediano, cabelo castanho escuro, olhos castanhos, pele clara, rosto oval, em geral, vestida elegantemente."

Extrato: "uma mulher ucraniana, ao que tudo indica casada com um súdito britânico (...) Essa criatura um tanto vistosa, na casa dos 30, que se veste com roupas bem bizarras e parece uma típica boêmia de Chelsea, trabalha na repartição do Distrito, com Jack woddis."

Extrato: "Essa mulher é surpreendentemente inteligente, corajosa e ativa. É uma linguista brilhante, com muitos contatos em todas as esferas (...) Trata-se de recruta inestimável para o Partido Comunista e deveria ser vigiada."

Extrato: "brit [um agente do MI5] conhece essa mulher há muitos anos e a considera bastante irresponsável. Por conta de sua libido exagerada, acabou tendo vários casos amorosos."

À medida que examinava os arquivos, pude acompanhar as atividades de Sofka, documentadas com fastidiosos detalhes (diferentemente dos registros notoriamente incompletos do Partido). Reuniões no Chelsea Town Hall com títulos como "Rússia — Amiga ou Inimiga?"; campanhas para segurança no trânsito em World's End; artigos para a imprensa local (a polícia comenta zombando — "invariavelmente assumindo para si o papel de 'campeã do povo'"); ajudando a organizar movimentos de ocupação para famílias de sem-teto; protestar contra a liberdade de Mosley em promover o fascismo na Inglaterra; e detalhes banalíssimos de conversas telefônicas (marcar com alguém uma ida ao cinema ou fazer planos de viagem). Conquanto tudo parecesse bem inocente, era de uma perspectiva que jamais imaginara que me faria aproximar-me da vida dela.

Alguns relatórios mencionaram a mudança de Sofka para Paris, em dezembro de 1948, mas nenhum deles explicou por que ela deixara Londres de uma hora para outra. Nas memórias, Sofka fala de saudades de

A Comunista

Paris, além do fato de que agora os três filhos estavam em colégio interno; mas isso parece mera desculpa, ainda mais sabendo que não havia trabalho que a seduzisse. (Olivier escreveu uma carta de recomendação: "A Quem Interessar Possa, Conheço Sofka Skipwith há 15 anos, desde criança. Foi secretária particular, secretária da companhia, leitora de peças e de grande ajuda nos momentos problemáticos...") Embora a transferência dela tenha coincidido exatamente com o momento em que David a deixou por Marjo, não parece provável que tenha se sentido atraída pela presença do ex-namorado em Paris. Um extrato do MI5, segundo o qual Sofka tinha "um monte de namorados" antes de partir de Londres para Paris, endossa essa tese — o que reforça a ideia de que David nem sempre fora o centro de sua existência.

Mais significativo era o fato de que Sofka ainda sofria por Grey, e Londres constituía-se uma lembrança da vida deles juntos. Ela não conseguia voltar ao normal, pois, sem ele, não existia "normalidade". No dia de ano-novo de 1949, ela escreveu um poema de luto e solidão no pequeno sótão de Paris, que ela guardara todo esse tempo:

> *... porque você um dia viveu — deveria não te amar mais?*
> *Porque amei — não posso mais viver?*

Igualmente, Paris não sugere um novo começo, por mais que tenha sido a principal rota de fuga de Sofka. A cidade contava ainda com lembranças frescas da guerra, apesar de ter recuperado algo da velha elegância. O "novo visual" de Dior já pusera as mulheres na moda e com cintura fina, mas havia ramalhetes de flores nas calçadas, debaixo de placas indicando o local onde morreram cidadãos. *La Petite Famille* era para Sofka uma atração importante de Paris. Seus membros entendiam perfeitamente seus temores e a dor no coração; muitas delas padeciam de pesadelos, depressão e culpa, e ainda lamentavam seus mortos. Sofka podia ser ela mesma com essas pessoas devido à empatia pela perturbação interna dela, que a viam como muito mais que a criadora de Sopas de Sábado, gregária e amante da diversão. Ela descreveu essa contradição interna anos mais tarde, numa carta a Jack: "Vi Belsen um mês depois de liberado. E, embora fale muita bobagem e fique doidona nas festas, ele está lá como uma espécie de pano de fundo lúgubre — uma recordação das coisas com as quais precisamos lutar com toda a nossa energia. Não é só a guerra, é a crueldade humana... Não posso aceitar que se considere 'crime' um ato praticado por um alemão e 'erro' quando vindo de Stalin. Minha atual e fortíssima convicção consiste na necessidade da verdade — para todo o mundo, sem exceção."

Com 41 anos e listas cinza nos cabelos escuros, encontrava-se olhando tanto para o passado quanto para o futuro. Sofka estava contente de voltar para as pessoas que conhecera e amara na juventude. Gostava de "se ver em meio a pessoas que falam russo, que reconhecem as mesmas citações, se divertem com as mesmas histórias de família", como explicou numa carta a Peter. Evidentemente, tudo isso pesava mais do que ficar perto dos filhos, e não foi preciso muito exame de consciência quanto a deixá-los; já era bom demais que um amigo tenha concordado em pôr Patrick no trem para Paris por ocasião das férias escolares. Vinte anos mais tarde, Sofka sentia-se suficientemente livre de culpa para proferir um sermão sobre maternidade na sua autobiografia: "A mãe deve continuar uma pessoa com vida e interesses próprios, para não se ressentir de ver os filhos crescendo e levando a vida deles, e, assim, não ficar sem coisa alguma para fazer a não ser se alimentar, como um vampiro, de suas crias. Mas não ter tempo suficiente para os filhos consegue ser pior."

Na primavera de 1949, Sofka trabalhou como intérprete no Congresso da Paz Mundial e depois (às vezes sozinha, sem auxiliar) num jornal chamado *In Defence of Peace* [Em Defesa da Paz]. Foi essa ênfase na paz que, talvez paradoxalmente, manteve a guerra como principal preocupação. Coelha também se manteve ligada à guerra, reforçada pelo recente casamento com Jean-Louis, um jovem cientista judeu que sobrevivera a Auschwitz, mas perdera a família lá.

A Comunista   299

Sofka, por sua vez, voltara-se ao amor pelos russos. Seu primeiro caso em Paris foi com Yuri, seu antigo *cavaliere servante*, que ela agora chamava de "meu eterno". Ele havia fugido de um campo de trabalhos forçados, ingressado na Resistência e sobrevivido à guerra num esconderijo, mas não ficou muito tempo com Sofka (ele era "muito interessante, mas não dava para viver com ele", ela confessou).

O primo de Yuri Nikolai o substituiu. Nicky, como Sofka o chamava, era alto, magro, tinha pernas longas, um jeito de ser vivaz, inteligente, espirituoso e afável. Antes da guerra fora campeão de xadrez e trabalhara num banco, mas ingressou na Legião Estrangeira e ficou com a cabeça ferida quando solaparam seu barco no Mediterrâneo. O fato de ter planejado para Sofka a fuga frustrada de Paris durante a guerra constitui indício da inteligência versátil e dos contatos sociais, bem como da afeição por Sofka. Em suas memórias, ela declarou que Nicky "sempre fora alegremente solícito comigo toda vez que nos encontrávamos em Paris, assim como bastava eu ir embora para ele alegremente se esquecer da minha existência". Ainda sofrendo os efeitos do ferimento, agora trabalhava para uma empresa que fabricava sapatilhas. Dois anos mais moço que Sofka, ele não só compartilhava com ela o background de russo branco como seus conhecimentos políticos. Relatórios do MI5 do início dos anos 1950 definem Nicholas Ratkoff-Rojnoff erroneamente como marido de Sofka:

> Nascido em 2/3/1909, neto de almirante russo (...) no passado foi deportado do Reino Unido por atividades indesejáveis (...) mora na França desde 1934 (...) comunista fanático, acreditava-se que era membro do PC russo (...)
>
> Sofka Radkoff
> Essa mulher, cujo nome verdadeiro é Sofka Skipwith, atuou como a tradutora [*sic*] de russo-inglês no Congresso Mundial pela Paz

de Paris. Está, no momento, vivendo com um russo de sobrenome Radkoff. Descrevem-na como comunista fanática, mas inteligente, atraente e encantadora. 19 de setembro de 1949

O arquivo de Sofka revela que ela "vivia sob vigilância constante por parte das autoridades francesas", e uma carta fotografada (sinistra, em negativo, branco sobre preto) indica os planos dela: "Nicky conseguiu juntar um dinheirinho e vamos para o sul", confidenciou a um companheiro do Partido, "para tentar comprar uma casa na praia, onde teremos quartos só para camaradas, e esperamos que todos venham passar férias e feriados conosco". Se dá-se a entender que não existia uma grande paixão (pelo menos, da parte de Sofka), Nicky evidentemente parecia a pessoa certa, não apenas para proporcionar afeto familiar e vivacidade russa (eles conheciam os mesmos emigrados em Paris), mas também a sedutora perspectiva de um lar estável.

Desde o retorno a Paris, Sofka pouco vira a mãe, quase sempre de cama "com dor de cabeça" quando a filha ia visitá-la em seu apartamento. Ela mal sabia que o antiquíssimo vício das drogas a transformara numa semi-inválida, que raramente saía do quarto sórdido e empoeirado, vestida com um penhoar velho e desbotado. Sophy astutamente obtivera receitas de láudano por meio de nove médicos de Paris e conseguira o medicamento opiáceo com vários químicos; a crise, porém, começou quando ela deixou de sair de casa e passou a pedir a Pierre para ir pegar os remédios para ela. Inspeções policiais do registro de drogas de uma farmácia local desvelaram um número anormal de ocorrências para Sophy Volkonski, e foram interrogá-la em casa. Aconselharam-na a submeter-se a um tratamento numa clínica especializada, enquanto aguardava o dia de se apresentar no tribunal, e Pierre se viu obrigado a contar tudo para Sofka quando lhe pediu para ajudar no pagamento. Também foi tarefa de Sofka ajudar a dar uma limpeza geral no quarto de Sophy e deixá-lo preparado para o retorno da mãe. Durante anos, ninguém teve permissão de entrar lá, e ela ficou estarrecida

A Comunista

com o que encontrou: pilhas de roupas repletas de ninhos de camundongos; exemplares intocados do *Times Literary Supplement* cobertos de teias de aranha; cartas não abertas; xícaras com café endurecido no fundo; frascos vazios de remédio; e agulhas hipodérmicas antigas. Foi horrível descobrir que a mulher forte, inteligente, que fora cirurgiã e piloto, que tirara Pierre de uma prisão bolchevique e era uma lutadora nata, deixara-se vencer pelo escapismo lamentável das drogas.

A decisão de Sophy de se matar foi inteiramente racional. Na clínica, descobriram-na juntando, às escondidas, comprimidos para dormir, e, depois, enfermeiras salvaram-na quando tentou se enforcar, mas se há uma coisa que não se pode dizer da princesa Volkonski é que lhe faltava determinação. Não surpreende sua fúria contra Sofka e Pierre por terem entrado no quarto dela, talvez por terem testemunhado provas do que se tornara. Na primeira noite do retorno ao lar, privada da sua chave, fechou a porta com pregos. Sem ninguém saber, Sophy escondera quatro frascos de Veronal — um medicamento para "insônia gerada por excitabilidade nervosa". Ela os tirou de um tijolo solto e foi tomando uma dose atrás da outra até dormir com o copo na mão. Na manhã seguinte, não tendo conseguido abrir a porta, Pierre foi correndo ao sótão de Sofka buscá-la. Sofka, mais tarde, disse que se arrumou com toda a calma e demorou a chegar lá, pois entendeu perfeitamente o que acontecera e achou cruel tentar salvar a mãe. Essa mulher de 57 anos havia muito sonhava em descobrir um jeito de visitar a Rússia e ver, pela última vez, o Neva, e agora isso parecia impossível. Não conseguia mais enfrentar o exílio parisiense, sem falar no julgamento por consumo de drogas.

Eles acabaram quebrando a porta e encontraram Sophy inconsciente, porém respirando. Uma ambulância a levou para uma clínica de repouso, e Sofka e Pierre se revezaram na cabeceira dela. O prognóstico, entretanto, não era bom. No sétimo dia, Sophy pareceu estar acordando e, estimulada pela enfermeira, Sofka lhe falou:

"Moppy, está me escutando? Moppy, volta."

De repente, a cabeça de Sophy se mexeu e ela gemeu, "Não... ão... ão... ão". Soou como rejeição da vida. No dia seguinte, faleceu.

Os detalhes sórdidos, deprimentes, do fim de Sophy levaram-me a entender melhor o que Coelha já havia me contado sobre Sofka ter pegado todos os papéis da mãe e os queimado. Conquanto se tratasse de uma perda lamentável para a história e a compreensão da vida extraordinária de Sophy, para uma filha enfurecida e de luto, aquilo eliminava os indícios de infelicidade, drogas e caos — uma espécie de purificação. Talvez, houvesse também algo de vingança contra a mãe fria e severa. Será que alguns papéis revelavam a decepção e a desaprovação em relação à filha, vista como uma hedonista com desempenho que deixava a desejar? A fogueira representou outra situação de recomeçar do nada, como já havia feito tantas vezes desde a infância. (Ela deve ter guardado alguns documentos, pois citou poemas e escritos de Sophy em trabalhos posteriores, mas os originais não sobreviveram.)

Os sonhos de Sofka de paz e tranquilidade no Mediterrâneo, na companhia de Nicky, foram substituídos por uma oferta de emprego na Progressive Tours — uma nova agência de viagens comunista. "A ideia era criar oportunidades para os operários britânicos conhecerem as pessoas comuns de países diferentes — sem dúvida, a melhor maneira de superar o preconceito e a intolerância, de combater a ameaça de outra guerra", escreveu Sofka com otimismo. "Propusemos promover excursões em grupo para trabalhadores — motoristas de ônibus, jornalistas, padeiros, engenheiros e respectivas famílias, ao menor preço possível." A logomarca continha os dizeres VIAGEM–AMIZADE–PAZ e o desenho de um pombo voando em direção à terra, com um ramo de oliveira no bico e uma malinha nas patas.

As primeiras viagens tiveram Paris como destino, para as comemorações do Dia da Bastilha (os anúncios no *Daily Worker* levaram mil pessoas), e Sofka parecia ideal para encarregar-se dessa função. Os diretores

A Comunista

da empresa (Lou Kenton, um judeu de East End,* e a esposa Rafa) eram amigos do Partido. Contaram-me que Sofka "não tinha medo de ninguém", coagia burocratas intrometidos, empurrava para baixo os preços dos hotéis e chegou até a convencer um motorista de trem a adiar a partida por causa do seu grupo e a retornar (na Bulgária) para pegar um passageiro esquecido. Certa vez, quando não havia passagens suficientes para todas as crianças do grupo, pôs-se a mudá-las de vagão durante as inspeções de bilhetes, e assim conseguiu, cheia de júbilo, driblar os inspetores. Deve ter sido para ela algo como uma brincadeira infantil, depois das manobras arriscadas que promovera nos tempos da guerra. Sofka mostrava aos turistas os famosos encantos de Paris, mas também levava-os para conhecer sindicalistas e à Maison des Enfants des Fusillés — uma instituição para órfãos da guerra, em que muitos visitantes regulares "adotavam" um amiguinho e traziam presentes ou comida. Quando a Prog T (como era conhecida a empresa) começou a fazer viagens para a Europa oriental, foi, durante uns bons anos, a única agência a quebrar o gelo entre o Leste e o Oeste.

Os arquivos do MI5 continham numerosos registros de ligações telefônicas grampeadas e cartas interceptadas trocadas entre os Kenton e Sofka. "Tínhamos uma pessoa na Progressive Tours", o Sr. Sutcliffe admitiu, quando perguntei como apareceram certas fotografias e outras provas. Vários relatórios policiais descrevem as viagens de Sofka entre Londres e Paris: "Uma busca discreta na bagagem dela (voo de Paris, Air France 520) pela alfândega inglesa nada revelou de interessante."

Quando contei para o idoso casal Kenton, eles ficaram surpresos: "Imagina só, um 'dedo-duro' na Prog T!", disse Rafa. "E todas aquelas horas perdidas ouvindo nossas conversas triviais... Mas eles não conseguiram pegar os verdadeiros espiões! O que é engraçado é que o MI5 mostrou

---

* Bairro pobre de Londres. (*N. da T.*)

total falta de compreensão do que estávamos fazendo. Estavam tão convencidos de que havia alguma coisa suspeita acontecendo, algum tipo de atividade clandestina. Mas, pelo menos, no que nos diz respeito, a Prog T representava trabalhar com muito sacrifício para levantar qualquer centavo que desse. Lou, Sof e eu, todos trabalhávamos com 'salário do Partido' — o mínimo mais mínimo possível para gerir um negócio com eficiência. E a Prog T era o único ramo do Partido que dava dinheiro!"

Embora Sofka passasse parte do ano programando viagens e a outra como guia turística, ainda restavam períodos de folga. Uma vez, descartada a ideia de ir para o sul, ela e Nicky decidiram mudar-se para o campo, para fora de Paris. O ferimento de guerra de Nicky condenara-o a sofrer de dores de cabeça e ele estava ficando cada vez mais fraco, enquanto ela desejava demais se estabilizar num lar de verdade, uma casa com jardim, como tivera com Grey, em Cookham Dean. O chalé dos sonhos era uma construção pequena, de dois andares, situada num platô acima de Gif-sur-Yvette, uma cidadezinha ao sul de Paris, a uma hora de trem da capital. Sofka a adorou, e logo estava criando coelhos e galinhas, plantando hortaliças, conservando frutas e aprendendo com as mulheres da aldeia a fazer o *marc*.* Adquiriram um gatinho preto, a que chamaram de Chort (diabo em russo), e os amigos de Paris os visitavam nos fins de semana, incluindo *La Petite Famille*, vários russos e intelectuais, atores e artistas de todo tipo. Na Páscoa, os vizinhos deram-lhes um cabrito do rebanho deles para fazer um churrasco no jardim. Durante um tempo, David e Marjo se mudaram para lá com os filhos pequenos, até acabarem construindo a própria casa logo depois da esquina; Sofka era forte adepta de manter amizade com ex-amantes sempre que possível, pois permitia desfrutar da intimidade "com a loucura esquecida". Todo feriado ou férias, Patrick era devidamente posto no trem de Londres, e Peter e Ian visitavam-no regularmente.

---

* Aguardente popular na França, produzida com o bagaço da uva, resíduo da produção de vinhos. (*N. da T.*)

Os arquivos do MI5 descreviam Nicky como um "comunista fanático" e, equivocadamente, como marido de Sofka. Essa fotografia mostra-o bem, quase sem sinais do ferimento na cabeça sofrido na guerra que veio a lhe trazer problemas horríveis. Os três filhos de Sofka parecem felizes posando com ele em Paris (da esquerda para a direita: Peter, Patrick, Ian).

As cartas de Sofka dessa época revelam seu prazer em "fazer quase nada" depois de vinte anos superocupada, embora nas suas excursões, idas e vindas para o Leste Europeu de trem, não faltassem desconfortos de viagem barata combinados com noites insones, funcionários ineptos e turistas ignorantes.

"Eu reclamo do trabalho de turismo mas gosto dele — viajar é sempre divertido", escreveu para o adolescente Peter. "E ser senhora do próprio tempo por seis meses, é uma felicidade tão grande que não trocaria pelo mais alto salário." Com a renda dela e de Nicky, podiam viver com simplicidade, mas confortavelmente; havia até o suficiente para umas poucas extravagâncias, e Sofka desenvolveu uma duradoura predileção pelo perfume floral Quadrille, obra de Balenciaga, o estilista espanhol da moda. Em outra carta para Peter, escreveu sobre a delícia de poder se dar ao luxo de ficar na cama nos dias de temporal ("parece detestável, não?"), só se levantar para "uma excursão até a cozinha, para preparar uma omelete com amêndoas maravilhosa e servi-la queimando com conhaque, como um pudim de ameixas. Não se devem desprezar os prazeres da mesa, já que a carne é nossa, por que não tirar dela o máximo de prazer?" Um pouco mais tarde, quando Peter estudava na Universidade de Oxford, Sofka explicou por que fora morar com Nicky. Evidentemente, não se tratava de amor, mas estava contente:

> Conheço Nicky há mais de vinte anos e sempre gostei muito dele, enquanto ele invariavelmente se apaixonava por mim sempre que nos encontrávamos... Olha, depois que Grey morreu, a vida ficou horrível em Londres. Ter um trabalho é muito bom, mas trabalho desde os 17 anos e a gente acaba cansando de trabalhar! E, também, depois que a gente acostuma a viver casada, fica dificílimo viver sozinha. Não falo em termos físicos — sempre houve diversos voluntários para remediar essa carência, e confesso que permiti que a remediassem —, mas meramente do ponto de vista de compartilhar

A Comunista

a nada empolgante rotina diária. Em minha opinião (quando se fica mais velho), é mais importante ter alguém para te ajudar a lavar a roupa do que alguém escrevendo sonetos para te conquistar.

Não era só lavar a roupa. Sofka e Nicky compartilhavam os mesmos amigos, como também as atitudes. Embora acreditassem na construção de um futuro socialista, ambos decididamente viviam o presente. Como casal, eram frequentadores assíduos de festas (ele era o que ela chamava de "gay"), valentes bebedores, e nunca tentavam juntar dinheiro. Se Nicky tivesse algum dinheiro sobrando, ele o torrava levando Sofka para jantar num restaurante sofisticado ou fazendo alguma compra extravagante. E ela agia da mesma maneira. Os dois sabiam que a vida era frágil demais para tomar como certa qualquer coisa além do hoje.

Sofka foi se interessando cada vez mais pelos filhos; adorava discutir sobre livros com eles — preparava cuidadosamente listas de livros abrangendo assuntos variados —, e suas cartas carinhosas, embora cheias de conselhos e planos, evitavam o tom maternal em favor de um jeito amigável de "pegar no pé". Quando mais velhos, os adolescentes gostavam das visitas à França: Peter lembrou-se de ter atuado como artista de rua em Paris, tocado acordeão, andado de mobilete e descoberto Sartre e escritores "impróprios", como Henry Miller em meio à crescente coleção de livros que inundava a minúscula sala de estar de Sofka. Ele também convenceu a mãe a explicar os fatos da vida; sexo permanecia um mistério total para ele. No dia a dia, porém, viviam distantes, e Sofka a toda hora estava viajando. Segundo Ian: "Mamãe nos mandava cartões-postais insistindo 'Escreva!', mas sem endereço."

Quando o pai de Grey morreu, em 1950, Patrick herdou, aos 12 anos, o baronato. Esse fato gerou grande hilaridade entre os companheiros de Sofka do Partido. Mais controversa, no entanto, foi a decisão de Sofka de mandar Patrick para a Harrow School, aproveitando-se da generosidade deles com filhos de ex-alunos mortos na guerra. Ela confessou nas memórias que assim agiu a despeito de seus receios e objeções, por achar que a censurariam caso se opusesse, mas temendo que ele pudesse sofrer por falta de dinheiro e de um lar convencional. E, com efeito, o jovem Sir Patrick detestou Harrow: "Socialmente, eu era como um moleque de rua de Londres", contou. "Eu tinha o sotaque da classe operária londrina. Aquilo não combinava com o baronato. Vi-me preso entre dois níveis sociais, e sem pertencer a nenhum deles." Suas viagens de ida e volta para a França eram solitárias, temerárias e quase sempre mal planejadas: uma vez, aos 13 anos, Patrick passou a noite dormindo na estação de Waterloo, onde um homem o pegou e o estuprou. Tempos depois, foi expulso de Harrow School por furto. Com a mãe sempre fora, voltou a passar muitos feriados com os membros da família da Sra. Butler, que cuidara dele durante a guerra. Conquanto Sofka periodicamente desse um pulo na Inglaterra para ajudar um dos filhos (por sua intervenção, conseguiu impedir que a Universidade de Oxford suspendesse Peter por mau comportamento), sem saber — ou talvez sem alternativa — proporcionou aos filhos uma adolescência nos mesmos moldes da sua: incerta e carente de mãe.

Igualmente, os dois filhos Zinovieff de Sofka não estavam passando bons momentos. O pai deles havia se casado com a filha mais velha da duquesa de Hamilton, Jean, em 1947. Como a vida comunista pós-guerra de Sofka a tornara *persona non grata*, Leo a substituíra como amigo íntimo dos Douglas-Hamilton e, por fim, como parente. Divorciada e com quatro filhos, Jean era tacanha e esnobe (insistia em papariçar o duque — o próprio irmão — e tratar mal os criados), mas quem conviveu com eles viu que ela e Leo conseguiram, enfim, encontrar a paz no relacionamento deles. Mudaram-se para uma fazenda em Sussex, onde Jean se revelou uma madrasta malvada arquetípica, favorecendo os filhos em detrimento dos dois enteados. Além disso, convenceu Leo a arrancar os meninos Zinovieff da Guildford Royal Grammar School e de um lar estável com os avós senis para mandá-los para o "tipo certo" de colégio interno. O coitado do Peter

A Comunista

foi para Gordonstoun, e Ian para Harrow, e os dois voltavam para Sussex nas férias.

As dificuldades se transformaram em tragédia quando Leo morreu num acidente de trem, em 1951. Jean achou que, decididamente, não tinha mais nada a ver com Peter e Ian, e os expulsou de casa. Escreveu cartas cruéis: Peter foi castigado por não ter proporcionado mais felicidade para o pai enquanto vivo, e ela acusou os sogros "histéricos" de fazer da morte do filho "um drama russo", pelas súplicas angustiadas — e não atendidas — por enterro em vez de cremação. Ian foi obrigado a abandonar os estudos aos 16 anos, uma vez que Jean se recusava a custeá-los, e deu queixa na polícia de Peter, alegando furto de colheres de chá de prata, com a finalidade de hipotecá-las. Uma "telessondagem" do MI5 revela que Sofka pelo menos foi a Londres uma semana depois da morte de Leo. "Kenton (Lou) para Lady Jean Zinovieff. Mulher não identificada. Peter atende o telefone, combina um encontro no apartamento de Eve Rosenbaum amanhã." Foi arrepiante ler sobre esses tempos medonhos dessa maneira.

No MI5, encontrei uma fotografia de Sofka mais ou menos dessa época com o título "Skipwith, Sophie Petrovna". Não parecia foto tirada por espião, pois a mostra sorrindo para a câmera, só não entendo como foi parar lá. Será que se tratou de alguma fraude? Ela havia engordado e aparece usando um vestido vistoso, com estampa floral, colar com contas escuras e elegante turbante, e fumando com uma extravagante piteira de bambu. Esse exterior alegre, teatral, é traído pelos olhos, que, de certa forma, deixam escapar os contratempos. Nicky, que parecera uma solução, agora se constituía o maior problema. As dores de cabeça haviam se tornado tão severas, que ele passava semanas a fio na cama e parara de trabalhar. Em 1952, os médicos recomendaram uma leucotomia, admitindo que ele poderia ficar *un peu diminué*, mas a dor cessaria. Numa cirurgia empregada, sobretudo, em pacientes com delírios e desajustes mentais graves, inseriram um instrumento afiado através das vias lacrimais de Nicky, que penetrou o osso e desconectou os lobos frontais do cérebro.

Nicky voltou para casa sem dor de cabeça, mas em meses se transformou num imbecil. Os três filhos de Sofka ficaram horrorizados em testemunhar a rápida degeneração, e se sentiam constrangidos ao ver Nicky pegar pontas de cigarro da sarjeta ou urinar em público. Não queriam mais ir lá para ficar "com um doido". Os amigos também não gostavam quando Nicky aparecia na casa deles para pedir esmola, e a maioria das pessoas que costumava visitá-los em Gif aos poucos foram se afastando, devido à dificuldade em lidar com a bebedeira e a imprevisibilidade de Nicky. Como se não bastasse, Sofka tinha de deixar Nicky sozinho, em geral por semanas e meses seguidos, nas viagens da Progressive Tours. Agora, o dinheiro mal dava para a sobrevivência, quanto mais para pagar uma enfermeira em tempo integral.

O ano de 1956 foi problemático para muita gente. A Crise de Suez despertara temores de uma nova guerra, enquanto a invasão brutal da Hungria pela União Soviética chocara diversos comunistas, a ponto de levá-los a abandonar o Partido. Levando em conta a denúncia dos horrores cometidos por Stalin, pouco restava para inspirar fé.

No nível doméstico, a deterioração de Nicky causava grande aborrecimento a Sofka. Ela costumava deixar dinheiro com amigos, para que o dessem, aos poucos, para Nicky enquanto viajava, e sempre esperava encontrar problemas quando voltasse do exterior; aprendeu a esconder pertences preciosos depois que Nicky vendeu seu casaco de peles e as últimas peças de joia da mãe para comprar vinho, cigarro e doces. Nada, no entanto, preparou-a para descobrir, num retorno ao lar, que Nicky vendera a casa deles em Gif por uma ninharia. Ela o encontrou numa favela perto da Porte des Lilas. Ele havia comprado dois cômodos, ex-estábulos, sem mobília nem banheiro; no teto, pendia uma lâmpada só com o bocal. Pegava-se água com uma tina no pátio do prédio (uma fotografia mostra Nicky tomando banho nela, todo contente). Havia sempre muito barulho no prédio, cheio de homens desempregados sem ter aonde ir. O único

A Comunista   311

Não se sabe como o MI5 se apossou dessa fotografia de Sofka. Foi tirada numa visita ao filho Peter, na época em que estudava na Universidade de Oxford, em meados dos anos 1950. Apesar da alegria exterior, seus olhos revelam um pouco dos problemas terríveis que estava tendo com Nicky.

Em 1956, Sofka, ao voltar de suas viagens, descobriu que Nicky vendera a casa deles e estava morando em dois cômodos sem mobília numa favela em Paris. Pegava-se água com uma tina no pátio, onde se vê Nicky tomando banho. Ele parece bem contente e, provavelmente, ignorava que Sofka quase cometera suicídio por causa dessa situação.

banheiro era uma coisa fedorenta, comunitária e ao ar livre, perto das latas de lixo, que lembravam o campo de Besançon.

Parecia não haver saída para aquele pesadelo. Sofka pensou em suicídio, e de fato fez umas tentativas frívolas com o forno a gás, mas acabou chegando à mesma conclusão de uma de suas poetisas favoritas, Dorothy Parker, que sempre citava:

> *Navalhas causam dor;*
> *Os rios são úmidos;*
> *Os ácidos mancham a pele;*
> *E as drogas provocam cólicas.*
> *As armas não são legais;*

Os nós soltam;
O cheiro do gás é horrível;
É melhor você viver.

A saída veio um ano mais tarde. O irmão e o pai de Nicky, que estavam morando no Marrocos, voltaram a Paris e concordaram em tomar conta dele. Atormentada por culpa, decepção e tristeza, Sofka fez o que sempre fez em momentos de crise, fugiu.

CAPÍTULO 9

A Coruja

Tu, o alvo do homem cego, tu, a armadilha dos autoenlouquecidos.
— Sir Philip Sidney, "Desejo"

Quando as pessoas perguntavam a Sofka onde morou quando estava no final da casa dos 50, ela gracejava, "Num trem". E não estava muito distante da verdade. Agora, viajava até nove meses por ano, abrangendo países como a Iugoslávia, a Checoslováquia, a Hungria, a Bulgária, a Polônia e a Rússia. As longas e desconfortáveis viagens sobre os trilhos, pelo menos, serviam de distração para a melancolia debilitante que sentiu ao abandonar Nicky. Esse trabalho exagerado era outra versão da fuga, embora houvesse momentos em que ficava tão angustiada que se questionava se não teria sido melhor ficar. A guia turística indômita, que intimidava e distraía seus grupos por toda a Europa Oriental, agora, quase chorava por causa de um fio puxado na meia de alguém ou um atraso do trem. Era como se a culpa que nunca sentira por ter abandonado os filhos se condensasse nessa piedade, que lhe causava palpitações e dor no coração. E, à sua tristeza, acrescentava-se o fato de que a fé no comunismo andava em baixa: "E lá estava eu, sozinha, servindo para ninguém e para coisa nenhuma, e incapaz de voltar a me entregar inteiramente ao trabalho em prol do partido por falta de convicção", escreveu mais tarde. Não era o que previra para seus 50 anos.

A vida no trem era dura. Na maior parte das vezes, levava uns dois dias para chegar ao destino, embora a viagem para Sófia durasse 68 horas e, para Moscou, 72. Com o orçamento da Progressive Tours, não dava para pensar em leitos de carro dormitório, quanto mais em voos; isso queria dizer passar noites inteiras sentada, na segunda classe. Quando Sofka ficava cansada, lia romances policiais, mas o que mais a consolava durante as entediantes viagens era o estudo de Shakespeare. Suas observações sobre a vida e a obra de Shakespeare enchem muitos cadernos de exercícios e arquivos, e revelam grande empenho em aprender: listas de leitura anotadas manifestam que conseguiu ler todas as peças, sonetos e poemas; páginas com suas impressões (referências cruzadas às de outros comentaristas) sobre os temas e o estilo do bardo; e uma análise abrangente do enigma da "personalidade e vida de W. S.". Boa parte desse trabalho ela executou sob os solavancos de trens desconfortáveis, cruzando e recruzando a Cortina de Ferro. Por vezes, estava sozinha, outras vezes acompanhada de grupos de turistas: vistorias nas fronteiras; buscas nas bagagens nas terríveis primeiras horas da madrugada; madrugadas passadas andando de um lado para o outro em plataformas desoladas dos cafundós de judas; cafés da manhã horrorosos com água fria, ovos cozidos e pão velho.

Sofka, na realidade, não tinha um lar. Seus pertences estavam guardados com Coelha, em Paris, e, quando ela voltava para lá entre uma viagem e outra, dormia em sofás e camas de campanha de diferentes amigos. Os filhos crescidos exacerbavam-lhe a sensação de estar à deriva: Peter estava com 23 anos e fazia doutorado em geologia na Universidade de Oxford, onde o conheciam como um "russo selvagem", pela vida desmedida de festas e trotes. Supostamente, "cuidava" do irmão de 18 anos, Patrick, que morava com ele e cursava o preparatório para a universidade. Sofka podia, facilmente, compreender esses excessos como uma maneira de fugir do sofrimento; no entanto, o que se passou com Ian era um verdadeiro mistério para ela. Com 21 anos, abandonou a marinha e se tornou presbiteriano devoto, chegando, até mesmo, a pensar em abraçar o ministério. Em abril de 1957, casou-se com uma jovem mulher que conhecera por intermédio da Igreja. Os três filhos, agora, dificilmente sabiam onde a mãe estava e quase nunca conseguiam entrar em contato com ela. Quando se encontravam, Sofka enfatizava a comédia inerente ao seu trabalho: a estupidez do tipo rebanho dos turistas em grupos e o conservadorismo inflexível deles quando confrontados com comidas estranhas e banheiros não convencionais. Ou ela descrevia a indolência absurda dos trens iugoslavos, cujos motoristas paravam as máquinas antiquíssimas no meio do campo para pegar passageiros e gado que ficavam esperando na trilha, ou para beber com amigos.

Às vezes, as rotinas se transformavam em aventuras. Em fevereiro de 1957, Sofka tornou-se a primeira agente de viagens do Ocidente a entrar na Albânia, embarcando em Belgrado para o voo de estreia para aquele país. Tratava-se de um avião minúsculo, com comissária de bordo e tudo mais, e Sofka era a única passageira. Houve tempestades medonhas, e não foi nada fácil evitar o pensamento de um fim tenebroso nos picos dentados e escuros das montanhas de Montenegro, abaixo dela, quando o avião sofreu um arremesso e a louça se quebrou. Ao aterrissar, um oficial albanês explicou que era feriado nacional, e estavam esperando uma visita oficial da Bulgária. À medida que o carro de Sofka se aproximava de Tirana, a multidão à espera presumiu que deveriam ser os dignitários búlgaros. Bandas irromperam, as pessoas agitavam bandeiras, e

Sofka se aproveitou: "Acenei com a mão em agradecimento, como uma majestade", escreveu, "rindo das caras desconcertadas dos responsáveis pela recepção, que tentavam silenciar as bandas e as multidões."

Em julho do mesmo ano, Sofka levou um grupo de turistas para a União Soviética, pelo segundo ano consecutivo. De novo, foi emocionante ver Leningrado — ao mesmo tempo familiar e mudada desde sua infância. Hospedaram-se no Astoria, onde seu pai costumava jantar nos tempos áureos, antes de 1914. "Não importa o número de vezes que retornei a Leningrado", Sofka escreveu, "toda vez fico inebriada com sua beleza". Sua terra natal deixou-a encantada, e ela mencionou o que Pushkin chamou de "seu ar severo e escasso" e o que ela descreveu como sua "natureza ampla." Nas pessoas, explicou, esse elogio especificamente russo implica bondade, generosidade, compreensão e calor humano — amáveis qualidades que reconhecia na cidade.

Revisitou os antigos lugares que costumava frequentar. A casa da mãe no Aterro Inglês transformara-se num apartamento comunitário, e a velha sala de estar agora abrigava uma família inteira. Apesar disso, ainda era reconhecível desde os tempos em que Sofka se deitava ao lado da lareira sobre um tapete de urso e ficava observando as paredes cheias de livros com a letra "d" de Dolgorouki impressa na lombada e o esqueleto no canto. O esplendor da vista do Neva mal havia mudado; recuperá-la foi sempre o sonho inatingível de sua mãe. Conversando com os habitantes, Sofka descobriu que a "superintendente da casa" fora empregada do apartamento debaixo do deles antes da Revolução. E ela lembrava, sim, da menininha com longas tranças. As duas mulheres se abraçaram.

Certa vez, numa visita em grupo à "Casa dos Veteranos do Palco" de Leningrado, Sofka se viu conversando com uma atraente ex-atriz sessentona. Quando a mulher soube que Sofka era uma Dolgorouki, ficou tomada de emoção. "Ah, Petya! Que homem maravilhoso ele era", falou, lembrando-se do pai de Sofka, os olhos cheios de lágrimas. "Eu o conhecia bem, muito bem mesmo. Tão alegre, festeiro,* tão bonito." Ela tinha sido amante de Petya antes da Primeira Guerra Mundial e ficou maravilhada, de enfim conhecer a filha dele. A partir de então, sempre que Sofka ia a Leningrado, organizava um programa com os atores aposentados.

Sofka também se encontrou com Nina, uma velha amiga emigrante dos anos 1920 em Paris, que foi uma das poucas a "ir para casa" nos anos 1950. Achou o exemplo de Nina inspirador. Por intermédio dela, conheceu "russos comuns" e passou noites e mais noites sentada em volta de mesas de jantar, bebendo vodca e discutindo poesia e política. Todo o mundo continuava falando sobre as espantosas revelações de Khrushchev, no ano anterior, a respeito das atrocidades de Stalin. Os mais jovens estavam especialmente atordoados pela descoberta de que seu deus era na verdade um monstro. Sofka, como Nina, permaneceu firme apoiadora do regime soviético — os detalhes sórdidos de campos de concentração e execuções não foram suficientes para desviá-la do caminho. Por mais que reconhecesse os problemas — a privação da liberdade de expressão e dos direitos humanos —, ela ainda acreditava que a Rússia oferecia algo que faltava ao Ocidente, profundamente injusto e materialista. Ela não abandonaria a fé no nobre idealismo do socialismo perfeito; nem é preciso dizer que deveria haver oportunidades iguais para todos — as experiências pessoais, tanto de privilégio quanto de privação, só corroboravam essa postura. Como desculpa para a opressão soviética, alegava que ela não começara sob o regime comunista, consistia apenas numa continuação do que chamava de "o medo histórico, paranoico, da dissensão que atormentara os governantes russos ao longo dos séculos". Gostava de citar o comentário de Tolstoi sobre a censura tsarista de seu tempo: "Não afeta só o que escrevi, mas também o que poderia ter escrito." Longe de se decepcionar com a realidade soviética, Sofka ficou tão apaixonada pelo que viu lá que começou a devanear sobre a possibilidade de voltar a morar lá um dia.

---

* Gay no original. (*N. da T.*)

Sofka deve ter surpreendido seu grupo de sindicalistas ingleses, operários de fábricas e idealistas fora de moda, quando os levou, pela Intourist [Organização Oficial de Turismo da Rússia], para visitar o Palácio Bobrinski, onde agora funcionava o Departamento de Geografia da Universidade de Leningrado. Esta foi a casa de meus avós, anunciou, apontando para os ursos empalhados que seus parentes mataram, os cercados onde guardavam os filhotes, o jardim em que ela brincara na infância e a mobília familiar, a maioria dessas coisas continuavam no mesmo lugar de antes. Foi correto, disse-lhes, terem privado minha família de tudo isso; muito melhor pertencer à nação e servir para educar os jovens.

Ainda mais surpresos ficaram os russos que conheceram as origens de Sofka. Longe de vê-la como ex-inimiga do povo, a Camarada Dolgorouki foi calorosamente bem-vinda, beijada e abraçada. Certa vez, um guarda armado levantou-a, para que ela, da rua, fotografasse os fundos da casa dos Bobrinski, que, por acaso, se situava numa área militar reservada. Sofka se divertiu com o subsequente interrogatório pelo quartel-general do exército próximo dali, alegando a inocência de uma guia turística inglesa. O oficial, cada vez mais aborrecido, insistiu em saber o nome dela. "Skipwith", ela continuava respondendo, enquanto ele batia ruidosamente na mesa, pedindo-lhe o nome russo. Então ela se valeu do prestígio social e apontou para as mansões dos Bobrinski e dos Dolgorouki, ambas à vista.

"Camarada", falou, "está vendo aquela casa? Morei lá. Antigamente, pertencia à minha avó. E está vendo aquela outra? Eu costumava brincar lá. Era a casa do meu avô."

O oficial insistiu: "QUAL É O SEU NOME?"

"Dolgorouki."

O homem caminhou até a porta, abriu-a e prestou continência.

"Entendo perfeitamente."

Em Moscou, também recebeu homenagens. Houve banquetes, discursos e incontáveis brindes de vodca, que Sofka descreveu numa carta:

Nas viagens a Leningrado, nos anos 1950, Sofka às vezes contemplava a ideia de "ir para casa" e ali fixar residência. Ela ficava "inebriada com sua beleza" e adorava a companhia dos russos. Nem mesmo as revelações sobre as atrocidades de Stalin fizeram-na abandonar a crença na possibilidade do socialismo ideal.

"Sabe-se lá por que, estão me cortejando como faziam com meu bisavô. A Intourist realmente se empenhou: uma delegação inteira com fotógrafos para me ver ('Onde está a Dolgorouki?')."

Na viagem daquele verão, havia um ferramenteiro de Londres, pequenino e alerta, chamado Jack King. Solteiro, com 40 anos, Jack era ativo nos sindicatos — eleito sindicalista-negociador em Acton — e comunista de longa data, mas de perfil independente. Desde que a União Soviética dominou a Hungria, em 1956, ele queria ver com os próprios olhos esse vasto país, sobre o qual tanto lera no *Daily Worker*. Evidentemente, ficou encantado com a guia turística entusiasmada e opiniática, que já o havia instruído (como a muitos outros) na arte russa de beber vodca apropriadamente: "Você a engole num só trago, jogando a cabeça para trás para assistir à sua passagem. A vodca mal deve tocar os lábios." E ainda havia os brindes para acompanhar cada copo: a segunda rodada se justificava dizendo, "Uma perna significa manco", que se segue de "Deus adora uma trindade", "A casa tem quatro cantos" e "A quinta roda da carroça".

Só quando chegaram a Minsk, a improvável relação amorosa começou. A capital bielorrussa não era exatamente um cenário romântico; Dzerzhinsky, o fundador da polícia secreta soviética, nascera nas redondezas, e todo o local fora devastado pela guerra. Agora, estavam transformando-a numa cidade-modelo soviética, repleta de uma arquitetura medonha. Não sei em que hotel se hospedaram, mas imagino um bloco grande, anônimo, ainda cheirando a tinta cinza e cimento úmido, em algum lugar perto da Praça da Vitória.

Sofka uma vez contou-me a história de como ela e Jack se aproximaram. "Eu estava na cama do hotel uma manhã", disse, "dormindo para curar uma bebedeira, quando o telefone tocou. Meio dormindo, atendi. Era um colega ligando do saguão do hotel, em pânico. Estava faltando um dos turistas. Um tal de Sr. King." Sofka respondeu que não podia fazer nada e se virou na cama para se aninhar mais perto do Sr. King, que dormia ao seu lado. Vi-os como um casal num cartão-postal impudente à beira-mar — a mulher grande e de seios fartos quase esmagando o homenzinho magricela —, mas esse retrato mental se fez mais de vinte anos depois da cena real. Na época, os homens ainda achavam o corpanzil de Sofka extremamente desejável.

Sofka gostou de Jack. Ele era inteligente, talentoso e espirituoso, e talvez ela sentisse as diferenças conspícuas dos dois como uma espécie de contraste. Se ela situava as palavras (faladas e escritas) no centro da sua vida, a ele contentava o silêncio. Se ela não tinha lar nem raízes, ele nasceu, cresceu e morou a vida inteira em Shepherd's Bush. Se ela era emotiva e eloquente, ele era fechado e independente — parecia não precisar de ninguém. A mãe de Jack morrera quando ele contava 7 anos, ele abandonou a escola aos 14 e nunca teve um relacionamento sério, duradouro, com alguma mulher. Sua grande paixão era o atletismo: continuava praticando corrida, havia participado de inúmeras maratonas e treinado atletas mais novos. Além disso, atuara como "carregador de esponja" nos Jogos Olímpicos de 1948. Seus amigos costumavam dizer que "Ele pode dar um ótimo marido, mas você tem de correr muito rápido para alcançá-lo".

Sofka não levou muito a sério esse caso "de cama", como chamou, e não parecia algo que iria adiante. Além das aventuras com os turistas, ela tinha admiradores em muitas das cidades aonde costumava ir, alguns dos quais haviam se tornado amigos íntimos, que a recebiam com entusiasmo a cada visita. Com efeito, ela se tornara famosa por suas festas de arromba e seus casos fortuitos. Um documento ultraconfidencial do MI5, de 1955, mencionava a escuta telefônica clandestina de uma conversa entre dois oficiais do quartel-general do Partido, em Londres: "... Um dos camaradas escoceses que participou da viagem à França veio aqui reclamar de certas imoralidades cometidas. Ao que tudo indica, Sofka fora a principal instigadora..." Mais tarde, Sofka contou com orgulho para Patrick que tivera mais de cem amantes.

★

Não parece provável que a decisão de Sofka em mudar de novo para Londres naquele outono tivesse a ver com Jack, mas, talvez, ele estivesse lá, em algum lugar, no fundo de seu pensamento. Com certeza, Paris agora achava-se intolerável, e ela tomou conhecimento de que puseram Nicky num hospício porque se tornara violento. E, então, foi isso: 13 anos depois de ter começado da estaca zero em Londres, em 1944, fez a mesma coisa de novo. A bem da verdade, dessa vez, tinha emprego, pois continuava a trabalhar com a Prog T, mas lar, não, nem companheiro, e seus filhos estavam espalhados pelo mundo, levando a própria vida. Alugou um quarto em Chelsea, no número 18 da Bramerton Street, onde voltou a ter de alimentar o aquecedor de água com moedas quando queria um banho e a se anestesiar com barulho, bebida e intensa vida social. Os homens que encontrava na cama de manhã não lhe diziam nada. Ela não ligava. "Não importava o que eu fazia nem com quem eu estava", admitiu mais tarde, declarando que não sentira "o mínimo tremor na superfície das minhas emoções" desde 1944, quando Queridinho fora deportado.

Ninguém poderia adivinhar sua tristeza e solidão — "a frieza", como confessou numa carta a Jack, "de não ser, realmente, necessária a alguém, de ser parte da vida de alguém... e a total futilidade da própria vida". Igualzinho aos tempos das Sopas de Sábado de Sofka, ela parecia a convidada mais animada das inúmeras festas que frequentava. Uma comunista daquela época lembrou-se dela como "muito grande, rindo o tempo todo e muito feliz. Estava sempre comendo alguma coisa curiosa — metade de uma galinha ou, talvez, um melão..." Outros descreveram seu jeito descuidado com as roupas. Certa vez, quando a corrente da sandália soltou, pouco antes de uma recepção na Embaixada Soviética, ela pegou martelo e prego e prendeu-a de volta, dizendo, "Ninguém repara no seu sapato". Também era conhecida por aparecer no escritório da Prog T, contando, "Hoje fiz um vestido antes do café da manhã". "E saiu assim!", recordou um colega. "E mesmo assim ela *conseguia* manter uma aparência fantástica, as roupas não importavam."

Em Londres, embora Jack estivesse entre os ocasionais companheiros de cama de Sofka, levou um tempo para ela admitir que se tratava de algo mais que uma relação meramente física. Entre os encontros, ela começou a escrever-lhe cartões e cartas carinhosas (nenhum dos dois tinha telefone) e, como fazia com quase todo o mundo de quem gostava, inventou para eles nomes de animal: ele era Mangusto ou Ganso;[*] ela era Coruja. "Como eu poderia imaginar que", escreveu quando passou a vê-lo com mais frequência, "o que parecia apenas um agradável caso de cama

---

[*] No original, as palavras se assemelham: *mongoose* e *goose*. (*N. da T.*)

com uma pessoa em minha opinião muito atraente iria, conforme fui aos poucos o conhecendo melhor, se transformar no que se pode chamar de um 'estilo de vida Mangusto'?" O que Jack fez de suas longas, divagadoras missivas, em geral escritas à mão às 4 horas da manhã e retomadas no dia seguinte, ninguém sabe. Sua extensa análise da "amizade sentimental" francesa e os relatos de sua vida complicada devem ter parecido estranhíssimos para ele. Jack, por sua vez, era famoso pela crença de que "se você conta uma coisa, ela se espalha".

As respostas dele eram, evidentemente, poucas e breves; as reclamações de Sofka por ele não haver escrito, por ele "desconfiar das palavras" e as recomendações para ele não agradecer as cartas prestam testemunho disso. De todo modo, jamais encontraram as cartas dele; é possível que ele as tenha queimado depois da morte de Sofka. Já as dela propiciam um grande insight sobre sua personalidade e sentimentos, pois ela provoca, bajula, critica, cita poemas, discute Shakespeare, questiona a política e faz confissões.

> Uma vida cigana como a minha é divertida, e você a torna divertida, mas, lá no fundo, fica sempre essa sede de raízes, qualquer tipo de raiz. Por incrível que pareça, essa perambulação louca pela Europa nunca foi deliberada — sempre por "força das circunstâncias". Sempre que houve uma oportunidade de me estabelecer — aproveitei. Até ser, por alguma razão, obrigada a partir de novo. Tenho certeza de que nunca vai acreditar em mim, mas espere e verá.

Conquanto se saiba que essa afirmação não é muito precisa, uma vez que a mudança de Sofka para a França, em 1948, *resultara* de opção sua, o sentimento é verdadeiro: ela desejava muito sossegar em algum lugar. E, contrariando todas as expectativas, sua última declaração se comprovou, embora, a princípio, Jack não parecesse o homem provável para estar lá e testemunhar o fato. Nos fins de semana, ele se ocupava com as corridas e o trabalho de treinador no clube atlético Thames Valley Harriers e, durante a semana, só tinham uma ou outra noite para saírem. Os relacionamentos anteriores dele haviam sido exclusivamente superficiais — programas uma vez por semana com mulheres jovens de Shepherd's Bush. Mais que isso, achava, era desnecessário e acabaria se tornando enfadonho.

Como reação à moderação de Jack no amor, a escrita de Sofka ficara ainda mais eloquente ("querido, não é perigoso quando pego a caneta!"), e, no início da primavera de 1958, a vida no quarto alugado estava definitivamente melhorando.

> Olha, gosto de ficar com você por quem você é. Não é só porque é um amante maravilhoso. E a vida é tão, tão curta...
>
> Como sabe, ao longo desses anos, fui com prazer para a cama com qualquer um que parecesse interessante e divertido. É um passatempo agradável, bom exercício, e significava pouquíssimo por uma ou duas semanas, por um ou dois dias, por uma noite. Efervescente como champanhe e logo chato. Mas, uma vez que você se envolve emocionalmente com alguém, a atração física por outra pessoa, quem quer que seja, desaparece na mesma hora. Agora eu simplesmente não conseguiria mais sair por aí dormindo com qualquer um.

Sofka sempre falava da sua aversão ao convencionalismo: "Estou perfeitamente convencida de que, para aproveitar a vida ao máximo, a gente tem de estar preparada para experimentar qualquer coisa — e sem medo. É nisso que a maioria das pessoas falha: tem medo do que os vizinhos vão dizer, do que os outros vão pensar, medo de perder um pouco da tranquilidade, de ter que assumir a responsabilidade: Cristo, a covardia fraca da humanidade. Graças a Deus, de vez em quando a gente encontra criaturas como você."

Sindicalista e comunista dedicado, Jack queria ver a União Soviética com os próprios olhos depois da invasão da Hungria, em 1956. O improvável relacionamento entre ele e Sofka começou numa das viagens dela, em 1957. Enquanto ela passava a maior parte da vida dentro de um trem, ele mal saíra de seu bairro natal, Shepherd's Bush. Com 40 anos, nunca havia mantido um relacionamento duradouro com uma mulher até então.

Quando terminou o verão de 1958, Jack era o ponto de equilíbrio do centro da vida de Sofka: "Você, como amigo, é o que mais aprecio de todos; você, como companheiro — "quinhoeiro de vida" —, me satisfaz completamente, você, como amante, me proporciona a total realização no amor... Sua ilegalmente casadíssima (camadíssima?) Coruja." "(...) Sabe, a última vez em que me senti feliz — feliz desse jeito, por muito tempo, quero dizer, foi em 1938. Faz tempo pra burro. Pode deixar isso registrado na sua vida, porque é maravilhoso conseguir isso, fazer outra pessoa feliz."

Embora sua vida não fosse nem um pouco fácil, afirmava viver "inteiramente no presente" e não querer nada além do que tinha então. "E isso seguramente é, na verdade, a dádiva suprema dos peixinhos", acrescentou, usando uma de suas expressões prediletas. Sofka sempre invocava os peixinhos em vez de um santo, talvez, dando uma banana para o Destino, que fora tão tirânico com ela. Ela não os havia inventado, vinham do velho ditado "Vós, deuses e peixinhos", que James Joyce também citou em *Ulisses*. Se foram os peixinhos ou não que lhe deram Jack, a redescoberta de Sofka de emoções fortes foi uma revelação; ela chegou a transcrever o poema de Swinburne, que Grey mandara na sua última carta, sem revelar suas conotações:

> *Eu que tenho amor e nada mais*
> *Dou-lhe apenas o amor por você, meu doce!*

Jack, porém, não provocava só ternura:

> Sabe por que estou lhe escrevendo? De repente, ficou claro: porque, se tento conversar, você foge...
>
> Você, o homem frio e reservado, nunca devia ter se metido com uma russa. Mas, agora, você tem uma — tire o máximo de proveito do mau negócio e o desfrute...
>
> ... Nunca lidei com uma pessoa assim, tão cheia de complexos, de constrangimentos.

De vez em quando, Sofka menciona os filhos: "Acabou de chegar um telegrama de Patrick [que agora estava estudando geologia na Trinity College, em Dublin]: Mande Sessenta Bolinhos Encomenda Expressa Urgentemente. E aí saio para comprar e pôr no correio os sessenta bolinhos. Uma das alegrias de ter filhos é que a vida nunca fica sem graça por muito tempo — não com filhotes como Peter ou Patrick..."

Em outra ocasião, quando Sofka explicou que iria se encontrar com Peter, em vez de Jack, uma noite, escreveu num tom de quem se desculpa: "Meus filhos têm na minha vida o lugar que o atletismo tem na sua. Entende?" E, se essa afirmação pode parecer um insulto para os rapazes, ela provavelmente queria dizer que eles ocupavam um espaço tão importante na vida dela como o treinamento ocupava na dele. Se isso era verdade, é outra história; Jack, com certeza, passava mais tempo correndo do que ela com seus "filhotes".

Sofka era acima de tudo contraditória em relação a Jack. Declarava que agora queria mais que um "parceiro de cama" — "se for só isso, sinceramente, vou tentar tirar você da minha cabeça o mais rápido possível". No entanto, também dizia gostar da sensação de liberdade no "nosso casinho de amor". Afinal, ela nunca mais sofreria por amor, argumentou, citando o provérbio chinês predileto: "Quem já se afogou não teme o mar." Tendo pedido uma fotografia de Jack para levar consigo nas viagens, depois, implicou: "Sempre que me sentir sentimental demais, basta eu pegar uma de suas fotos e falar ofegante:'O quê? Isso?' E então ficar incrédula e forte."

Quando estava fora, Sofka bombardeava Jack com cartões, telegramas e cartas, em geral reclamando do silêncio e da rabugice dele e brincando com seus nomes de animal, metamorfoseando o estado de espírito dele em bizarros híbridos, que completava com desenhos:

> Surgiu-me uma grande ideia. Religião. Três em um e um em três. Veja como funciona:
> 1. MANGUSTO — um bicho legal, divertido e adorável
> 2. PORCOGUSTO — animal horrível, que resmunga e rosna, ainda não mordeu, mas vai fazê-lo em breve
> 3. PORCO-ESPINHOGUSTO — uma criatura malvadamente travessa que enfia espinhos na pele de quem dela se aproxima.

Sofka é sempre Coruja: "Querido, acho que sou uma coruja: pássaro noturno... um pouco má, mas emotiva e, ah, tão sábia. E também pia." Ela ocupava o tempo livre, fosse em Praga, Budapeste, Sófia, Moscou ou em Varsóvia, procurando corujas de madeira, de metal, de vidro, de pedra e de barro para levar de presente para Jack. Sofka tornou-se "Sua coruja em todos os sentidos e obviamente seu zoológico muito particular". O zoológico era o código para fazer amor: "Vou tentar trazer um bocado de comida de Viena — senão a gente sai para comer. E pense numa coisa legal para a noite de domingo — claro que de tarde vamos ao zoológico..."

Sofka adorava exagerar no relato das histórias de seus viajantes, as rodadas de bebida e os flertes: "Almoço suntuoso, começando com um martíni duplo, depois cerveja, depois genebra, depois uísque...", escreveu com a mão surpreendentemente firme. Evidentemente, divertia-se falando dos homens que rejeitava: o "namorado" de Moscou que, inevitavelmente, a pede em casamento ("Ganso, eu não presto mesmo. Gosto que peçam minha mão no fim de uma noitada — a proposta do ano! Eu ronrono... e recuso"); os hóspedes do hotel ("Fui agarrada por um tcheco grandalhão hospedado no quarto ao lado, que me abraçou no corredor, totalmente contra a minha vontade"); e até uma tentativa de estupro num trem perto da fronteira finlandesa ("Tive que me engalfinhar com ele, bati com força na cara dele, mordi a mão dele e consegui me libertar com a virgindade intacta"). Vez por outra, fazia uma pequena confissão — "Admito que fui beijada no táxi. Desculpe-me — por favor, ganso. É que eu conto *tudo* para você."

Sofka foi completamente franca com Jack a respeito de Cão, também conhecido como Ladislav Zizka. Conheceu-o em Praga, em 1954, e tiveram um caso quando as coisas ficaram muito ruins com Nicky; seu pequeno diário de bolso de 1955 dá a conhecer pistas enigmáticas:

30/8. Praga/Trela de cão à noite/Canil à noite

29/9. Chegada Praga Cão/Golden Tiger fechado/Cão legal

Obs.: Cão/Tudo sobre Shakespeare/Bíblia em tibetano

As cartas de Sofka para Jack eram brincalhonas e apaixonadas. Enquanto ela era Coruja ("um pouco má, mas emotiva e, ah, tão sábia"), ele era Ganso ou Mangusto. Seus desenhinhos de um Porcogusto e de um Porco-Espinhogusto eram uma maneira de expressar o descontentamento quando ele se mostrava mal-humorado ou a magoava.

Cão era um intérprete e funcionário da ferrovia tcheca que compartilhava a obsessão de Sofka por linguagem e, sobretudo, Shakespeare: durante mais de trinta anos, eles compararam comentários, trocaram livros e fundaram o clube "Golden Tiger", no pub homônimo em Praga, em que os membros tinham de roubar uma bandejinha de pub e ler uma peça de Shakespeare por ano para ingressar. Também uniam o par as lembranças traumáticas da guerra. Cão vivera horrores depois de a Gestapo prendê-lo, enquanto trabalhava para a Resistência. Ainda era adolescente quando o enviaram para Auschwitz e, depois, para Buchenwald e, por muita sorte, conseguiu fugir duas vezes das câmaras de gás. Conquanto Sofka costumasse contar para Jack sobre a importância da amizade dela com Cão (talvez, às vezes, na esperança de provocar certo ciúme), teve o cuidado de mencionar que até ele foi despachado quando apareceu no seu quarto à noite: "Ele achava que tinha mais direito a uma transa do que qualquer mangusto, independentemente do que eu achasse! Mas foi devidamente persuadido do contrário. Sabe, é estranho e bom ser tão inflexivelmente fiel, a despeito de todos os convites para não o ser. Ganso, tenho certeza de que você nunca influenciou uma vida tanto quanto a minha — e permaneceu intacto, desgraçado!"

Sofka admitiu que, apesar dos outros admiradores, sentia uma insegurança debilitante quando Jack estava fora de seu alcance: "Racionalmente, não fico pensando que você foi esmagado por um trem, jogado num forno a gás nem morreu num desastre de avião. Mas, até estabelecer contato — nem que seja mandando uma carta expressa —, o pânico é um pesadelo... É uma reação patológica que nenhuma razão consegue controlar... [é porque] todos os períodos de felicidade terminaram em desgraça que <u>sinto</u> medo, medo de sofrer."

As cartas de Sofka não falavam só de amor. Muitas tratavam de política, e ela mandava livros sobre temas como a perda da consciência operária na sociedade capitalista e frequentemente analisava o Partido Comunista Britânico:

> Acho que foi a falta de honestidade, essa linguagem ambígua deliberadamente empregada para enganar que, nos últimos 12 anos, vêm tomando conta da nossa propaganda, do D.W. [*Daily Worker*], que nos fez perder muito mais influência do que a pressão capitalista... Quando atacam a União Soviética — física ou verbalmente

—, o primeiro dever de qualquer comunista é pular em sua defesa. *Mas mentiras não são defesa...* Queremos uma nova postura da liderança — a admissão de que erros se cometem, se cometeram e serão cometidos de novo; honestidade e integridade de pensamento e ação... E deveríamos falar sobre as coisas que as pessoas querem na linguagem delas e evitar palavras bonitas, como "senhores de guerra imperialistas". Precisamos deixar de ser hipócritas, de nos achar virtuosos, de agir como se fôssemos superiores...

Mas como conseguir isso???

Esse ceticismo esclarecido, no entanto, desaparecia sempre que Sofka assistia à pompa e cerimônia das comemorações do Dia 1º de Maio, em Moscou: "Queria que você estivesse aqui! Aquela parada magnífica, a efusão de entusiasmo e orgulho que ela desperta, o sentimento inebriante de que a gente é realmente uma parte daquilo, uma parte daquela sede de Justiça e do socialismo que, tenho certeza, um dia vai imperar..."

Era esse otimismo que fazia Sofka seguir em frente, mas ela cada vez se sentia mais exausta com as infindáveis viagens pela Prog T. Certa vez, enquanto passava pela Áustria, Sofka se lembrou da mesma viagem feita na adolescência, quando sua mãe a arrancou do amor e do escândalo de Roma: "Percorri este trecho com ondas de calor que foram me gelando. E não gosto de Viena, e Budapeste foi, a vida inteira, o lugar aonde ia quando queria estar em outro lugar..." E pior que as excursões eram os turistas, ou "sub-homens": "Gente querendo ir para Budapeste, para Sófia, gente querendo cabines nas embarcações turcas e leitos para Varsóvia. Por que diabos essa gente toda não fica em casa?"

Quase tão ruins eram os grupos de russos, que agora vinham para a Inglaterra e tinham de ser conduzidos como um rebanho para visitar o Palácio de Buckingham, o túmulo de Marx, o British Museum. "Os russos são legais, mas não têm senso de humor nenhum. Tudo é solene demais. E nunca dormem. Você morreria. Eles fazem perguntas a altas horas da noite e às 7 da manhã já estão prontos para mais... Basta dessa algazarra infernal e eterna."

Sofka continuava morando num quarto alugado (mudara-se para o número 31 da Norland Square, no Holland Park), mas seu sonho era estabelecer um lar com Jack: "Tudo vai se resolver no devido tempo, amor, eu vou me tornar uma coruja plácida e dócil, que não dá risadas estridentes nem faz barulho de noite, perturbando sua paz." A oportunidade se deu em 1960, quando Patrick fez 21 anos e recebeu uma pequena herança da família Skipwith. Ele comprou uma casa para a mãe em Shepherd's Bush, perto de onde Jack sempre morara, no número 94 da Frithville Gardens. Como era grande o suficiente para alugar alguns quartos, Sofka alimentou esperanças de se aposentar: "Afinal, já faz 33 anos que me sustento e logo vou precisar calçar os chinelos."

As cartas dela para Patrick mostram que, ainda que, em geral, a distância, ela o amava e se preocupava com ele quando estava fora: "Seu monstro horroroso, seu anticãozinho, seu cão de caça nojento — duas cartas sem resposta, meu coração maternal disparado de ansiedade imaginando-o sendo comido por camelos, engolido por polvos, tragado por terremotos, enterrado por avalanches e coisas do gênero. E o tempo todo você está (ou não) no maior conforto em Londres ou, ao que tudo indica, se enroscando com Doreen..."

Foi nesse ano que meus pais se conheceram. Sofka dava a Patrick notícias do irmão mais velho: "Peter está apaixonado. Ela tem 17 aninhos e se chama Victoria. Ele não tem trabalho nem dinheiro e está apaixonado. Na quarta, ele vai com Victoria e mamãe para a Grécia passar seis semanas. Está pensando em se casar dentro de um ano e meio mais ou menos." Na verdade, meus pais se casaram meses depois dessa carta. Minha mãe nunca se esqueceu do dia em que foi apresentada à futura sogra, pois seu noivo, então com 27 anos, a prevenira da necessidade de fazer mesura diante de uma princesa russa. Quando a adolescente ruborizada a reverenciou, Sofka caiu na gargalhada com a brincadeira do filho; mas ela sempre foi gentil e amistosa, e se deu bem com a jovem nora. As fotografias da recepção do casamento de meus pais no Ritz (depois da cerimônia na Igreja Ortodoxa russa) mostram Sofka com a aparência de uma matrona austera, de pé ao lado de um mais austero ainda tio Kyril, que ela não via desde antes da guerra.

Um ano depois, nasci. Não imagino que Sofka tenha ficado muito interessada, mesmo eu tendo recebido o nome dela; já tinha dois netos de Ian, e não tenho dúvidas de que os bebês dos outros a aborreciam. Depois, foi uma avó fantástica, mas quase todo relacionamento de valor tinha de ser negociado por meio de livros. Minha mãe lembra-se da vez em que ela foi visitá-los em Londres e encontrou a neta escarrapachada na cama, às 11 horas da manhã, lendo um livro, e ficou maravilhada. "Ah", exclamou, ao mesmo tempo surpresa e feliz, "não imaginei que você fosse o tipo de pessoa que fica lendo a essa hora da manhã!" Esse fato consolidou a amizade de Sofka por Victoria, e, quando meus pais estavam para se separar, mais ou menos uma década depois, ela tentou ajudar, valendo-se de toda a franqueza que lhe era característica.

"Como está a vida sexual de vocês?", perguntou. Quando Victoria respondeu "Não muito boa", Sofka ofereceu uma solução: "Que tal beber meia garrafa de vodca e ver o que acontece?" Certamente, tratava-se de uma receita que dera certo com ela (será que tentou usá-la com Leo quando tentavam ressuscitar o casamento?), mas pelo visto meus pais não se empolgaram com a ideia.

A casa de Frithville Gardens foi a primeira de Sofka desde o exílio, em 1919, que não era alugada: "É um prazer indescritível ter a própria porta de entrada", escreveu agradecida a Patrick. Melhor que isso foi o fato de Jack se comprometer a ir morar com ela, o que a fez passar a assinar, feliz, as cartas como "Esposa Coruja": "Preciso tanto de você agora — é uma nova vida que estamos começando juntos — uma vida que espero durar para sempre. Construir um lar para nós dois significa mais para mim do que as palavras são capazes de exprimir."

No entanto, para vários dos amigos e parentes de Sofka e Jack, o fato de irem morar juntos constituía o primeiro indício de que, efetivamente, formavam um casal. Jack era notoriamente reservado, e colegas de Sofka da Prog T lembraram que ela antes fizera comentários depreciativos sobre Jack, do tipo "Se aquele homem King ligar, diz que não estou". Alguns deles tinham a impressão de que o relacionamento não passava de uma amizade conveniente ("Sei que Jack era muito útil nas viagens, com questões de bagagem, por exemplo", disse um deles); e muitos acharam surpreendente uma mulher sofisticada como Sofka escolher alguém como Jack. Um amigo íntimo daquela época acrescentou, com certa ironia: "Jack parecia um sujeitinho inconspícuo, mas... Sofka dizia que ele só usava cuecas slip, e você sabe que era um grande atleta. Por isso, imagino que, talvez, tivesse poderes ocultos..."

Sofka era conhecida por se referir a Jack de modo pouco amável, falando coisas como: "Bem, você precisa ter alguém para quem dizer bom-dia." Pior que isso, numa carta a Patrick, descreveu seu amado Mangusto de uma forma improvisada, imprecisa e com um toque de esnobismo que não lhe era característico: "Jack King (meu fiel proletário) me deu a mobília dele e dinheiro para comprar mais móveis..." Se não fossem as cartas de amor de Sofka, eu teria uma visão totalmente diferente dessa ligação improvável. Como muita gente, teria assumido que Jack ficou tanto atrás de Sofka, que ela acabou cedendo e aceitando o confortável companheirismo. A grande necessidade que ela sentia dele, expressa na correspondência, revela outra história.

Houve uma festa de inauguração de "Frith", como chamavam a casa deles, em que os convidados sub-repticiamente retiravam sujeira e mofo das canecas de cerveja, enquanto faziam fila para serem servidos da sopa contida num imenso caldeirão — o talento de Sofka para as tarefas domésticas continuava dúbio como sempre. O casal estava feliz junto, mas a saúde de Sofka se deteriorava: tinha desmaios, acessos de angina e problemas de tireoide. Foi consultar-se com a médica e velha amiga Rachel Pinney, que conhecera no Partido, nos anos 1940, e aderira às atividades do Movimento pela Paz. Feminista, notoriamente excêntrica e fervorosa, a Dra. Pinney protestava contra as armas nucleares e prometeu que, "até que a Bomba fosse Banida", passaria um dia por semana em silêncio, comunicando-se com os clientes por meio de bilhetinhos. Sua ordem para "pegar leve" era tudo o que Sofka queria. Ela andava louca para largar a ProgT e tentar mais uma vez ter paz e um jardim no campo. Foi bom demais para ser verdade quando Jack anunciou que ele também desejava sair de Londres.

CAPÍTULO 10

Os Peixinhos

Se você quer ser feliz por um dia, fique bêbado;
Se você quer ser feliz por três dias, case-se;
Se você quer ser feliz para sempre, tenha um jardim.
– Provérbio chinês

Começaram a procurar o chalé em 1962. A princípio, Sofka e Jack davam preferência a Berkshire; contudo, dispondo apenas das economias de Jack de 2 mil libras, nada encontraram de adequado dentro dessa faixa de preço. "Frith" não seria vendida, já que usariam a renda do aluguel para se sustentar e complementar a pequena pensão de guerra de Sofka; Jack nunca arrumou outro emprego. Dizem que foram indo cada vez mais para o oeste até encontrar algo dentro do orçamento deles — um primitivo chalé de pedra no meio da Charneca de Bodmin, cujo vilarejo mais próximo era Blisland.* O nome era auspicioso. No início de dezembro, mandaram a mudança por caminhão e, carregando os esfregões e baldes que usaram para limpar Frith, os dois partiram de trem para a Cornualha.

Havia dois séculos, não fazia um inverno tão frio, e a Inglaterra estava quase paralisada por causa de uma geada que se estendera até março. Imagino que gastaram um dinheirão pegando um táxi na estação de Bodmin, que os conduziu, ainda levando os esfregões como lanças, através da extensa charneca tomada de neve. As ruelas estreitas e muradas davam na aldeola de Bradford e na pequena casa de granito deles. Estava tudo congelado, parado e coberto de neve. Como até mesmo a única torneira da cozinha congelara, pelos três meses seguintes Jack teve de trazer água do rio em baldes e esperar toda manhã o trator do fazendeiro local chegar para quebrar o gelo para o gado. No interior, a pintura amarela horrorosa das paredes gotejava quando acendiam o fogo, não havia eletricidade, e as idas ao banheiro externo exigiam procurar se esquivar de um emaranhado de urtigas cobertas de gelo. Mas estavam felizes. Sofka escreveu a Patrick logo depois de chegarem: "... Este lugar é um paraíso — um verdadeiro paraíso! Não importa que tenha um monte de coisas para fazer e a gente esteja penando com o fogo e os lampiões de pressão a querosene... Agora, o próximo passo é conseguir construtores e encanadores para a questão dos drenos — banhos."

Cozinhavam ovos e salsichas num antigo fogão de ferro abastecido com lenha miúda e acendiam lampiões com uísque. O isolamento deles quase não se rompia, exceto pelo velho Nehemiah, o carteiro, que a duras penas caminhava através dos campos nevoentos, e pelos pôneis da charneca que passavam para beber água no lago. Não tinham carro nem telefone, e só depois de muitos anos cederam à pressão da família e à vulnerabilidade da idade e compraram um telefone. Era um verdadeiro retiro.

---

* Esse nome sugere a associação das palavras *bliss* [felicidade] e *land* [terra]. (*N. da T.*)

Na primavera, Sofka começou a trabalhar no jardim abandonado — o início de uma das suas maiores fontes de alegria. Descreveu o prazer que sentia em alguns diários: o contentamento em "redescobrir a sensação de comunicação plena com o solo, que conheci nas montanhas acima de Nice e nas dunas de Wiltshire há tanto, tanto tempo, quando me deitava imóvel, mal respirando, me sentindo parte da terra, com a força da natureza à minha volta". Acabou comprando uma pequena estufa, e a encheu de plântulas e plantas delicadas que criava com sincero carinho. Dava mudas aos amigos — um deles me deu uma muda de sua estranha tradescância de folhas roxas, que cultivara por meio das plantas de Sofka. Foi quase como conhecer alguém que Sofka amou — tratei de cuidar muito bem dela.

Jack também se afeiçoou à vida na Cornualha. Numa carta a Patrick, Sofka pareceu orgulhosa do fato de ele estar "se transformando num verdadeiro camponês — fazendo milagres com ferramentas complicadas e pondo roldanas de cortina nas paredes de pedra, cortando lenha e dando duro com pilhas de adubo e blocos de granito". Na esperança de ganhar algum dinheiro, construíram um galinheiro no campo e compraram trezentas galinhas. Mas os milhares de ovos que venderam deram 12 libras de lucro no primeiro ano, e o negócio foi aos poucos acabando. No entanto, eram quase autossuficientes em termos das hortaliças, que comiam, congelavam e faziam conservas junto com quilos de framboesas e ruibarbos. Logo depois de se acomodarem, Peter mandou para a mãe dois filhotes de *whippets* azul-prateados, que mais tarde deram cria. Nos 13 anos que se seguiram, o Chalé Bradford foi dominado pelas necessidades de cinco cachorros de pelos lisos e brilhantes, elegantes, saudáveis e extremamente mimados. Sofka não desconhecia que os *whippets* foram os animais prediletos de sua ancestral Catarina, a Grande, mas bem mais importante foi o impacto dessas amadíssimas criaturas na sua nova vida. Eles acompanhavam Jack e Sofka em longas caminhadas pela charneca, aninhavam-se nos sofás do lado da lareira enquanto os dois liam, e eram alimentados, paparicados e cuidados de uma forma que causaria inveja aos filhos de Sofka. Depois de todos esses anos, "os peixinhos" haviam enfim a recompensado com aquilo que mais vinha desejando: paz, raízes e companheirismo. Aos poucos, chegou até mesmo a deixar de temer ver-se um dia privada disso.

O casal abraçou o isolamento rural e, ainda relativamente jovens (Jack estava com 45, Sofka era nove anos mais velha), acomodaram-se numa rotina confortável que mantiveram pelas três décadas seguintes. Naturalmente, no início, tinham mais disposição, mas não acredito que o clima dos primeiros anos na Cornualha fora significativamente diferente de quando comecei a visitá-los, nos anos 1970, continuando nos anos 1980 e 1990. O melhor de tudo para Sofka era ter tempo para ler: "É impossível que exista aventura maior que os prazeres dos livros — realmente, bem mais duradouros que os da carne!", escreveu para um amigo em Londres. Ela, simplesmente, adorava quando os frequentes temporais inundavam a Charneca de Bodmin, pois serviam de desculpa para não fazer nada além de ler: "A vantagem da idade avançada, em que você não sente culpa de não fazer nada além de ficar sentado com uma garrafa de água quente lendo frivolidades [a biografia de Nancy Mitford escrita por Harold Acton] — é como champanhe de café da manhã."

A biblioteca ambulante a abastecia regularmente, e ela ficava feliz em receber pilhas do que ela chamava de "livros sensacionalistas" — livros de suspense para fazê-la dormir — bem como as publicações mais recentes de Londres. Queria sempre mais, como revelou numa carta a um amigo, escrita quando estava na casa dos 70:

> Se você imagina que a aposentadoria lhe permite ler todas as coisas que sempre teve vontade — como está enganado. Há zilhões de novidades interessantes para tomar o seu tempo — a biografia das pessoas cujos livros você leu, novos escritores (pelo menos, novos para mim) como Paul Scott, Fowles... assim, as introduções às peças de Shaw

Os Peixinhos

Sofka, Jack e seus whippets na Charneca de Bodmin. Casados e felizes, enfim, Sofka deu aos cinco cachorros estabilidade e atenção como jamais fizera com os filhos.

continuam não lidas, como as obras de Dickens que esperam pacientemente numa estante no meu quarto... Quanto a coisas como *Declínio e queda* ou Heródoto... bem... O tempo se estreita visivelmente até o momento de acreditar que ele vai deixar de existir.

Os horizontes espaciais também se estreitaram depois de décadas de viagem. De vez em quando, tanto ela quanto Jack pegavam o trem para Londres (em geral, separados), mas invariavelmente davam graças a Deus quando voltavam para casa. Em 1964, Sofka fez o último trabalho para a Progressive Tours, acompanhando um grupo de atores e especialistas shakespearianos russos numa excursão que incluía um encontro com Laurence Olivier. Mas foi um alívio livrar-se da companhia que dominou sua vida durante tanto tempo. Embora ela e Jack continuassem a se dizer comunistas, mantinham vínculos mínimos com o Partido e não se interessavam pelas atividades locais. Houve umas poucas exceções, como a primeira tiragem de uma revista socialista, *Albanian Life*, que Sofka editou no final dos anos 1960 ("As obras de Enver Hoxha são um grande tesouro do marxismo-leninismo e uma arma afiada nas mãos dos operários do nosso país...").

Em alguns momentos, entretanto, viram-se obrigados a enfrentar as repercussões de suas crenças políticas. Em 1966, George Blake, o famoso agente duplo, fugiu da prisão de Wormwood Scrubs, e o país inteiro ficou em estado de alerta. Ele vinha cumprindo uma pena de 42 anos de reclusão por passar informações secretas britânicas para autoridades soviéticas, e rapidamente os jornais noticiaram que a KGB, provavelmente, o tirara de lá num helicóptero ou submarino. Foi um choque terrível para Sofka e Jack quando a polícia invadiu a vidinha pacífica deles e fez uma busca no chalé na tentativa de encontrar vestígios de Blake. Só bem mais tarde veio à tona que conhecidos de Sofka do Movimento pela Paz estiveram por trás da fuga de Blake, ajudando-o a sair às escondidas da Inglaterra num motor-home, primeiro para Berlim Oriental e depois para Moscou. A polícia, portanto, sabia de alguma coisa. Blake estabeleceu residência na União Soviética, e suas impressões sobre o comunismo coincidiam com as de Sofka — de que dedicara a vida a um ideal nobre e a uma experiência que valera a pena, mas não lograra êxito. Essa história toda, porém, deixou um sabor amargo em Sofka, principalmente, depois que jornalistas de tabloides apareceram na sua porta querendo detalhes. Numa carta a um amigo de Londres, Sofka exprimiu desagrado com a hipocrisia britânica: "A gente fala de liberdade pessoal — mas e a 'vigilância' e as escutas telefônicas? Que tipo de dossiê eles têm de mim também para a polícia vir aqui procurar George Blake? Privacidade uma ova. E este país é de longe o mais 'livre' de todos. Que criatura desagradável é o animal homem!"

Nas idas esporádicas a Londres, Sofka se tornava "o centro das atenções", nas palavras de uma testemunha, na casa dos amigos. Usando o melhor vestido preto, os pés, acostumados a botas e chinelos, apertavam-se em elegantes sapatos de salto alto, fumava Gitanes e bebia muito, como sempre fizera. Visitava os amigos prediletos, como a primeira mulher de Olivier, Jill Esmond, ia ao teatro (Shakespeare, se possível) e comprava livros. Vez por outra, via os filhos e as respectivas famílias: no final dos anos 1960, Peter tinha três filhos e dirigia um estúdio de música eletrônica num jardim irradiado pelo rio, em Putney; Ian tinha três filhas e trabalhava como gerente de banco; Patrick tinha dois filhos pequenos e não tardou a se divorciar e ir para a Arábia Saudita trabalhar como geólogo. Já era óbvio que Peter e Patrick haviam saído à mãe: os incontáveis casos de amor, as complicadas trajetórias através de vários casamentos, as diversas profissões e a capacidade de fênix de começar tudo de novo, tudo isso ela conhecia bem. Surpreendeu-se muito mais que uma pessoa como ela pudesse gerar um filho que acabou gerente de banco. Além disso, rompendo a tradição familiar, Ian permaneceu casado com a primeira esposa.

Os filhos ajudavam-na financeiramente, e ela mandava cartas, livros e até brinquedos tricotados a mão para os netos no Natal. Mas a grande verdade é que preferia conversar sobre livros ou sobre o passado com os velhos amigos a ficar sentada balançando criancinhas barulhentas no colo. Jack, por sua vez, costumava referir-se a nós como "aquela maldita família", e contou para os amigos que não o convidávamos para ficar em Londres quando Sofka ia. Ele não se sentia aceito pelos filhos e netos, e, de fato, só depois da morte de Sofka, a afeição deles por Jack o fez se dar conta de que se tornara membro importante de uma família maior. Talvez, no início, *tenha havido* certa resistência à "devota prole" de Sofka; ela mesma pouco se esforçou para criar uma ponte entre os filhos já distantes e o jeito reservado e contido de Jack. Poucas pessoas de fora conseguiam compreender os laços que formavam a base do relacionamento deles.

★

Em 1967, com 60 anos, Sofka começou a escrever suas memórias, a partir de anotações feitas durante as primeiras visitas a Leningrado, cerca de uma década antes. "O ato de escrever em si era catártico", escreveu mais tarde. "Ele de certa forma amenizou, se não apagou, as cruéis contundências dos anos de guerra, como que botando para fora o veneno da amargura." O livro, *Sofka: The Autobiography of a Princess* [Sofka: autobiografia de uma princesa], contava sua vida até os 40 anos de idade, e foi publicado pela Rupert Hart-Davis. A capa exibia um pingente na forma de ovo de Páscoa que a imperatriz-viúva lhe dera na fuga da Rússia e, contrariando todas as probabilidades, fora preservado, e ainda continua na família. À glamourosa festa de lançamento, realizada em Londres, em 1968, compareceram velhos amigos do teatro, como Sybil Thorndike, Edith Evans e Jill Esmond; Olivier mandou um telegrama de parabéns, lamentando a ausência por conta dos ensaios; até Cão, em meio à caótica violência de Praga, então ocupada pelos soviéticos, deu um jeito de ir. Seguiram-se resenhas favoráveis, Sofka apareceu no rádio e na televisão e recebeu uma rajada de cartas: um aspirante de marinha do HMS *Marlborough*; conhecidos dos coquetéis dos anos 1930; mulheres que a conheceram em Vittel; e inclusive um bilhete anônimo de uma paquera esquecida ("Que surpresa maravilhosa ver e ouvir você... Ótimas lembranças de 1945, em Hamburgo. Refeitório dos Oficiais. Será que você lembra? Deus a abençoe, querida").

Depois de passar a vida inteira enfrentando instabilidade, mudanças, perdas e medo, Sofka agora enraizara-se firmemente dentro do seu refúgio de Bodmin. Tinha as suas rotinas, às quais todo o mundo devia se adaptar; visitas eram muito bem-vindas e voltavam para casa com livros e hortaliças frescas, recém-colhidas, mas, se atrasavam dez minutos, levavam bronca; os frequentes convites para almoço ou drinques eram acompanhados da informação da hora de ir embora. Quando levavam de presente flores

Os Peixinhos

arrancadas, não usava de diplomacia: "cadáveres de flor", comentava causticamente. Havia quem achasse que ela tratava Jack com falta de respeito, dando-lhe ordens e dominando a conversa sentada na sua poltrona, como quem fala do alto de um trono, enquanto ele ficava quietinho numa cadeira do canto, fornecendo datas precisas quando solicitado. Outras pessoas, de tão surpresas com o improvável casamento, chegavam a se questionar se os dois eram, de fato, um casal. "Quem sabe Jack não era o jardineiro dela?", alguém aventou. Alguns amigos íntimos, no entanto, captaram a força e o equilíbrio daquele plácido vínculo; e, sobre uma prateleira, vendo tudo lá de cima, havia uma grande coleção de corujas — prova viva dos primeiros anos de vida conjunta e da profundidade do amor de Coruja por Mangusto.

A excêntrica princesa russa, com botas de borracha e roupas surradas, logo se tornou conhecida na charneca: era generosa com as pessoas de lá, a quem dava livros, ajuda, comida e inclusive aulas para crianças. Mas coitadas se fossem visitá-la entre 2 e 4 horas da tarde, período em que tirava uma soneca, ou quando estava assistindo a uma partida de tênis na televisão — uma grande paixão. Um coronel aposentado que morava perto, uma vez, apareceu para se desculpar pelo fato de seus cães haverem acabado de matar o velho ganso dela no campo. Infelizmente, chegou no meio de uma partida no estádio de Wimbledon. Em vez de pedir que viesse conversar mais tarde, Sofka rugiu, "Vai embora!", assim como fazia no seu sótão em Vittel durante as crises de nevralgia. O coronel ficou tão ofendido que nunca mais falou com ela. Talvez essa enjoada ranzinzice e a tendência em atacar verbalmente fossem um sinal da eterna insegurança de Sofka, mas é igualmente possível que estivesse apenas assumindo o jeito de ser autocrático da avó.

Iam lá passar uns dias montes de amigos e parentes, sobretudo depois que instalaram um banheiro na antiga leiteria, e o chalé ficou cada vez mais bem-arrumado e confortável. À exceção de poucos prediletos privilegiados — Coelha especialmente —, os hóspedes recebiam uma programação rigorosa, que permitia a vida de Sofka e Jack continuar o mais imperturbada possível. O café da manhã na cama era obrigatório — uma bandeja com ovos quentes, torrada com manteiga, geleia de laranja e um bule de chá forte (Earl Grey misturado com chá indiano, para gerar a perfeita combinação). Seguia-se, independentemente do tempo, de um obrigatório dia fora de casa. Ninguém tinha permissão de voltar antes do final da tarde, quando haveria horas de conversa ao pé da lareira, com o vinho caseiro de Jack. A provocação continuava sendo sua especialidade. Certa vez, uma parenta de 19 anos chegou e emudeceu quando a tia-avó Sofka perguntou-lhe se já tinha feito sexo alguma vez. Ignorando o embaraço da jovem, disse "É a melhor coisa que existe", e discorreu sobre os numerosos amantes que desfrutara nas viagens para a Rússia. Recomendou seu método testado de contracepção: "Use o diafragma, querida! Você põe e depois tira." Mas também contava às visitas sobre sua infância extraordinária e mostrava fotografias do esplendor da Rússia pré-revolucionária. Um amigo ficou surpreso em ver uma comunista claramente sentindo prazer em pegar o *Debrett's** para exibir o verbete Skipwith, atualizado com Sir Patrick e o nome dela aninhado junto com o de Grey.

Sofka preparava, predominantemente, pratos russos para suas visitas: *koulibiac* de salmão, como comera nos anos 1930, no Hungaria; *bitki* (rissoles) com creme de leite e cogumelos, que fazia durante a Depressão, quando se casou com Leo; presunto ao molho madeira, que foi o prato servido na comemoração da primeira apresentação de Laurence Olivier no papel de Hamlet; borche, baseada nas suas sopas dos tempos do pós-guerra, em Chelsea; tortinhas *pirozhki* (que os vizinhos chamavam de "esquis gelados") com repolho do jardim; e o doce e frutuoso *kissel*, que lhe lembrava seu quarto de criança e a velha *niania* de São Petersburgo.

---

* O "Who's Who" da sociedade britânica, publicado pela tradicional editora do mesmo nome, fundada em 1769, especializada em temas da aristocracia. (*N. da T.*)

A cozinha vivia em crescente estado de esqualidez, e, embora dali costumassem sair pratos deliciosos, alguns convidados mais exigentes se perguntavam se o envenenamento por comida não seria um preço inevitável a pagar. Um amigo achava que essa sujeira e bagunça sem pejo refletia a grandeza instintiva de Sofka: "Era uma coisa aristocrática — você não se preocupa com coisas pequenas como higiene."

A falta de dinheiro de Sofka e Jack nunca impediu que comida fosse uma prioridade, que ofereciam aos convidados em porções generosas. Pareceu um desdobramento natural a decisão de Sofka em escrever um livro de culinária, *Eat Russian* [Coma à moda russa], publicado em 1973, dedicado "A Jack, que provou". Incluíram-se todas as suas receitas prediletas, mas havia muitas que soavam como lembranças distantes de festas de crianças, ou como algo retirado de livros antigos, em vez de comida prática. Será que ela servia a Jack timo de vitela com pitu e vitela assada com molho de caviar? E a carne de urso, que precisa ficar marinando durante pelo menos quatro dias e depois assando na panela por cinco a seis horas?

É dessa época que lembro — dos anos 1970, quando comecei a visitar minha avó, coisa que evidentemente não a enchia de entusiasmo quando envolvia hordas de familiares, como admitiu para uma amiga de Londres, Barbara Oliver: "Recuperação gradual de recente invasão — Ian e amigos... Agora, sossegada por uma quinzena até o filho Peter chegar com a ninhada. Curto os filhos, mas são as esposas e os filhos que tapam o espaço aéreo!"

Às vezes, parecia que Sofka não gostava sequer de conversar sobre crianças; uma amiga (que tinha uma filha e um filho pequenos) lembrou que "Não se falava de criança, assim como não se falava de dinheiro — ela olharia para você como se você tivesse dito uma coisa vulgar". Mas, mesmo com essa má vontade, Sofka conseguia gostar delas: "Aquele homem horrível Evelyn Waugh diz numa de suas cartas: 'Quanto mais vejo os filhos dos outros, desgosto menos dos meus.' O que há de surpreendente em Peter é como são bonzinhos os filhos dele!"

Mais tarde, desenvolveu sincera amizade com alguns dos netos, inclusive comigo, mas a gente tinha de merecê-la. Quando isso acontecia, havia grandes recompensas: memoráveis visitas a Bodmin sozinhos, cartas maravilhosas e listas de leituras inspiradoras. Sofka vibrou quando a filha mais velha de Ian, Fiona, revelou-se uma jovem rebelde, que rejeitava a "segurança" característica do pai. Parecia que estava seguindo os passos da avó: participou de marchas da Campanha para o Desarmamento Nuclear, partia para longas viagens e teve um filho sem casar. "Qual o sentido de casar?", Sofka dizia desafiadoramente, orgulhosa do fato de ela e Jack não terem seguido as convenções.

Assim como os netos, os filhos de Sofka nunca conseguiam ter certeza do apreço da mãe, embora, de vez em quando, ela revelasse orgulho, quase sem querer. Isto se dava sobretudo quando achava que eles haviam adotado os valores dela, e seus comentários com Barbara sobre o filho mais velho bem poderiam se aplicar a ela e Jack: "Que bom que vocês dois gostam de Peter e do estilo de vida deles. Eles não são mesmo exigentes: só querem livros, música — coisas edificantes — e amigos, mas não dão a mínima para carros e roupas e essas coisas caras. Muito menos que Patrick, que gosta de gastar, ou Ian, que vive atrás de "pechinchas" e fica contando como faz para comprar caixas de coisas baratinho. Como irmãos podem ser tão diferentes."

> Quem foi — algum sábio profeta bíblico — que determinou que a vida dura setenta anos? Acertou, porque não importa se você vive mais que isso, é nessa idade que você sente as coisas pifarem — a memória... os joelhos... os olhos... etc. etc. Isso é mesmo muito claro, é como a velha citação "às vezes sento e penso e às vezes só sento"[*] — é, agora entendi a parte do "só sento".

---

[*] Frase de Satchel Paige (1906?-1982), jogador de beisebol norte-americano. (*N. da T.*)

Quando entraram os anos 1980, Sofka começou a padecer dos castigos físicos da idade, como confessou em cartas para amigos como Barbara: "Tensão muscular, gota, dores, mas se fosse o cérebro em vez da perna — acho que a gente ainda tem de agradecer aos deuses!" Os aniversários de 70 e 80 anos foram comemorados em ousadas tentativas de promover reuniões de família na casa dos filhos: no primeiro, muitos bêbados; os três filhos discutiram, trocaram socos e insultos, como nos tempos da infância; e mais os gritinhos das netas adolescentes perseguidas pelos tios entusiasmados além da conta. No segundo, noras e ex-noras demais para ajudar, mas Sofka conseguira aguentar firme e fingir que estava gostando. Afinal, já vira muita coisa na vida, ela mesma não se segurara na bebida, e logo voltaria para a Cornualha. Cada vez mais, preferia ficar em casa, onde passava o tempo todo lendo, e (depois que os cachorros morreram) deu para adotar qualquer ave ou animal selvagem que aceitasse sua hospitalidade. Numa carta a Barbara, escrita de manhã cedo, lia-se, "Hora de levantar e dar comida a Ediepuss* (gato selvagem ignorante, não sabe escrever), que machucou a pata da frente... Ser domesticado, nem pensar. Ele se abriga na parte mais confortável do galpão de carvão, sobre os sacos, e grita para lhe trazerem comida e leite na cama..."

De todos os elementos da vida de Sofka que ganharam envergadura com o avanço da idade, a guerra se sobressaiu. Como muitas pessoas idosas, cada vez mais a atormentavam as lembranças de si mesma quando jovem, mas as experiências do período de 1939 a 1945 encapsularam a maioria dos elementos que vieram a defini-la: o amor por Grey; a morte dele; a fé crescente no comunismo; e o horror do Holocausto. Só Coelha ainda compartilhava com ela esse período catalítico, e as duas o mantinham vivo nas cartas semanais e nos encontros regulares. Coelha sempre ia passar uns dias no Chalé de Bradford, onde as velhas amigas ficavam sentadas lendo poesia russa e inglesa, como haviam feito em Vittel. A mais jovem, sur-

---

* Jogo de palavras intraduzível: associação de *Oedipus* [Édipo] e *puss* [gato]. (*N. da T.*)

preendentemente, quase nada mudara em quarenta anos; apenas o cabelo Chanel certinho ficara grisalho, e o redondo das bochechas, um pouco menos acentuado. Sofka, sim, mudara fisicamente: cabelos grisalhos desgrenhados, presos de qualquer jeito num coque, o corpo que, por displicência, se avolumara, sem sutiã e com roupas meramente práticas. Mas nada disso importava para nenhuma delas.

No cerne da amizade íntima e de longa data das duas mulheres de idade residia a eterna preocupação, que chegava a obsessão, com o Holocausto. Sofka acumulara uma enorme coleção de publicações relacionadas ao tema e nutria um sentimento torturante de culpa por não ter sido capaz de evitar a tragédia que testemunhou em Vittel. Essa dor foi central para o reconhecimento de si mesma e da vida que, agora, revia. E, se Queridinho lhe inspirou uma compreensão emocional maior, era o quadro geral que importava; ela nunca revelou a perda pessoal. "Agora, somos as pessoas que leem todos os livros sobre os campos de concentração, sobre os guetos", escreveu. "Nós, que não fomos as verdadeiras vítimas, sentimos o fardo mais do que elas. Elas sofreram e compartilharam. Nem sofremos, nem evitamos o sofrimento." Essa, disse, era a consequência mais pesada da guerra. Mas, argumentava, "A gente deve a eles nunca se permitir esquecer." E ela também não deixou os outros esquecerem. Se dizem que os horrores dos campos de concentração afetam as gerações seguintes das vítimas, então, os descendentes das testemunhas também carregam uma pequena porção daquele fardo. Visitantes de todas as idades saíam do chalé carregados de livros e fotocópias de artigos dos arquivos de Sofka, e em suas cartas abundavam referências a pesquisas e literatura do Holocausto.

Foi em 1980 que Coelha descobriu o destino dos poloneses de Vittel, enquanto examinava os registros oficiais para transportação. O nome deles encontrava-se num comboio de 1944, para Auschwitz, partindo do Campo de Deportação de Drancy, perto de Paris. Coelha contou para Sofka que fuzilaram todos os poloneses assim que chegaram, depois de uma mulher morder a mão de um oficial nazista — "seguramente, uma

Quando Sofka entrou na casa dos 80, as lembranças do passado foram ficando cada vez mais significativas. Em especial, a guerra e o Holocausto constituíram experiências centrais na formação de sua personalidade e valores, e todo mundo que a visitava saía com livros, papéis ou poemas relacionados a essa época.

morte mais misericordiosa do que a marcha para as câmaras de gás, a asfixia pelo Cyclon-B", escreveu Sofka. Talvez, Coelha estivesse, no entanto, protegendo Sofka, pois me deparei com outra versão, mais detalhada, de Filip Müller, em *Eye-witness in Auschwitz* [Testemunha ocular de Auschwitz]. Ele era *Sonderkommando* — um detento que trabalhava no crematório — quando os prisioneiros de Vittel foram levados para os vestiários. Enquanto se despiam, uma mulher glamourosíssima (Franciszka Mann, uma ex-dançarina) distraiu os guardas ao começar um strip-tease. Em pé, seminua, ela levantou o pé para tirar o sapato, e enfiou o salto na testa de um oficial da SS. Depois, segurou a pistola dele, gerando pânico entre os guardas, atirou e fugiu para o meio da multidão. Apagaram-se as luzes, a maioria dos guardas deu um jeito de escapar, e as pessoas, atordoadas, sem entender o que estava acontecendo, entraram em pânico. "Temos vistos de entrada válidos para o Paraguai", gritou um homem aterrorizado. "E pagamos um dinheirão à Gestapo para obter permissão de saída." A porta acabou se abrindo, deixando entrar a luz ofuscante dos holofotes, disseram para os trabalhadores do crematório saírem, e os "homens da SS, com capacetes de aço, estavam lá deitados, prontos para operar as metralhadoras". Os que não foram dizimados na hora, depois foram capturados e alvejados. Fico contente por Sofka nunca ter sabido desses detalhes, quase certamente reveladores dos momentos finais de Queridinho.

Em 1985, Sofka recebeu uma carta do Dr. Abraham Oppenheim, um acadêmico da London School of Economics que estava escrevendo um livro. "Minha pesquisa diz respeito a uma troca incrível e única ocorrida na Segunda Guerra Mundial, de um grupo de mais de duzentas vítimas judias dos campos de concentração (...) com um número similar de alemães presos na Palestina (...) Todos os indícios levam a crer que seus esforços pesaram muito para uma pressão oficial sobre os alemães (...)." Ele explicou que, durante a pesquisa nos arquivos do Foreign Office, volta e meia aparecia o nome de uma misteriosa Sra. Skipwith, que parece ter contribuído significativamente para o fato de que mais de cinquenta dos deportados de Vittel tivessem a sorte de ser retirados do sistema e se juntassem ao grupo de 222 judeus europeus que foram para a Palestina.

"Durante muito tempo, ficava me perguntado qual teria sido o destino da Sra. Skipwith", Oppenheim escreveu no livro *The Chosen People: The Story of the '222 Transport' from Bergen-Belsen to Palestine* [Os escolhidos: a história do "transporte de 222" de Bergen-Belsen para a Palestina], publi-

Os Peixinhos

cado depois da morte de Sofka. Depois de seguir inúmeras pistas da história estapafúrdia da família materna batavo-judia e sua improvável soltura de Bergen-Belsen, determinou-se a encontrar a Sra. Skipwith. A princípio, imaginou que essa veterana com altíssimos contatos fosse judia. O que mais a levaria a tamanho empenho? Essa teoria foi por água abaixo quando conseguiu localizar alguns Skipwith na lista telefônica, e alguém sugeriu que procurasse no *Debrett's*. Não tardou a um Oppenheim cada vez mais intrigado viajar rumo à Charneca de Bodmin para ver Sofka.

Bram, como Oppenheim ficou conhecido dali em diante ao longo de uma amizade duradoura, contou para Sofka a estranha história da troca em que a mãe dele se salvara. Ela ocorrera exatamente enquanto Sofka dava voltas de trem pela Europa, depois de libertada de Vittel, em julho de 1944. O que ela nunca soube foi que seus apelos desesperados para o Foreign Office, o Home Office e a Cruz Vermelha *haviam* de fato surtido efeito. Bram trouxe fotocópias das cartas de Sofka e os subsequentes comentários oficiais, e explicou que, no fim, tudo resultou da insistência dos alemães em que apresentassem listas; Sofka acertara em cheio ao achar que haveria mais chances de êxito se fornecessem o nome das pessoas. As listas foram responsáveis para que os poucos que dispunham de documentos palestinos sobrevivessem, enquanto a maioria morrera. E, quando certas autoridades (como as suíças, o Foreign Office britânico e o Alto Comissário da Palestina) conseguiram pressionar os alemães a libertar algumas pessoas aterrorizadas dos campos de concentração, tudo se baseou nas listas. Entre as fotocópias, havia um dos papéis de cigarro que Sofka usara em Vittel para escrever o nome de cada judeu polonês do campo, que atravessou a Europa, clandestinamente, em cápsulas e tubos de pasta de dentes por intermédio da Resistência. Lá, nas cartas microscópicas, encontravam-se todos os nomes, relacionados abaixo dos países sul-americanos para os quais tinham vistos. Na lista de Honduras, liam-se os nomes de Izidor Skossowski — Queridinho — e família, arquivados no Public Record Office, em Kew, ref. FO 371/42871.

Num momento em que, cada vez mais, Sofka sentia o peso da idade e a vida ficava mais parada que nunca, foi emocionante se defrontar de forma tão tangível com o doloroso passado em Vittel. A pesquisa de Oppenheim reabriu feridas, mas também atestou essa parte intensa de sua vida. Um tempo depois, naquele mesmo ano, ela recebeu uma carta inesperada de Israel e recorreu a Bram em busca de uma explicação.

"Bem", respondeu ele, "sobre aquela carta de Jerusalém. É, confesso que de certo modo tive participação nisso, mas não fazia a mínima ideia de que escreveriam para você. O Yad Vashem, instituto destinado a preservar a memória do Holocausto, ao longo dos anos, empenhou-se ao máximo possível para homenagear aqueles que lutaram pela causa judaica durante a guerra. Eles usam um termo infeliz ao chamá-los de 'os justos', mas a intenção é boa..." Explicou que, "até mesmo tarde assim", ele queria ver as boas ações dela e de Coelha reconhecidas. Sofka respondeu as indagações do Yad Vashem, dizendo "Lamentavelmente, meus esforços no Campo de Internamento de Vittel não obtiveram êxito em salvar judeus da morte, mas me sinto orgulhosa de estar entre os que tentaram." A decisão do Yad Vashem chegou tarde demais para Sofka; ela já estava morta havia alguns anos quando eles, finalmente, decidiram gravar o nome dela nas listas dos que arriscaram a vida para ajudar os judeus por ocasião do Holocausto. Coelha fez campanha junto com Oppenheim para que isso acontecesse, e, não fossem sua modéstia e certas regras burocráticas ineptas (o Yad Vashem insiste na necessidade de relatos de testemunhas oculares), ela, certamente, também seria recompensada. Jack e Coelha me indicaram como representante de Sofka, embora eu estivesse morando em Roma na época. Um oficial da embaixada israelense veio ao meu apartamento com a medalha num estojo de pau de oliveira, e convidei uns poucos amigos íntimos, providenciei *zakuski* russo para servir com vodca gelada e algumas fotografias e memorabilia da vida de Sofka. Foi uma cerimônia pequena e estranha. Ficava a sensação de ter vindo tarde demais — de que a burocracia impedira Sofka de ver sua medalha —, mas desconfio que não teria mudado muita coisa para ela. Quanto a mim, sentia com muita clareza a ironia de receber um prêmio de um país que estava se comportando de modo tão desumano e brutal com os palestinos. A despeito de tudo isso, porém, e mesmo que na ocasião ainda nada soubesse a respeito de Queridinho, foi um momento de intensíssima emoção. Mais de meio século depois dos terríveis episódios que despedaçaram a vida de Sofka, algo se concluíra.

★

Quando os anos 1980 chegavam ao fim, Sofka tornara-se bisavó, e o que ela chamava de "os estragos da idade" demonstrava que a vida nem sempre era fácil. "Tento acreditar que a idade é acima de tudo uma questão de cabeça", escreveu. "Se você não se preocupa, não faz diferença. Mas..." Ela nunca perdera a capacidade de zombar de si mesma, como mostrou num alegre poema, "A Vida aos 81 Anos":

> *As pernas que um dia caminharam pela Albânia de Byron*
> *Agora tremem e doem a dois metros de casa!*
> *A mente mergulha fundo na senilidade desastrada*
> *Enquanto fico caçando os óculos de cômodo em cômodo.*
>
> *Os dedos deixam cair xícaras, os olhos enfraquecem —*
> *A artrite, as dores ciáticas são severas —*
> *O esforço exaure. Cochilo de manhã e à noite —*
> *Já não sei ao certo o que aconteceu hoje.*
> *Nada disso importa! A vida continua gloriosa —*
> *As prateleiras carregadas de livros me reservam tesouros!*
> *O jardim é cheio de pássaros; os amigos nos vêm visitar.*
> *Tranquilidade. Contentamento. E os ventos da charneca.*

Os comentários sobre a vida continuar gloriosa não mentiam. Ela e Jack sentiam-se felizes com o estilo de vida que criaram, apesar dos inconvenientes da idade avançada. Ela havia provado para ele que sossegaria num lugar se lhe dessem oportunidade, e o casal se deleitava em seu sereno equilíbrio.

Jack estava com Sofka quando ela morreu de insuficiência cardíaca, em fevereiro de 1994, aos 86 anos. Os filhos homenagearam com um dos aforismos chineses prediletos dela ("Se você tiver dinheiro para dois pães, compre um pão e algumas flores") e puseram um pão e um ramalhete de flores sobre seu caixão. Mandaram cremá-la e espalharam as cinzas pelo jardim.

Sofka terminou levando uma vida inimaginável para a sua infância. Volta e meia, aquilo que parecia um futuro inevitável ia por água abaixo, e ela tinha de seguir em frente, agarrando-se ao que conseguisse. Conquanto rejeitasse os valores segundo os quais fora educada, sempre reconheceu suas origens.

Alguns anos depois de me dar seu diário parisiense, minha avó contou um sonho que tivera. Dizia respeito a mim, explicou. Havia me prometido escrever sobre a vida da mãe, Sophy, e de Olga, a avó paterna, e dar continuidade às próprias memórias. Pôs-se a trabalhar nessas três vidas, que intitulou *Prelude to Revolution* [Prelúdio à Revolução], *Victim of Revolution* [Vítima da Revolução] e *Sequel to Revolution* [Consequência da Revolução], e chegou até a fazer negociações com uma editora, que não lograram êxito.

O estreitamento dos horizontes de Sofka desviou sua atenção para o passado, e seus últimos escritos a transportaram para a infância, mas também para mais além, à juventude da mãe na virada do século XX e a meados do século XIX, quando suas avós nasceram. Sentada diante da máquina de escrever na casinha da Cornualha, as lembranças vieram à tona como se o tempo tivesse encolhido. Estranhamente, sentia maior facilidade em evocar o que Olga lhe contara da infância na deslumbrante Mansão dos

Shuvaloff, no Canal Fontanka, do que em se lembrar de pagar a conta de gás ou de quem vinha para almoçar. As palavras de sua avó voltaram com clareza: imagens dos primeiros bailes no Palácio de Inverno, aos 16 aninhos; quartos decorados com orquídeas das estufas imperiais; e tetos tão altos que pareciam desaparecer na escuridão acima das velas. Sem esforço algum, conseguia tanto se ver deitada sobre a colcha cor-de-rosa da mãe, ouvindo sobre as batalhas de 1915, quanto recordar o desconsolo de se afastar de Grey, em 1940. Na cúspide da infinitude, só faltava um pequeno passo para imaginar a tataravó La Belle Greque, a garota escrava de Constantinopla que conquistava os corações dos homens da Europa. O mundo a que essas mulheres pertenceram não era muito mais estranho do que aquele em que Sofka nascera. Mas ela tinha mais coisas em comum com as ancestrais além dos vestidos rendados, dos diários com capa de veludo e dos passeios de carruagem à beira do Neva; elas também eram corajosas e determinadas, cada uma a seu jeito. Era esse legado que mais contava para Sofka — muito mais do que aquilo que via como um privilégio absurdo. Acima de tudo, considerava a busca incessante a coisa mais importante da vida. "Não importa o que você busque", disse, "nem o tamanho da decepção." Gostava de citar um poema de Kipling que, segundo ela, lhe servira de inspiração desde a juventude:

> *Porque busquei, busquei tanto*
> *E levei a vida para encontrar —*
> *Ardeu por um momento antes de deixar*
> *A noite mais negra para trás.*

AGRADECIMENTOS

Um grande número de pessoas me ajudou neste livro. Algumas delas mencionei no texto, mas muitas, não, e mudei certos nomes por preservação de privacidade. Sou profundamente grata a Kyril Zinovieff pela generosidade, sabedoria e amor, inclusive nos momentos difíceis. Madeleine Steinberg também se revelou ótima fonte de informação e apoio, do início ao fim.

Parentes meus deram inestimável contribuição para minha pesquisa. Agradeço, sobretudo, a Peter Zinovieff; Ian Fitzlyon; Patrick Skipwith; Elena de Villaine; Egerton e Deirdre Skipwith; Victoria Zinovieff; Fiona Zinovieff; Jenny Hughes e Jenny Zinovieff.

Na descoberta das pistas de Sofka na França, minha sincera gratidão a Shula Troman; David e Marjorie Rocheman; e Raymonde Dubois. Na Rússia, recebi especial ajuda das seguintes pessoas: Valeria Kobets; Olga Pishenkova; Andrei e Tatyana Gagarin; Ekaterina Gerasimova; Marina Vershevskaya; Anna Abramovna; Galina Filatova; Natalya Kushmelyova; Lev Baron; Tanya Illingworth; Prodromos Teknopoulos e Sebastian Zinovieff.

Muito obrigada a Annelise Freisenbruch, pelo excelente trabalho de arquivo, e, por todo o auxílio, a: Lou e Rafa Kenton; Anne Hendrie; Margaret Jarvis; Barbara Oliver; Jean Cardy; Peter Rosenfield; Sonia Goodman; Tarquin Olivier; Tina Tarling; Phyllis Birchall; Angela Thompson; Ann Wilson; Dot e Ray Hunt; Terry Coleman; Jane Whitely; Sheena Hilleary; Marina Lermontov; H. N. Mottershead; Rosemary Wells; Alexandre Dolgorouki; Nikita Dolgorouki; Anna Greening; Prunella Power; Peyton Skipwith; a falecida Audrey Negretti; David Suckling; Shura Shivarg; Alessandra Stanley e Peter Carson.

Sinto enorme gratidão por Adam Nicolson, pela ajuda no manuscrito, e por Fiammetta Rocco, Fani Papageorgiou e Cressida Connolly. Muitos, muitos agradecimentos à minha agente, Caroline Dawney, e sua assistente, Jean Edelstein. Também a Sajidah Ahmad, Bella Shand e todo o mundo da editora Granta.

Agradeço especialmente a George Miller — editor maravilhoso. Foi uma sorte poder trabalhar com ele.

Meu amor e gratidão ao meu marido, Vassilis, e às nossas filhas, Anna e Lara, por tudo.

NOTA SOBRE AS FONTES

Como não se trata de livro acadêmico, não darei a bibliografia completa. No entanto, gostaria de oferecer uma pequena lista dos livros especialmente úteis em minha pesquisa:

Anna Akhmatova, *The Complete Poems of Anna Akhmatova*, tradução de Judith Hemschemeyer, Roberta Reeder, org. (Edimburgo, 1997)

Srta. M. Bayliss, memórias não publicadas de 1940-44, Arquivos do Imperial War Museum

Nina Berberova, *The Italics Are Mine* (Nova York, 1992)

Nina Berberova, *Moura: The Dangerous Life of Baroness Budberg* (Nova York, 2005)

Varvara Dolgorouki, *Gone Forever* (memórias não publicadas)

A. P. Herbert, *Holy Deadlock* (Londres, 1934)

Richard Holmes, *Footsteps: Adventures of a Romantic Biographer* (Londres, 1995)

Alan Moorehead, *The Russian Revolution* (Londres, 1958)

Dimitri Obolensky, *Bread of Exile* (Londres, 1999)

Vice-Almirante Sir Francis Pridham, *Close of a Dynasty* (Londres, 1958)

Simon Sebag Montefiore, *Prince of Princes: The Life of Potemkin* (Londres, 2000)

Abraham Shulman, *The Case of Hotel Polski* (Nova York, 1982)

Sofka Skipwith, *Sofka: The Autobiography of a Princess* (Londres, 1968)

Norman Stone e Michael Glenny, *The Other Russia* (Londres, 1990)

Tibor Szamuely, *The Russian Tradition* (Londres, 1974)

John Van der Kiste e Coryne Hall, *Once a Grand Duchess: Xenia, Sister of Nicholas II* (Londres, 2002)

Joseph Vecchi, *The Tavern Is my Drum* (Londres, 1948)

Solomon Volkov, *St Petersburg: A Cultural History* (Londres, 1996)

William Wiser, *The Crazy Years: Paris in the Twenties* (Londres, 1983)

Princesa Peter Wolkonski, *The Way of Bitterness* (Londres, 1931)

Felix Youssoupoff, *Lost Splendour* (Nova York, 1953)

Elizabeth Zinovieff, *A Princess Remembers: A Russian Life* (Londres, 2001)

Kyril Zinovieff e Jenny Hughes, *The Companion Guide to St Petersburg* (Woodbridge, 2003)

Este livro foi composto na tipologia Bembo,
em corpo 12/16, e impresso em papel off-white 80g/m^2,
na Markgraph.